全国高等教育自学考试思想政治理论课助考系列丛书

《马克思主义基本原理概论》自学考试助考通

主　编　甘剑斌
副主编　周建国

苏州大学出版社

图书在版编目(CIP)数据

《马克思主义基本原理概论》自学考试助考通 / 甘剑斌主编. —苏州：苏州大学出版社，2021.8
(全国高等教育自学考试思想政治理论课助考系列丛书)
ISBN 978-7-5672-3641-7

Ⅰ.①马… Ⅱ.①甘… Ⅲ.①马克思主义理论-高等教育-自学考试-自学参考资料 Ⅳ.①A81

中国版本图书馆 CIP 数据核字(2021)第 141126 号

书　　名：	《马克思主义基本原理概论》自学考试助考通
	MAKESI ZHUYI JIBEN YUANLI GAILUN ZIXUE KAOSHI ZHUKAOTONG
主　　编：	甘剑斌
副 主 编：	周建国
责任编辑：	周凯婷
装帧设计：	吴　钰
出版发行：	苏州大学出版社(Soochow University Press)
社　　址：	苏州市十梓街1号　邮编：215006
网　　址：	www.sudapress.com
邮　　箱：	sdcbs@suda.edu.cn
印　　装：	苏州市越洋印刷有限公司
邮购热线：	0512-67480030
销售热线：	0512-67481020
开　　本：	787mm×1 092mm　1/16　印张：18.25　字数：400千
版　　次：	2021年8月第1版
印　　次：	2021年8月第1次印刷
书　　号：	ISBN 978-7-5672-3641-7
定　　价：	43.00元

凡购本社图书发现印装错误，请与本社联系调换。
服务热线：0512-67481020

编写说明

为帮助广大自考人员更好地学习和复习迎考,特编写本自学考试助考系列丛书。本系列丛书编写的依据是全国高等教育自学考试委员会组编的相关学习读本。每门课程每章的编写结构包括知识框架(《〈毛泽东思想和中国特色社会主义理论体系概论〉自学考试助考通》除外)、内容精要、要点荟萃、能力检测。"知识框架"将每章的主要内容以框架形式呈现,便于读者从总体上了解本章的主要内容;"内容精要"将学习读本中的每章内容进行压缩,提炼出本章内容的精华,并在结构和内容上适当调整、补充、完善;"要点荟萃"将学习读本中每章的主要知识点进行罗列,便于读者更直观地复习和掌握;"能力检测"按照每门课程的考试题型给出相应的练习题,便于读者检验对本章内容及知识点的掌握程度。另外,每门课程都精编了5套模拟试题,便于读者从整体上对相关课程内容进行把握和检测。每门课程均附有能力检测和模拟试题的参考答案。建议读者按照本系列丛书相关课程的编写结构进行循序渐进的学习,即先认真阅读知识框架,知晓每章有哪些内容;在对每章内容有了总体了解的基础上,对内容精要部分进行系统的学习;只有在对内容精要部分进行系统学习的基础上,才能更好地理解和熟记"要点荟萃"部分的知识点;有了知识框架部分对每章内容的总体了解,有了内容精要部分的系统学习,有了要点荟萃部分对知识点的理解和熟记,才能正确地完成能力检测部分的试题。有了每章内容的扎实学习,才能顺利完成模拟试题的检测。切忌在没有对相关内容进行系统和深入学习时就匆忙做题,更切忌对每道题在没有进行认真思考时就去翻看答案,这样只会事倍而功半。

本系列丛书依据全国高等教育自学考试委员会组编的相关学习读本进行编写,在此特作说明并表示衷心的感谢!本系列丛书大量使用了过往相关考试的真题,也在此特作说明并表达谢意!本系列丛书编写过程中得到苏州大学出版社的鼎力支持,谨致谢忱!

本系列丛书由苏州大学马克思主义学院甘剑斌负责组编,苏州大学马克思主义学院胡绿叶主编《〈中国近现代史纲要〉自学考试助考通》,苏州大学马克思主义学院谢贵兵主编《〈思想道德修养和法律基础〉自学考试助考通》,甘剑斌主编《〈马克思主义基本原理概论〉自学考试助考通》与《〈毛泽东思想和中国特色社会主义理论体系概论〉自学考试助考通》。

目 录

绪论　马克思主义是关于无产阶级和人类解放的科学 …………………………… 1
第一章　物质世界及其发展规律 …………………………………………………… 16
第二章　认识的本质及其规律 ……………………………………………………… 59
第三章　人类社会及其发展规律 …………………………………………………… 87
第四章　资本主义制度的形成及其本质 ………………………………………… 121
第五章　资本主义的发展及其趋势 ……………………………………………… 164
第六章　社会主义的发展及其规律 ……………………………………………… 196
第七章　共产主义社会是人类最崇高的社会理想 ……………………………… 223
模拟试题（一） …………………………………………………………………… 236
模拟试题（二） …………………………………………………………………… 240
模拟试题（三） …………………………………………………………………… 244
模拟试题（四） …………………………………………………………………… 248
模拟试题（五） …………………………………………………………………… 252
参考答案 …………………………………………………………………………… 256

绪 论

马克思主义是关于无产阶级和人类解放的科学

知识框架

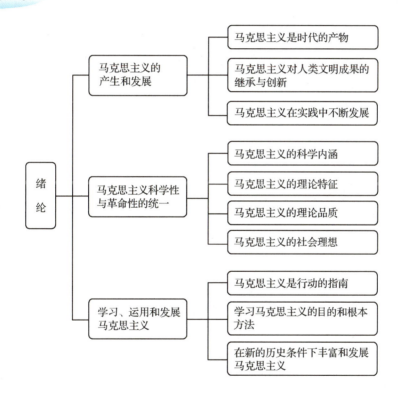

内容精要

第一节 马克思主义的产生和发展

一 马克思主义是时代的产物

马克思主义产生于资本主义社会化大生产已经成为主导趋势,资本主义社会内部各种社会矛盾和阶级矛盾充分显露,无产阶级以独立的政治力量登上历史舞台,争取自身和人类解放的斗争的历史时代。

资本主义的发展及其内在矛盾的尖锐化,为马克思主义的产生提供了客观条件;而工人阶级作为一支独立的政治力量登上历史舞台,进行反对资本主义制度和资产阶级统治的斗争,则为马克思主义的产生准备了阶级基础。

二 马克思主义对人类文明成果的继承与创新

(一)马克思主义的直接理论来源

对马克思主义的形成产生最直接、最重大影响的,是德国古典哲学、英国古典政治经济学和19世纪英法两国的空想社会主义学说,它们代表了到19世纪上半叶为止人类思想的最高成就,是马克思主义的直接理论来源。

(二)自然科学的巨大进步

除上述理论来源外,马克思主义的产生也与当时自然科学的巨大进步密切相关。

细胞学说、能量守恒与转化定律和生物进化论这自然科学的三大发现,对马克思主义产生的影响尤为巨大。

自然科学的三大发现和其他成果,为马克思、恩格斯揭示自然界的本质和发展规律,以及自然界与人类社会的相互作用规律,从而为整个马克思主义的形成,提供了坚实的自然科学基础。

(三)马克思主义得以创立的主观条件

首先,马克思、恩格斯都树立了为人类解放事业而奋斗的崇高理想。

其次,他们在很多学科领域都颇有建树。

再次,与同时代的其他人相比,他们具有双重优越性——具有高度的理论素养和渊博的学识;具有强烈的实践愿望、实践经验和组织领导工人运动的实际能力。

三 马克思主义在实践中不断发展

（一）马克思主义之所以是发展的理论，是由它的理论本性决定的

首先，马克思主义不是脱离实际的抽象的思辨体系。

其次，马克思主义不是宗派主义体系。

再次，马克思主义不是故步自封的体系。

（二）马克思、恩格斯不仅是马克思主义的创立者，而且是马克思主义的发展者

1. 马克思、恩格斯对马克思主义的创立

马克思的《关于费尔巴哈的提纲》、马克思和恩格斯的《德意志意识形态》，是标志马克思主义基本形成的著作。

马克思的《哲学的贫困》、马克思和恩格斯的《共产党宣言》，标志马克思主义的公开问世。

2. 马克思、恩格斯对马克思主义的发展

（1）马克思、恩格斯晚年在总结1848年欧洲革命和1871年巴黎公社经验的基础上，纠正了他们把资本主义寿命估计过短的历史局限性，在一定程度上认识到了资本主义制度的自我调节功能，对工人阶级的斗争形式和斗争策略的认识也发生了相应的改变。

（2）逐步完成了马克思主义经济学理论。写作、整理出版了《资本论》1—3卷。

（3）恩格斯的《自然辩证法》，开辟了马克思主义自然观的新领域。

（4）恩格斯的《反杜林论》和《路德维希·费尔巴哈和德国古典哲学的终结》，全面系统地阐述了马克思主义的各个组成部分。

（5）马克思、恩格斯的一系列著作、书信中，关于俄国社会发展道路的论述，极大地丰富了马克思主义的理论宝库。

（6）马克思的《人类学笔记》及恩格斯据此写作的《家庭、私有制和国家的起源》，全面阐述了整个人类历史的发展过程和发展阶段。

（7）恩格斯在晚年的一系列书信中，对唯物史观做了重要的补充和发挥，并且回应了一些学者对唯物史观的许多片面的理解，这是恩格斯对唯物史观的发展做出的不可磨灭的贡献。

3. 列宁把马克思主义推进到一个新阶段——列宁主义阶段

（1）列宁在《唯物主义和经验批判主义》《哲学笔记》等著作中，捍卫和发展了马克思主义哲学。

（2）在《俄国资本主义的发展》《帝国主义是资本主义的最高阶段》等著作中，捍卫和发展了马克思主义政治经济学。

（3）在《国家与革命》《论"左派"幼稚性和小资产阶级性》《论我国革命》等著作中，捍卫和发展了科学社会主义理论。

（4）在《论欧洲联邦口号》和《无产阶级革命的军事纲领》中，提出了"首先胜利"论，即在特定历史条件下，社会主义革命有可能在一国或几国首先取得胜利。

（5）提出落后国家通过国家资本主义形式向社会主义过渡的思想。

4. 马克思主义在中国的丰富和发展

马克思主义自19世纪末20世纪初传入中国后，在指导中国革命、建设和改革的过程中，逐渐形成了中国化的马克思主义，即具有中国特点、中国风格和中国气派的马克思主义。

（1）在新民主主义革命时期，以毛泽东为代表的中国共产党人创造性地发展了马克思主义，形成了毛泽东思想。

中华人民共和国成立后，以毛泽东为代表的领导集体，又对中国社会主义改造和社会主义建设道路进行了多方面的探索，取得了独创性理论成果和巨大成就，为新时期开创中国特色社会主义提供了宝贵经验、理论准备和物质基础。

（2）改革开放以来，中国共产党开辟了中国特色社会主义道路，形成了中国特色社会主义理论体系。这个理论体系就是包括邓小平理论、"三个代表"重要思想、科学发展观、习近平新时代中国特色社会主义思想在内的科学理论体系。

习近平新时代中国特色社会主义思想是马克思主义中国化的最新成果，是党和人民实践经验和集体智慧的结晶，是中国特色社会主义理论体系的重要组成部分，是全党全国人民为实现中华民族伟大复兴而奋斗的行动指南。

第二节　马克思主义科学性与革命性的统一

一　马克思主义的科学内涵

马克思主义是由马克思、恩格斯创立的，为他们的后继者所发展的，以反对资本主义、建设社会主义和共产主义为目标的科学理论体系，或者简要地说，它是关于无产阶级和人类解放的科学。

第一，马克思主义是马克思、恩格斯共同创立的。

第二，马克思主义不仅包括它的创始人马克思、恩格斯的理论，而且包括它的继承人的理论，特别是列宁、毛泽东、邓小平、江泽民、胡锦涛、习近平等人的理论。

第三，列入马克思主义范畴的理论，必须与马克思、恩格斯创立的理论前后相继、一脉相承，在本质上相一致。

第四，马克思主义的各个组成部分，不是彼此孤立、互不联系的，而是组成一个具有内在逻辑联系的科学体系，其中马克思主义哲学是科学的世界观和方法论，政治经济学揭示了资本主义的发展规律，处于核心地位的是科学社会主义理论。

二　马克思主义的理论特征

马克思主义的根本理论特征是以实践为基础的科学性和革命性的统一。

（一）马克思主义的革命性

（1）马克思主义的革命性集中表现为它的彻底的批判精神。

（2）马克思主义的革命性还表现在它具有鲜明的政治立场上。

（二）马克思主义的科学性

马克思主义的科学性首先表现在它的非狭隘性和非片面性；其次表现在它的深刻性；再次表现在它的实践性。

（三）马克思主义的革命性和严格的科学性是紧密联系在一起的

1. 马克思主义的科学内涵鲜明地体现了它的革命性和科学性相统一的基本特征，即马克思主义是关于工人阶级和人类解放的科学

马克思主义的革命性和严格的科学性是紧密联系在一起的。科学性根源于革命性要求，并且通过革命性表现出来；革命性必须以科学性为前提和基础，并且靠科学性来保证。两者内在地结合于马克思主义的整个理论体系之中，并且通过一系列原理表现出来。

2. 马克思主义的科学性和革命性都是以实践性为基础的

三　马克思主义的理论品质

与时俱进是马克思主义的理论品质。

（一）与时俱进的含义

与时俱进就是党的全部理论和工作要体现时代性、把握规律性、富于创造性。

首先，与时俱进要求我们的思想和理论充分反映时代的进步和历史发展的要求，体现时代特点和时代精神。（体现时代性）

其次，与时俱进要求我们不断深化对共产党执政规律、社会主义建设规律和人类社会发展规律的认识。（把握规律性）

再次，与时俱进要求我们富于创造精神。（富于创造性）

（二）坚持与时俱进的意义

首先，能否始终做到党的全部理论和工作体现时代性、把握规律性、富于创造性，决定着党和国家的前途命运。

其次，创新是一个民族进步的灵魂，是一个国家兴旺发达的不竭动力，也是一个政党永葆生机的源泉。

再次，实践基础上的与时俱进、理论创新，是社会发展和变革的先导。

（三）理论创新的长期性

实践没有止境，理论创新也没有止境。

（四）加强党的思想理论建设的重要性

党在思想理论上的提高，是党和国家的事业不断发展的思想保证，必须把党的思想理论建设摆在更加突出的位置。

对党和国家干部进行马克思主义发展史的教育，是马克思主义思想理论建设的一项十分重要的内容，有利于把中国特色社会主义事业推向前进。

四 马克思主义的社会理想

（一）理想的含义

简单地说，理想就是人的奋斗目标。

（二）理想的类型

1. 按内容划分，理想有生活理想、职业理想、道德理想、社会理想等。其中社会理想是人们对未来社会制度、社会风貌的期望和追求。

马克思主义的社会理想，就是推翻资本主义、实现社会主义和共产主义。

2. 按奋斗目标的长短划分，有长期的远大理想和近期的具体理想

就我国而言，实现共产主义是长期的远大的最高理想；走中国特色社会主义道路，把我国建设成为富强民主文明和谐美丽的社会主义现代化强国，则是近期的具体理想，也就是全国各族人民的共同理想和历史使命（具体理想）。

（三）理想是人类特有的，是人类自觉能动性的突出表现

科学的人生理想对于人的现实活动具有重大的指导和推动作用：

首先，理想是人生航程的灯塔。

其次，理想是人生前进的动力。

再次，理想是人生的精神支柱。

第三节 学习、运用和发展马克思主义

一 马克思主义是行动的指南

如何看待马克思主义，是把它当作教条还是当作行动的指南，这是对待马克思主义的两种根本不同的态度。

首先，马克思主义的创始人和后继者都坚决反对任何以教条主义的态度对待马克思

主义的做法。

其次，马克思主义不是教条，它并不提供对一切问题的现存答案。

再次，把马克思主义作为行动的指南，就必须从客观实际出发，而不能从马克思主义的一般原理出发。

最后，在中国现时代，把马克思主义作为行动的指南，就是要用马克思主义的立场、观点、方法来研究和解决我国改革开放与现代化建设中的实际问题。

二　学习马克思主义的目的和根本方法

（一）学习马克思主义的目的

第一，树立正确的世界观、人生观、价值观。

第二，掌握认识世界和改造世界的伟大工具。

第三，全面提高人的素质。

第四，指导中国特色社会主义伟大实践。

（二）学习马克思主义的根本方法

理论联系实际是学习马克思主义的根本方法。

首先，这是由马克思主义的实践性决定的。

其次，这是由我们学习马克思主义的目的决定的。

理论联系实际，就是把马克思主义基本原理作为指导，去观察和分析社会实际。

要做到理论联系实际，在实际工作中就必须反对经验主义和教条主义两种倾向，它们都是主观主义的。

理论与实际的结合或联系是双向的，不是单向的。

三　在新的历史条件下丰富和发展马克思主义

马克思主义是时代的产物，实践的产物，所以它也必然会随着时代的变化而变化，随着实践的发展而发展。

时代的变化和实践的发展，向马克思主义提出了许多新的研究课题：

第一，现实社会主义的变化向马克思主义提出的研究课题。

第二，当代资本主义的新变化向马克思主义提出的研究课题。

第三，经济全球化向马克思主义提出的研究课题。

第四，世界新技术革命向马克思主义提出的研究课题。

第五，我国的改革开放和现代化建设向马克思主义提出的研究课题。

要在新的历史条件下丰富和发展马克思主义，就必须了解马克思主义的发展史，掌握马克思主义的已有基础。这就需要认真阅读马克思主义经典作家的原著。

发展马克思主义必须以已有的马克思主义理论为基础，必须与马克思主义创始人的观点前后相继、一脉相承，而不是离开这个基础和血脉另立门户、另起炉灶、另搞一套。

要点荟萃

一 马克思主义的产生和发展

马克思主义产生于19世纪40年代中期。

（一）马克思主义是时代的产物

1. 马克思主义产生的客观条件——资本主义的发展及其内在矛盾的尖锐化

资本主义的基本矛盾是生产的社会化和生产资料私人占有之间的矛盾。这个矛盾表现为：①个别工厂生产的有组织性和整个社会生产的无政府状态之间的矛盾；②生产无限扩大的趋势和劳动人民有支付能力的需求相对缩小的趋势之间的矛盾。

2. 马克思主义产生的阶级基础——工人阶级作为一支独立的政治力量登上历史舞台，进行反对资本主义制度和资产阶级统治的斗争

资本主义基本矛盾的激化，在阶级关系上表现为工人阶级和资产阶级之间矛盾的尖锐化。

19世纪中叶欧洲的三大工人运动是法国里昂工人武装起义、英国"人民宪章"运动、德国西里西亚工人起义。

3. 马克思、恩格斯创立马克思主义

马克思、恩格斯在科学的世界观和历史观及剩余价值理论的基础上，使社会主义从空想变为科学。（作为马克思、恩格斯一生最重要的理论发现，使社会主义从空想变成科学的是唯物史观和剩余价值论）

马克思主义的三大组成部分是马克思主义哲学、政治经济学、科学社会主义。

（二）马克思主义对人类文明成果的继承与创新

1. 马克思主义的直接理论来源——德国古典哲学、英国古典政治经济学和19世纪英法两国的空想社会主义学说

（1）德国古典哲学的最高成果是黑格尔的辩证法和费尔巴哈的唯物主义。

马克思、恩格斯吸取了黑格尔辩证法中的合理思想，创立了唯物辩证法。

马克思、恩格斯吸收了费尔巴哈唯物主义的基本思想，创立了辩证唯物主义和历史唯物主义。

马克思主义哲学产生以前的哲学，存在两个分离：一是唯物主义和辩证法相分离；二是唯物主义自然观和唯物主义历史观相分离。

马克思主义哲学克服了这两个分离的片面性，创立了辩证唯物主义和历史唯物主义。

（2）英国古典政治经济学——代表新兴资产阶级利益的经济理论。

英国古典政治经济学的代表人物有：威廉·配第、亚当·斯密、大卫·李嘉图。

马克思和恩格斯批判地继承了古典经济学的研究成果，最主要的是严密论证了劳动价值论，创立了科学的劳动价值论，并在此基础上创立了剩余价值学说，使政治经济学发生了革命变革。

（3）19世纪上半叶空想社会主义学说。

19世纪上半叶空想社会主义的代表人物是圣西门、傅立叶、欧文。

马克思和恩格斯以唯物史观和剩余价值学说为基础，批判吸收了空想社会主义学说的积极成果，创立了科学社会主义理论。

2. 自然科学的巨大进步

自然科学的三大发现是细胞学说、能量守恒与转化定律和生物进化论。

（三）马克思主义在实践中不断发展

1. 马克思主义的创立

马克思主义基本形成的标志性著作是《关于费尔巴哈的提纲》《德意志意识形态》。

马克思主义公开问世的标志性著作是《哲学的贫困》《共产党宣言》。

2. 马克思恩格斯对马克思主义的发展

《资本论》的作者是马克思。

开辟马克思主义自然观的新领域的著作是恩格斯的《自然辩证法》。

全面系统地阐述了马克思主义的各个组成部分的著作是恩格斯的《反杜林论》《路德维希·费尔巴哈和德国古典哲学的终结》。

全面阐述了整个人类历史的发展过程和发展阶段的著作是马克思的《人类学笔记》和恩格斯的《家庭、私有制和国家的起源》。

3. 列宁把马克思主义推进到一个新阶段——列宁主义阶段

列宁捍卫和发展了马克思主义哲学的著作是《唯物主义和经验批判主义》《哲学笔记》等。

列宁在《俄国资本主义的发展》《帝国主义是资本主义的最高阶段》等著作中，捍卫和发展了马克思主义政治经济学。

列宁在《国家与革命》《论"左派"幼稚性和小资产阶级性》《论我国革命》等著作中，捍卫和发展了科学社会主义理论。

列宁提出在特定历史条件下，社会主义革命有可能在一国或几国首先取得胜利的思想的著作是《论欧洲联邦口号》《无产阶级革命的军事纲领》。

提出落后国家通过国家资本主义形式向社会主义过渡的思想的人是列宁。

4. 马克思主义在中国的丰富和发展

马克思主义中国化的两大理论成果是毛泽东思想和中国特色社会主义理论体系。

中国特色社会主义理论体系包括：邓小平理论、"三个代表"重要思想、科学发展观、习近平新时代中国特色社会主义思想。

马克思主义中国化的最新成果是习近平新时代中国特色社会主义思想。

习近平新时代中国特色社会主义思想的核心要义是坚持和发展中国特色社会主义。

二 马克思主义科学性与革命性的统一

（一）马克思主义的科学内涵

马克思主义的创立者是马克思、恩格斯。

马克思主义是关于无产阶级和人类解放的科学。

（1）习近平《在纪念马克思诞辰200周年大会上的讲话》中指出，马克思主义是科学的理论，马克思主义是人民的理论，马克思主义是实践的理论，马克思主义是不断发展的开放的理论。

（2）马克思主义哲学是科学的世界观和方法论。

政治经济学揭示了资本主义的发展规律。

马克思主义理论体系中处于核心地位的是科学社会主义理论。

（二）马克思主义的理论特征

马克思主义的根本理论特征是以实践为基础的科学性和革命性的统一。

马克思主义既是工人阶级的意识形态，又是科学的理论体系。

马克思主义的基本观点是实践的观点。

（三）马克思主义的理论品质——与时俱进

（四）马克思主义的社会理想

马克思主义最根本的、全部理想的核心是社会理想。

马克思主义的社会理想是推翻资本主义、实现社会主义和共产主义。

长期的远大的最高理想是实现共产主义。

近期的具体理想，也就是全国各族人民的共同理想是走中国特色社会主义道路，把我国建设成为富强民主文明和谐美丽的社会主义现代化强国。

三 学习、运用和发展马克思主义

无论时代如何变迁，科学如何进步，马克思主义依然显示出科学思想的伟力，依然占据着真理和道义的制高点。——习近平

（一）马克思主义是行动的指南

对待马克思主义的两种根本不同的态度是：把它当作教条还是当作行动的指南。

毛泽东称脱离中国实际、把马克思主义原理当作教条对待的错误态度为"本本主义"。

(二) 学习马克思主义的目的和根本方法

学习马克思主义的根本方法是理论联系实际。

马克思主义的基础是实践。

学习马克思主义的目的全在于应用（具体的有 4 点）。

主观主义的两种表现是经验主义和教条主义。

能力检测

一、单项选择题（在每小题列出的备选项中只有一项是最符合题目要求的，请将其选出）

1. 马克思主义产生于（　　）。
   A. 19 世纪 20 年代　　　　　　B. 19 世纪 40 年代
   C. 19 世纪 60 年代　　　　　　D. 19 世纪 80 年代

2. 马克思主义是时代的产物。马克思、恩格斯所处的历史时代及其提出的各项任务，为马克思主义的产生提供了（　　）。
   A. 主观条件　　B. 客观条件　　C. 理论基础　　D. 理论前提

3. 工人阶级作为一支独立的政治力量登上历史舞台，进行反对资本主义制度和资产阶级统治的斗争。这为马克思主义产生提供了（　　）。
   A. 阶级基础　　B. 客观条件　　C. 思想基础　　D. 主观条件

4. 关于马克思主义的产生，下列说法错误的是（　　）。
   A. 马克思主义是历史时代的产物　　B. 马克思主义是实践经验的总结
   C. 马克思主义是科学成果的升华　　D. 马克思主义是先天智慧的结晶

5. 下列选项中不属于马克思主义科学理论体系组成部分的是（　　）。
   A. 马克思主义哲学　　　　　　B. 政治经济学
   C. 民主社会主义　　　　　　　D. 科学社会主义

6. 下列选项中不属于马克思主义直接理论来源的是（　　）。
   A. 德国古典哲学　　　　　　　B. 法国启蒙思想
   C. 英国古典经济学　　　　　　D. 英法两国空想社会主义学说

7. 德国古典哲学是马克思主义哲学的直接理论来源。马克思、恩格斯批判地吸取了黑格尔哲学的（　　）。
   A. 唯物主义思想　　　　　　　B. 辩证法思想
   C. 可知论思想　　　　　　　　D. 决定论思想

8. 黑格尔、费尔巴哈是（　　）。
   A. 德国古典哲学的代表人物　　B. 英国古典政治经济学的代表人物
   C. 英国空想社会主义的代表人物　　D. 法国空想社会主义的代表人物

9. 德国古典哲学是马克思主义的直接理论来源之一，其代表人物是（   ）。
   A. 培根、洛克　　　　　　　　　　B. 圣西门、欧文
   C. 黑格尔、费尔巴哈　　　　　　　D. 斯密、李嘉图

10. 作为马克思主义哲学直接理论来源的是（   ）。
    A. 古希腊罗马哲学　　　　　　　　B. 英国近代哲学
    C. 法国百科全书派哲学　　　　　　D. 德国古典哲学

11. 亚当·斯密和大卫·李嘉图是（   ）。
    A. 德国古典哲学的代表人物　　　　B. 英国古典政治经济学的代表人物
    C. 英国空想社会主义的代表人物　　D. 法国空想社会主义的代表人物

12. 英国古典政治经济学是马克思主义的直接理论来源之一，其代表人物是（   ）。
    A. 培根、洛克　　　　　　　　　　B. 斯密、李嘉图
    C. 黑格尔、费尔巴哈　　　　　　　D. 圣西门、傅立叶

13. 19世纪欧洲空想社会主义是马克思主义直接理论来源之一，其代表人物是（   ）。
    A. 配第、斯密、李嘉图　　　　　　B. 拉美特利、爱尔维修、狄德罗
    C. 康德、黑格尔、费尔巴哈　　　　D. 圣西门、傅立叶、欧文

14. 下列各项不属于马克思主义直接理论来源的人物是（   ）。
    A. 黑格尔和费尔巴哈　　　　　　　B. 斯密和李嘉图
    C. 培根和洛克　　　　　　　　　　D. 圣西门和傅立叶

15. 作为马克思、恩格斯一生最重要的理论发现，使社会主义从空想变成科学的是（   ）。
    A. 唯物论和辩证法学说　　　　　　B. 唯物论和劳动价值学说
    C. 唯物史观和剩余价值学说　　　　D. 唯物史观和阶级斗争学说

16. 自然科学的三大发现，对马克思主义哲学的形成产生了巨大影响。以下不属于这三大发现的是（   ）。
    A. 细胞学说　　　　　　　　　　　B. 狭义相对论
    C. 生物进化论　　　　　　　　　　D. 能量守恒和转化定律

17. 除《哲学的贫困》外，标志马克思主义公开问世的经典著作是（   ）。
    A. 《关于费尔巴哈的提纲》　　　　B. 《德意志意识形态》
    C. 《共产党宣言》　　　　　　　　D. 《资本论》

18. 中国特色社会主义理论体系不包括（   ）。
    A. 科学发展观　　　　　　　　　　B. 毛泽东思想
    C. 邓小平理论　　　　　　　　　　D. "三个代表"重要思想

19. 中国共产党十一届三中全会以来，马克思主义中国化的理论成果不包括（   ）。
    A. 毛泽东思想　　　　　　　　　　B. 邓小平理论

C. "三个代表"重要思想 D. 科学发展观

20. 马克思主义中国化的最新成果是（　　）。
 A. 邓小平理论 B. "三个代表"重要思想
 C. 科学发展观 D. 习近平新时代中国特色社会主义思想

21. 习近平新时代中国特色社会主义思想的核心要义是（　　）。
 A. 建设什么样的社会主义、怎样建设社会主义
 B. 建设什么样的党、怎样建设党
 C. 实现什么样的发展、怎样发展
 D. 坚持和发展什么样的中国特色社会主义、怎样坚持和发展中国特色社会主义

22. 马克思主义的创始人是（　　）。
 A. 马克思和李嘉图 B. 马克思和圣西门
 C. 马克思和费尔巴哈 D. 马克思和恩格斯

23. 以下可以列入马克思主义范畴的理论是（　　）。
 A. 科学发展观 B. 弗洛伊德主义的马克思主义
 C. 存在主义的马克思主义 D. 结构主义的马克思主义

24. 在马克思主义科学体系中，作为世界观和方法论的是（　　）。
 A. 马克思主义哲学 B. 马克思主义政治学
 C. 马克思主义政治经济学 D. 科学社会主义

25. 马克思主义是一个具有内在逻辑联系的科学体系，其中处于核心地位的是（　　）。
 A. 辩证唯物主义 B. 历史唯物主义
 C. 政治经济学 D. 科学社会主义

26. 马克思主义的根本理论特征是（　　）。
 A. 科学性和革命性的统一 B. 逻辑性和历史性的统一
 C. 自然观和历史观的统一 D. 世界观和方法论的统一

27. 马克思主义的革命性既表现为它具有彻底的批判精神，又表现为它具有（　　）。
 A. 完整的理论体系 B. 严密的逻辑结构
 C. 鲜明的政治立场 D. 崇高的社会理想

28. 马克思主义的科学性和革命性统一于它的（　　）。
 A. 实践性 B. 阶级性 C. 深刻性 D. 批判性

29. 马克思主义的根本理论特征在于，它是以实践为基础的（　　）。
 A. 全面性和深刻性的统一 B. 逻辑性和历史性的统一
 C. 科学性和革命性的统一 D. 客观性和普遍性的统一

30. 马克思主义的基本观点是（　　）。
 A. 思辨的观点 B. 辩证的观点

C. 唯物的观点　　　　　　　　　　D. 实践的观点

31. 与时俱进是马克思主义的(　　)。
   A. 理论品质　　B. 理论基础　　C. 理论核心　　D. 理论内涵

32. 马克思主义最高的社会理想是(　　)。
   A. 全面建设小康社会　　　　　　B. 构建社会主义和谐社会
   C. 建设中国特色社会主义　　　　D. 推翻资本主义、实现共产主义

33. "无论时代如何变迁，科学如何进步，马克思主义依然显示出科学思想的伟力，依然占据着真理和道义的制高点。"这段话的提出者是(　　)。
   A. 列宁　　　B. 毛泽东　　　C. 邓小平　　　D. 习近平

34. 把马克思主义作为行动的指南，就是要(　　)。
   A. 用马克思主义的立场、观点和方法研究解决实际问题
   B. 从马克思主义经典著作中寻找解决现实问题的直接答案
   C. 把马克思主义当作现存的公式裁剪历史事实
   D. 一切从马克思主义的基本原理出发

35. 学习马克思主义的根本方法是(　　)。
   A. 精读马列原著　　　　　　　　B. 熟记基本原理
   C. 理论联系实际　　　　　　　　D. 深入调查研究

36. 理论联系实际是(　　)。
   A. 马克思主义的理论品质　　　　B. 学习马克思主义的根本方法
   C. 马克思主义的理论特征　　　　D. 学习马克思主义的根本目的

37. 理论联系实际是学习马克思主义的根本方法。坚持理论联系实际必须反对的错误倾向有(　　)。
   A. 绝对主义和相对主义　　　　　B. 经验主义和教条主义
   C. 教条主义和唯理主义　　　　　D. 折中主义和宗派主义

38. 理论联系实际是学习马克思主义的根本方法，这是由马克思主义的(　　)。
   A. 科学性决定的　　　　　　　　B. 革命性决定的
   C. 实践性决定的　　　　　　　　D. 阶级性决定的

39. 在21世纪到来的前夕，英国广播公司（BBC）在全球范围举行过一次"千年思想家"网上评选，结果高居榜首的是马克思。马克思主义之所以至今仍受到人们的普遍关注，充满生机和活力，是因为(　　)。
   A. 它完成了对各种客观事物的认识
   B. 它正确反映了社会发展规律并具有与时俱进的理论品质
   C. 它是检验人们各种认识是否正确的标准
   D. 它对人们的各种实践活动都有具体的指导作用

40. 下列关于马克思主义的判断，错误的是(　　)。

A. 马克思主义是关于无产阶级和人类解放的科学
B. 马克思主义提供了各种问题的现成答案
C. 马克思主义的理论品质是与时俱进
D. 马克思主义的社会理想是实现共产主义

二、简答题

1. 简述马克思主义对德国古典哲学、英国古典经济学和英法两国的空想社会主义学说的继承与创新。
2. 什么是马克思主义？简述马克思主义对德国古典哲学的继承与创新。
3. 简述马克思主义科学体系的三个组成部分及其直接理论来源。
4. 简述马克思主义科学体系的主要组成部分及其内在联系。
5. 如何理解马克思主义是不断发展的理论？
6. 简述马克思主义的根本理论特征。
7. 简述马克思主义的科学性与革命性的关系。
8. 简述马克思主义的科学内涵和理论品质。
9. 简述长期的远大的最高理想和近期的共同理想及其相互关系。
10. 简述学习马克思主义的目的和根本方法。

第一章 物质世界及其发展规律

知识框架

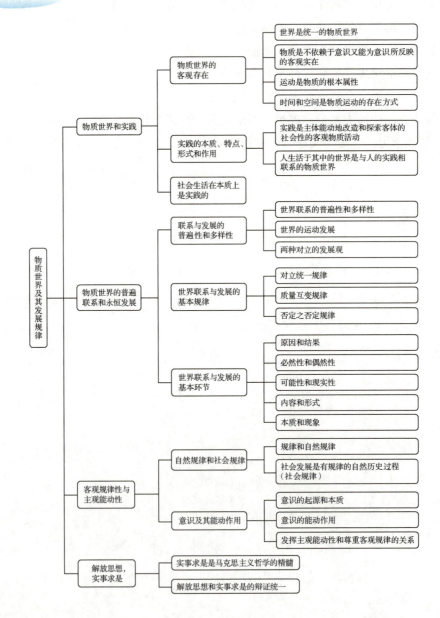

- 物质世界及其发展规律
  - 物质世界和实践
    - 物质世界的客观存在
      - 世界是统一的物质世界
      - 物质是不依赖于意识又能为意识所反映的客观实在
      - 运动是物质的根本属性
      - 时间和空间是物质运动的存在方式
    - 实践的本质、特点、形式和作用
      - 实践是主体能动地改造和探索客体的社会性的客观物质活动
      - 人生活于其中的世界是与人的实践相联系的物质世界
    - 社会生活在本质上是实践的
  - 物质世界的普遍联系和永恒发展
    - 联系与发展的普遍性和多样性
      - 世界联系的普遍性和多样性
      - 世界的运动发展
      - 两种对立的发展观
    - 世界联系与发展的基本规律
      - 对立统一规律
      - 质量互变规律
      - 否定之否定规律
    - 世界联系与发展的基本环节
      - 原因和结果
      - 必然性和偶然性
      - 可能性和现实性
      - 内容和形式
      - 本质和现象
  - 客观规律性与主观能动性
    - 自然规律和社会规律
      - 规律和自然规律
      - 社会发展是有规律的自然历史过程（社会规律）
    - 意识及其能动作用
      - 意识的起源和本质
      - 意识的能动作用
      - 发挥主观能动性和尊重客观规律的关系
  - 解放思想，实事求是
    - 实事求是是马克思主义哲学的精髓
    - 解放思想和实事求是的辩证统一

内容精要

第一节 物质世界和实践

> 社会生活在本质上是实践的。
> ——马克思

一 物质世界的客观存在

（一）世界是统一的物质世界

1. 世界的本质问题是哲学必须回答的重大问题

（1）哲学、世界观、方法论、价值观。

哲学是世界观的理论体系。世界观，就是人们对世界的根本看法和观点。哲学是理论化和系统化的世界观，是世界观的理论体系。

哲学为人们提供认识世界和改造世界的普遍方法。哲学既是理论化的世界观，又是方法论。

哲学往往作为理想、信念从而也作为价值观对人们起着导向和激励作用。

（2）哲学的基本问题。

世界的本质问题是世界观的重大问题，当然就是哲学必须回答的重大问题。

要回答世界的本质问题，就必须说明思维和存在或意识与物质的关系。

思维和存在或意识和物质的关系问题，是哲学的基本问题。

哲学基本问题（思维和存在或意识和物质的关系问题）包括两个方面的内容：

第一方面是物质和意识哪个是本原、哪个是第一性的问题。这在哲学上属于本体论的问题，是最重要的方面。如何回答这个问题是划分唯物主义和唯心主义的标准。凡是认为物质是本原、第一性的，意识是派生的、第二性的哲学，属于唯物主义；凡是认为意识是本原、第一性的，物质是派生的、第二性的哲学，属于唯心主义。

第二方面是思维和存在的同一性问题，主要是指思维能否认识存在的问题，即世界可不可以认识的问题。这在哲学上属于认识论问题。对这个问题的不同回答，区分为可知论与不可知论。承认思维与存在的同一性，认为世界是可以认识的，属于可知论；否认思维与存在的同一性，认为世界是不可能认识的，属于不可知论。

与哲学基本问题（思维和存在或意识和物质的关系问题）相一致，社会存在与社会意识的关系问题是社会历史观的基本问题。如何回答社会存在和社会意识哪个是第一性的问题，是划分历史唯物主义和历史唯心主义的标准。凡是认为社会存在决定社会意识的，是历史唯物主义；凡是认为社会意识决定社会存在的，是历史唯心主义。

（3）世界是如何存在的问题。

在回答世界是如何存在的问题上形成了辩证法和形而上学两种不同的观点。

辩证法认为，世界上的事物都是相互联系、运动发展的，发展的根本原因在于事物的内部矛盾。

形而上学则认为，世界上的事物都是彼此孤立、静止不变的，否认事物内部矛盾的存在。

2. 在世界的本质问题上一元论和二元论、唯物主义和唯心主义的对立

对世界的本质或本原、世界的统一性是什么的问题的不同回答，存在一元论和二元论、唯物主义和唯心主义的对立。

二元论——否认世界的统一性，认为世界上的万事万物有物质和精神这两个相互平行、各自独立的本原。17世纪法国哲学家笛卡尔是二元论的著名代表。

一元论——承认世界的统一性，认为世界上的万事万物有一个共同的本质或本原。

一元论有两种：唯心主义一元论、唯物主义一元论。它们的共同点是都承认世界的统一性；不同点在于，在世界统一的基础、世间万物共同的本质或本原是什么的问题上，有不同的回答。

（1）唯心主义一元论，认为世界的本原是精神，世界统一于精神。

唯心主义有两种基本形式：主观唯心主义和客观唯心主义。

主观唯心主义把人的主观精神看作世界的本原。

客观唯心主义把某种"客观"精神说成是世界的本原。

（2）唯物主义一元论，认为世界的本原是物质，世界统一于物质。

唯物主义经历了三种基本形态：古代朴素唯物主义、近代形而上学唯物主义、现代辩证唯物主义和历史唯物主义。

——古代朴素唯物主义把世界的本质或本原归结为某一种或某几种具体的物质形态。古代朴素唯物主义的最高成就是古希腊德谟克利特的"原子论"和中国的"元气说"。其正确的基本倾向是：从具体的物质形态中探究世界的本原，开辟了理解世界本质的唯物主义方向。缺陷是：其观点不是建立在科学基础之上，带有直观的、自发猜测的性质，难以解释世界的本质一元和世界的物质形态多种多样的关系。

——近代形而上学唯物主义认为，原子是构成世界万物的最小物质单位，是世界的本原。它混淆了特殊和一般、个性和共性的辩证统一，把原子的个性误认为是物质的共性；此外，还有四方面的局限性：机械性（机械唯物主义）、形而上学性（形而上学唯物主义）、直观性（轻视实践）、不彻底性（在历史观上是唯心主义）。

——辩证唯物主义和历史唯物主义。马克思、恩格斯把唯物主义和辩证法、唯物主义自然观和唯物主义历史观结合起来，创立了辩证唯物主义和历史唯物主义。辩证唯物主义和历史唯物主义是唯物主义哲学的第三个历史形态，是唯物主义哲学的最高形态。

3. 辩证唯物主义和历史唯物主义科学地说明了世界的本质问题

（1）辩证唯物主义和历史唯物主义的基本思想。

辩证唯物主义和历史唯物主义是彻底的唯物主义一元论，其基本思想是：

第一，承认世界的统一性，坚持一元论，反对二元论。

第二，认为世界统一于物质，坚持唯物主义一元论，反对唯心主义一元论。

第三，认为世界是运动发展的、无限多样性的统一，克服了旧唯物主义把世界的本原归结为某一种或某几种具体的物质形态的局限性。

（2）自然界、人类社会和人本身构成了整个世界。

——自然界是客观的。

——人和人类社会是客观存在的。首先，人和人类社会的形成是客观物质过程。其次，社会存在和发展的基础——生产方式是客观的。生产方式是人类向自然界谋取必需的物质生活资料的方式，是特定的生产力和生产关系的统一。

（二）物质是不依赖于意识又能为意识所反映的客观实在

1. 物质的定义及其唯一特性

（1）物质的定义。

列宁指出："物质是标志客观实在的哲学范畴，这种客观实在是人通过感觉感知的，它不依赖于我们的感觉而存在，为我们的感觉所复写、摄影、反映。"简单地说，物质是不依赖于意识又能为意识所反映的客观实在。

（2）物质的唯一特性是客观实在性。

2. 列宁物质定义的意义

①它指出客观实在性是一切物质的共性，克服了旧唯物主义物质观的局限性。

②它指出物质是可以被人们认识的，同不可知论划清了界限。

③它指出物质是不依赖于意识的客观实在，同唯心主义划清了界限。

（三）运动是物质的根本属性

运动是物质的根本属性和存在方式。

1. 运动的含义

运动是标志物质世界一切事物与现象的变化和过程的哲学范畴。

2. 运动和物质的关系

运动是物质的固有属性，物质和运动不可分。

一方面，世界上不存在脱离运动的物质（物质离不开运动）。运动是无条件的、永恒的、绝对的。否认物质的运动和运动的绝对性，必然导致形而上学。

另一方面，世界上也不存在没有物质的运动（运动离不开物质），物质是运动的担当者，是运动的主体，一切运动都是物质的运动。否认物质是运动的承担者或主体，必然导致唯心主义。

形而上学和唯心主义的运动观，都是把物质和运动相割裂，形而上学主张没有运动的物质，唯心主义主张没有物质的运动。

3. 运动的特殊状态：相对静止

（1）相对静止的两种基本情形。

第一，没有发生相对位置移动。

第二，没有发生质变。

因此，静止是有条件的、暂时的、相对的。

（2）承认相对静止的意义。

第一，只有承认相对静止，才能理解事物的多样性，区分开不同的事物。

第二，只有承认相对静止，才能认识事物分化的条件和生命现象的产生。

第三，只有承认相对静止，才能理解绝对运动。

（3）运动与静止的关系。

运动是绝对的、无条件的、永恒的；静止是相对的、有条件的、暂时的。

世界上的事物都是绝对运动和相对静止的统一，是动中有静，静中有动。

形而上学和相对主义诡辩论把绝对运动和相对静止割裂开来。

形而上学不变论认为，静止就是绝对地不动，把相对静止绝对化。

相对主义诡辩论强调绝对运动而否认相对静止。

（四）时间和空间是物质运动的存在方式

1. 时间的含义及特点

时间是物质运动的持续性、顺序性。时间的特点是一维性。

2. 空间的含义及其特点

空间是物质运动的广延性和伸张性。空间的特点是三维性。

3. 时间和空间的关系

（1）时间和空间是内在统一、不可分离的，四维时空概念就是表示时间和空间相统一的概念。

（2）时间和空间是绝对和相对、无限和有限的统一。

时间空间的绝对性、无限性是指，整个物质世界在时间上无始无终、在空间上无边无际。

时间空间的相对性、有限性是指，每一具体事物在时间上有始有终、在空间上有边有际。

时间和空间的绝对性、无限性与相对性、有限性是不可分割的，其绝对性、无限性存在于相对性、有限性之中，无数时间和空间的相对性、有限性之和，构成时间和空间的绝对性、无限性。

4. 时间和空间与运动着的物质的关系

时间和空间是运动着的物质的存在方式，时间和空间与运动着的物质不可分离。

一方面，世界上没有脱离时间和空间运动的物质，即物质运动离不开时空。

另一方面，世界上没有脱离物质运动的时间和空间，即时空离不开物质运动。

二 实践的本质、特点、形式和作用

（一）实践是主体能动地改造和探索客体的社会性的客观物质活动

马克思主义从主体与客体、主观与客观的关系把握实践。

1. 实践主体

（1）实践主体的含义：处于一定社会关系中的具有实践能力的人。

（2）实践主体的形式：个人主体、集团主体和类主体。

2. 实践客体

（1）实践客体的含义：主体实践活动所指向的对象。

（2）实践客体的特征：客观性、对象性和社会历史性。

客观性是指，实践客体是客观存在的，坚持这一点就同唯心主义划清了界限。

对象性是指，只有那些成为实践活动所指向的对象的客观存在才是实践客体。

社会历史性是指，外部世界的哪些部分成为实践客体，是同一定的社会历史条件相联系的。

（3）实践客体的基本类型：自然客体、社会客体和精神客体。

自然客体既包括同人的活动发生关系的天然的自然物，也包括经过改造和加工的人工自然物。

社会客体是指人类社会。

精神客体指的是成为人们实践对象的主观精神和客体化精神。

2. 实践的基本特点

第一，客观性。

实践是客观的感性物质活动。实践的客观性表明，它与纯粹的思维活动、精神活动是不同的。只有坚持实践的客观性，才能从根本上与唯心主义实践观划清界限。

第二，自觉能动性。

实践主体是有意识、有目的的活动。只有坚持实践的自觉能动性，才能从根本上与旧唯物主义实践观划清界限。

第三，社会历史性。

人们在一定社会条件下进行的实践活动，都是受社会条件限制的，并且是随着社会条件的发展而发展的，因此，实践又具有历史性。

只有坚持实践的社会历史观，才能既同唯心主义实践观划清界限，又同旧唯物主义实践观及其实用主义区别开来。

4. 实践的三种基本形式

第一，物质生产实践。它是处理人和自然关系的活动，是最基本的实践活动，是决定其他一切实践活动产生和发展的前提。

第二，处理社会关系的实践。它是处理人与人之间关系的活动，是为了配合物质生产实践所进行的活动。它主要表现为社会管理、阶级斗争、社会革命、社会改革等。

第三，科学实验。它是从物质生产实践中分化出来的尝试性、探索性的实践活动。其目的不是直接改造世界，而是为成功地改造世界提供必要的知识。

除了以上三种基本实践形式外，还有其他一些实践形式，如教育实践、医疗实践、艺术实践等。

（二）人生活于其中的世界是与人的实践相联系的物质世界

1. 人的实践活动与自然界的二重化

旧唯物主义把自然界看成是与人的实践活动无关的纯粹自然。

马克思主义哲学认为，人通过自己的实践活动使自然界二重化，即分化为自在自然和人化自然。

实践的观点把马克思主义自然观与旧唯物主义自然观区别开来。

2. 社会历史是人们的实践活动创造的

旧唯物主义之所以仅仅在自然观上坚持唯物主义，而在历史观上陷入唯心主义，主要就是由于它缺乏实践的观点。这样，一方面，它把人类生活于其中的自然看成是纯粹客观的自在的东西；另一方面，它又把人的实践活动看成是纯粹主观的东西，从而也就把人的实践活动所创造的社会历史看成是一种主观的过程。

马克思主义认为，人类社会发展的历史归根到底是人类物质生产活动的历史，是物质资料生产方式发展的历史。用物质资料的生产活动和生产方式的发展去说明社会历史的发展，也就是用物质的原因去说明社会历史，这才有了历史唯物主义。

实践的观点是马克思主义社会历史观的基础。

3. 实践是人的存在方式

人与动物的根本区别是——人不断从事实践活动（制造和使用工具的本领）。

人只有不断从事各种形式的实践活动，才能生存和发展。

实践的观点是马克思主义关于人的观点的基础。

总之，实践的观点是马克思主义哲学的基本点。正是在实践观点的基础上，马克思主义哲学才超越了以往的全部哲学，成了科学的世界观和方法论。

三 社会生活在本质上是实践的

马克思主义认为，实践是人类社会产生、存在和发展的基础，是社会生活的本质。

第一，劳动实践是人类和人类社会关系产生的决定性环节。

现代科学研究证明，人类是由数万年前的森林古猿——类人猿进化而来的。劳动改变了古猿的身体结构，创造了人的手和脑，产生了语言和意识，形成了社会关系，这样就形成了人类和人类社会。

第二，物质生产实践是人类社会得以存在的基础。

马克思主义认为，生产物质生活资料的实践是一切社会历史的第一个前提。人类要生存，社会要存在，就必须解决基本生活问题，这就必须进行物质生活资料的生产活动，而生产活动又是人们从事其他各种社会活动的基础。

第三，实践活动是推动社会发展的动力。

物质生产实践的持续进行，使生产力不断发展，从而推动人类社会不断发展。

处理社会关系的实践使社会基本矛盾得到解决，推动社会不断发展。

科学实验的进行推动了科技进步和生产力的发展，大大加快了社会发展的进程。

医疗实践、教育实践、艺术实践等对社会发展也起着重要作用。

社会生活在本质上是实践的，这一思想的确立，科学地说明了社会的物质性。

第二节　物质世界的普遍联系和永恒发展

> 可以把辩证法简要地确定为关于对立面统一的学说。这样就会抓住辩证法的核心，可是这需要说明和发挥。
>
> ——列宁

一　联系与发展的普遍性和多样性

唯物辩证法认为，物质世界是普遍联系和永恒发展的。联系的观点和发展的观点是唯物辩证法的总特征。

（一）世界联系的普遍性和多样性

1. 联系

联系是指事物之间及事物内部诸要素之间相互影响、相互作用和相互制约。

唯物辩证法认为，事物之间既相互联系又相互区别。事物的相互联系与相互区别是互为前提的。

任何事物都有它不同于其他事物的特殊本质，因而是与其他事物相区别的；同时，任何事物都不是孤立存在的，总是同其他事物联系在一起的。

2. 联系的特征

（1）联系具有客观性。

联系的客观性是指，事物之间的相互联系是事物本身所固有的，是不以人的主观意志为转移的。

事物联系的客观性要求人们如实地从事物本身固有的联系中把握事物，反对用主观臆想的联系代替客观的真实的联系。

（2）联系具有普遍性。

联系的普遍性是指：世界上任何事物都不能孤立地存在，都与周围的其他事物处于相互联系之中；每一事物内部各个要素也不能孤立地存在，都是与其他要素相互联系的；整个世界不是各种孤立的事物的机械堆积，而是由无数相互联系的事物构成的统一整体。

（3）联系具有多样性。

联系是复杂多样的。事物之间的联系主要有以下几种情况：直接联系与间接联系；内部联系与外部联系；本质联系与非本质联系；必然联系与偶然联系。

认识事物联系的多样性，对于我们观察和处理问题具有重要意义：首先，必须坚持全面的观点；其次，必须抓住事物中的必然的、本质的联系。

把握联系的复杂多样性，要特别注意避免只看到直接联系而忽视间接联系的片面性倾向。

（二）世界的运动发展

事物的相互联系、相互作用必然使事物的原有状态、性质发生或大或小的改变，从而导致事物的运动、变化和发展。

1. 运动、变化和发展

运动——物质的存在方式和根本属性，包括宇宙中发生的一切变化与过程。它是就其最一般意义来说的。

变化——侧重于强调运动中所发生的具体内容的改变，包括事物性质、数量、位置、结构、形态等方面的改变。

发展——事物的一种特殊的运动变化，即上升性、前进性的运动变化。

2. 世界是过程的集合体

过程是指每一事物都有它的发生、发展和灭亡的历史。具体历史过程无论多么长久，它总是有始有终的，是有限的。无数有限的具体过程构成无限的、永恒发展的物质世界。

恩格斯说："世界不是既成的事物的集合体，而是过程的集合体。"这是唯物辩证法的"一个伟大的基本思想"。

3. 发展的实质是新事物产生和旧事物灭亡

（1）新事物和旧事物及其区分的根本标志。

新事物是指符合事物发展规律、具有强大生命力和远大前途的事物。（新事物是指符

合事物发展的必然趋势、具有强大生命力和远大前途的事物）

旧事物是指丧失了其存在的必然性、日趋灭亡的事物。（旧事物是指不符合事物发展规律、不具有强大生命力和远大前途的事物）

区分新旧事物的根本标志在于，它是否符合事物发展的必然趋势，是否具有强大生命力和远大的发展前途。

（2）新事物必然战胜旧事物。

这是由新旧事物的本质特点和事物发展的辩证本性决定的。

第一，新事物符合事物发展的必然趋势，具有强大的生命力和远大的发展前途；而旧事物则不符合事物发展的必然趋势，丧失了其存在的必然性。因此，新事物能迅速成长壮大，最终战胜旧事物。

第二，新事物优越于旧事物。新事物在对旧事物进行"扬弃"的同时，添加了一些新内容，因而它具有旧事物所不可比拟的优越性。

第三，在社会历史领域内，新事物从根本上符合广大人民群众的利益和要求，因而能够得到广大人民群众的拥护和支持，它必然战胜旧事物。

新事物战胜旧事物不是一帆风顺的，必然经历一个艰难曲折的过程。这是因为：

新事物的成长壮大需要经历一个由弱小到强大、由不完善到比较完善的曲折发展过程；

旧事物在一定时期内还有相当大的力量，总是对新事物加以压制和扼杀；

社会历史领域内的新事物，被广大人民群众认识和理解，得到广大人民群众的拥护和支持，也需要经历一个或长或短的历史过程。

但是，不管经历怎样的艰难和曲折，新事物必然会战胜并取代旧事物，这是事物发展的基本趋势。

（三）两种对立的发展观

唯物辩证法和形而上学是两种根本对立的发展观，是关于世界如何存在的两种根本不同的观点。两种对立发展观的主要表现是：

第一，联系观点和孤立观点的对立。

唯物辩证法主张用联系的观点来观察事物。形而上学用孤立的观点看世界，只见局部，不见整体；只见树木，不见森林。

第二，发展变化观点和静止不变观点的对立。

唯物辩证法主张用发展的观点看待一切事物。形而上学用静止不变的观点看世界，只见事物的现在，不见其过去和未来；只见一个个孤立的片段，不见总过程。

第三，承认事物内部矛盾和否认事物内部矛盾的对立。

唯物辩证法认为，矛盾是事物运动变化发展的根本原因，主张用矛盾的观点来观察问题，坚持"两点论"。形而上学认为事物的运动变化发展，都是外力推动的结果，因而只看到矛盾的一个方面，看不到另一方面，坚持"一点论"。

唯物辩证法与形而上学的根本对立和斗争焦点在于是否承认矛盾是事物发展的动力。

（四）联系和发展是有规律的

1. 唯物辩证法的含义和构成

唯物辩证法是关于自然、社会和思维联系与发展一般规律的科学。它是由对立统一规律、质量互变规律、否定之否定规律和一系列其他范畴构成的科学体系。

对立统一规律揭示了事物发展的动力和源泉；

质量互变规律揭示了事物发展的状态和形式；

否定之否定规律揭示了事物发展的趋势和道路；

唯物辩证法的其他范畴（原因和结果、必然性和偶然性、可能性和现实性、内容和形式、本质和现象）则揭示了事物联系和发展的基本环节。

2. 对立统一规律是唯物辩证法的实质和核心，是宇宙的根本规律

第一，对立统一规律揭示了事物普遍联系的根本内容和发展变化的内在动力。

第二，对立统一规律是贯穿于唯物辩证法其他规律和范畴的中心线索，是理解它们的钥匙。

第三，矛盾分析法是最根本的认识方法。

第四，承认不承认对立统一规律及矛盾是事物发展的动力，是唯物辩证法与形而上学的斗争焦点和根本分歧。

二 世界联系与发展的基本规律

（一）对立统一规律

对立统一规律也叫矛盾规律，其基本内容是：任何事物都包含着矛盾，矛盾双方既统一又斗争，由此推动事物运动变化和发展。

矛盾就是对立统一。

1. 矛盾的两种基本属性——同一性和斗争性

矛盾的双方的对立和统一决定了矛盾具有同一性和斗争性。

（1）矛盾的同一性。

矛盾的同一性是指矛盾双方相互联系、相互吸引的性质。它包括两方面的含义：

第一，矛盾双方相互依存。一方的存在以另一方为前提。

第二，矛盾双方相互贯通。它主要表现为这样两种情形：矛盾双方相互包含、相互渗透；矛盾双方在一定条件下有相互转化的趋势。

（2）矛盾的斗争性。

矛盾的斗争性是指矛盾双方相互排斥、相互对立的性质。

（3）矛盾的同一性和斗争性的关系——既相互区别又相互联结。

首先，相互区别。

矛盾的同一性和斗争性是矛盾的两种相反的基本属性。矛盾的同一性是相对的、有条件的，矛盾的斗争性是绝对的、无条件的。

其次，相互联结、不可分离。

一方面，同一性不能离开斗争性而存在，没有斗争性就没有同一性；另一方面，斗争性寓于同一性之中，没有同一性也就没有斗争性。

（4）矛盾是事物发展的动力。

事物发展的动力和源泉是事物的内部矛盾。矛盾的同一性和斗争性在事物发展中都起着重要的作用。

① 矛盾的同一性在事物发展中的作用。

第一，同一性是事物存在和发展的前提。

矛盾双方相互依存，使事物保持相对稳定性，为事物的存在和发展提供必要的前提。

第二，同一性使矛盾双方互相从对方吸取有利于自身的因素而得到发展。

矛盾双方是相互渗透的，矛盾双方各自从对方吸收和利用有利于自身的因素，促进自身的发展。

第三，同一性规定着事物发展的基本趋势。

矛盾双方在一定条件下相互转化。发展是一物转化为他物，是转化为自己的对立面。这一转化的基本趋势是由矛盾的同一性规定的。

② 矛盾的斗争性在事物发展中的作用。

第一，在事物的量变过程中，矛盾双方的斗争促进矛盾双方力量对比和相互关系发生变化，为质变做准备。

第二，在事物质变过程中，斗争突破事物存在的限度，促成矛盾的转化，实现事物的质变。

在事物的发展过程中，矛盾的同一性和斗争性都有重要作用，但都不能孤立地起作用，只有两者结合在一起才能成为事物发展的动力。

2. 内因和外因及其相互关系

矛盾是事物发展的动力，说明事物发展的根本原因是事物的内部矛盾；同时，事物的外部条件对事物的发展也有重要的影响作用。

内因就是事物的内部矛盾。外因就是事物的外部矛盾。

内因和外因的关系是：

第一，内因是事物发展变化的根据，是第一位的原因。事物发展变化的根本原因不在事物外部，而在事物内部。

第二，外因是事物发展变化的条件，是第二位的原因。外因是事物发展变化不可缺少的条件。在一定情况下，外因对事物的发展甚至起决定性作用。

第三，外因通过内因而起作用。

唯物辩证法关于事物发展的内因和外因辩证关系的原理，是我们党制定和执行独立自主、自力更生及对外开放方针的重要理论基础。

独立自主、自力更生——内因。

对外开放——外因。

对外开放以独立自主、自力更生为基础——外因通过内因而起作用。

3. 矛盾的普遍性和特殊性

（1）矛盾的普遍性。

矛盾是普遍存在的。矛盾无处不在，无时不有（处处有矛盾，时时有矛盾），是对矛盾普遍性的简明表述。

矛盾的普遍性原理，要求我们必须树立矛盾观点，无论在什么时候，无论对何种事物，都要敢于承认矛盾，正确分析矛盾，并采取恰当的方法去解决矛盾，从而推动事物发展；要坚持矛盾分析的方法，从矛盾的两个方面看问题，即坚持"两点论"，全面地看问题，反对形而上学"一点论"，防止片面地看问题。

（2）矛盾的特殊性。

不同事物的矛盾各不相同，都有其特殊性。矛盾的特殊性有三种情况：

一是不同事物的矛盾各有其特点；

二是同一事物的矛盾在不同发展过程和发展阶段各有不同特点；

三是构成事物的诸多矛盾及每一矛盾的不同方面各有不同的性质、地位和作用。

矛盾特殊性原理具有重要方法论意义。分析矛盾的特殊性就是坚持具体问题具体分析。

一方面，分析矛盾的特殊性是正确认识事物的基础；另一方面，分析矛盾的特殊性是正确解决矛盾的关键。不同的矛盾只能用不同的方法解决。

具体问题具体分析是马克思主义的活的灵魂。

（3）矛盾的普遍性与矛盾的特殊性的关系。

矛盾的普遍性和特殊性的关系，也就是共性和个性、一般与个别的关系，它们是辩证统一的。

第一，互相联结。

一方面，普遍性存在于特殊性之中，一般只能在个别中存在，只能通过个别而存在。即共性离不开个性，没有个性就没有共性。

另一方面，特殊性中包含着普遍性，它们相联系而存在。不包含普遍性的特殊性是不存在的。即个性离不开共性，只有个性没有共性的事物也不存在。

割裂两者的联系，就会导致产生"白马非马"的诡辩命题。

第二，相互区别。

一般比个别更普遍、更深刻，个别比一般更丰富、更具体。两者不能互相代替，尤其不能用普遍性代替特殊性。

第三，在一定条件下相互转化。

由于事物的范围极其广大和发展的无限性，在一定场合为共性的东西，在另一场合就可能成为个性的东西；反之亦然。

矛盾的普遍性（共性）和特殊性（个性）辩证关系的原理，是矛盾问题的精髓。

矛盾普遍性和特殊性辩证关系的原理，是我们坚持马克思主义的普遍真理同中国具体实际相结合，建设中国特色社会主义的理论基础。

马克思主义的普遍真理——普遍性。

中国具体实际——特殊性。

马克思主义的普遍真理同当代中国具体实际相结合就是中国特色社会主义。

4. 矛盾发展的不平衡性

矛盾发展的不平衡性是矛盾特殊性的重要表现。它主要表现为两种情形：一种是主要矛盾和次要矛盾的不平衡；另一种是矛盾的主要方面和次要方面的不平衡。

（1）主要矛盾和次要矛盾。

①主要矛盾和次要矛盾的含义。

主要矛盾是处于支配地位、起决定作用的矛盾；

次要矛盾是处于服从地位、不起决定作用的矛盾。

②主要矛盾和次要矛盾的关系。

首先，相互影响、相互作用。

一方面，主要矛盾规定和影响着次要矛盾的存在和发展，对事物的发展起决定作用。主要矛盾解决得好，次要矛盾就可以比较顺利地得到解决；另一方面，次要矛盾对主要矛盾有制约作用，次要矛盾解决得如何，反过来影响主要矛盾的解决。

其次，一定条件下相互转化。

它们在一定条件下可以相互转化，即主要矛盾降低为次要矛盾，次要矛盾上升为主要矛盾。

基于主要矛盾和次要矛盾的这种关系，我们在观察和处理复杂问题时，首先要抓住和解决主要矛盾，同时又不忽略次要矛盾，还要注意主要矛盾和次要矛盾的转化，不失时机地转移工作重点。

主要矛盾及其转化的原理，对于指导中国特色社会主义实践具有重要意义。中国共产党对社会主义建设规律的探索与对我国社会主要矛盾的认识有着密切的联系。当我们正确把握了社会主要矛盾时，社会主义建设事业就会顺利发展，否则就容易导致挫折。

（2）矛盾的主要方面和矛盾的次要方面。

①矛盾的主要方面和矛盾的次要方面的含义。

矛盾双方的力量也是不平衡的，其中，居于支配地位、起主导作用的方面是矛盾的主要方面；处于被支配地位的方面是矛盾的次要方面。

②矛盾的主要方面和矛盾的次要方面的关系。

首先，相互制约、相互作用。

一方面，矛盾的主要方面支配次要方面，事物的性质主要是由取得支配地位的矛盾的主要方面决定的；另一方面，矛盾的次要方面也制约和影响着矛盾的主要方面。

其次，一定条件下相互转化。

矛盾的主要方面和次要方面在一定条件下可以相互转化。随着矛盾双方主次地位的变化，事物的性质也就发生变化。

基于矛盾的主要方面和次要方面的这种关系，我们在分析问题时，特别是在分析形势时，要分清主流和支流，抓住主流，正确认识事物的性质；同时也不能忽视支流，并且注意主流和支流的互相转化。

主要矛盾和次要矛盾、矛盾的主要方面和次要方面关系的原理，要求我们在实际工作中坚持两点论和重点论的统一。

坚持两点论，就是既要看到主要矛盾，又不忽视次要矛盾；既要看到矛盾的主要方面，又不忽略矛盾的次要方面。否则，就会陷入片面性而犯"一点论"的错误。

坚持重点论，就是要着重抓住主要矛盾和矛盾的主要方面。如果主次不分，不抓重点，在实践中平均使用力量，就会导致形而上学的"均衡论"。

两点论和重点论是互相包含、内在统一的。两点论中内在地包含着重点论，即两点是有重点的两点；重点论中内在地包含着两点论，即重点是两点中的重点。

坚持两点论和重点论的统一，就是看问题、办事情，既要全面，又要善于抓住重点。

（二）质量互变规律

1. 质、量、度的含义

（1）质。

世界上的事物都有一定的质。

质是指一事物区别于其他事物的内在规定性。质和事物的存在是直接同一的。

事物的质是通过属性表现出来的。质是事物的内在规定，属性是事物的外在表现。属性是一事物和他事物发生联系时表现出来的质。

（2）量。

量是指事物存在和发展的规模、程度、速度等可以用数量表示的规定性，以及事物构成成分在空间上的排列组合。

量的规定性与事物的存在不是直接同一的。同一事物可以有不同的量，量的变化只要不超过一定的范围，就不会改变事物的质。

任何事物都是质和量的统一体。质和量互相依赖、互相制约。一方面，质是量的基础，规定着量的活动范围；另一方面，质总是一定量的质。

这种质和量的相互依赖、相互制约，充分体现在"度"中。

（3）度。

度是指事物保持自己质的数量界限（或范围、幅度），它体现着质和量的统一。

度的两端都存在着极限或界限，叫关节点或临界点。关节点就是一定的质所能容纳的量的活动范围的最高和最低界限。

事物的量在度的范围内发生变化，事物的质保持不变，量变突破关节点、超出度的范围，事物的质就发生变化。

掌握事物的度具有重要意义：

在认识上，只有把握了事物的度，注意决定质的数量限度，才能准确地认识事物的质。

在实践上，只有把握了事物的度，才能提出指导实践活动的正确准则，坚持适度原则，防止"过"或"不及"。

2. 量变和质变及其辩证关系

量变和质变是事物发展变化的两种状态。

（1）量变。

量变是事物数量的增减和场所的变更，以及事物构成成分在空间上排列组合的变化。量的变化表现为微小的、不显著的变化，是在度的范围内的延续和渐进。

（2）质变。

质变是事物根本性质的变化。质变表现为根本性的、显著的变化，是对原有度的突破，是事物渐进过程的中断。

事物的变化是否超出度的范围，是区分量变和质变的根本标志。

（3）量变和质变的辩证关系。

量变和质变是辩证统一的。

第一，量变是质变的必要准备。

质变以量变为前提和基础，没有一定的量变，就不会发生质变。这是因为：首先，质变必须有一个量变的积累过程，量变只有积累到一定程度，才能突破度的界限，引起事物的质变；其次，质变必须由量变规定其性质和方向。

第二，质变是量变的必然结果。量变达到一定程度必然引起质变。

第三，量变和质变相互渗透。

一方面，质变体现和巩固量变的成果，结束在旧质基础上的量变，为在新质的基础上的量变开辟道路。

另一方面，在总的量变过程中有阶段性和局部性的部分质变。

阶段性部分质变是事物的根本性质未变，而比较次要的性质发生了变化，使事物的发展呈现出阶段性。

局部性部分质变是指事物全局的性质未变，而某些局部的性质发生了变化。

量变和质变是辩证统一的，割裂两者的统一就会导致形而上学的"激变论"或"庸俗进化论"。

激变论只承认质变，而否认量变。

庸俗进化论只承认量变，而否认质变。

质量互变规律要求我们在社会主义建设和改革过程中,要把远大的理想与目标同有步骤、分阶段地踏实苦干、稳步前进的精神结合起来,反对急躁冒进、急于求成;否则,会欲速不达,得到事与愿违的结果。

(三) 否定之否定规律

1. 辩证的否定

(1) 肯定和否定。

任何事物内部都包含肯定和否定两个方面。

肯定方面是指事物中维持其存在的方面。

否定方面是指事物中促使其灭亡的方面。

(2) 肯定和否定是辩证统一的。

肯定和否定是事物内部两个相反的方面,它们又是辩证统一的。

一方面,肯定和否定相互依存。离开了肯定就没有否定;离开了否定也没有肯定。

另一方面,肯定和否定相互渗透。肯定中包含否定,否定中包含肯定。

唯物辩证法的否定观就是建立在对肯定和否定辩证统一的理解的基础上的。

唯物辩证法的否定观集中体现了马克思主义哲学批判的、革命的本质。

在辩证法看来,任何事物都不是永恒的、绝对的,总是要被否定的。否定是事物发展的推动力量。

(3) 唯物辩证法的否定观。

第一,辩证的否定是事物的自我否定,即通过事物内部矛盾而进行的对自身的否定。

第二,辩证的否定是事物联系和发展的环节。①否定是事物发展的环节。没有新事物对旧事物的否定,就没有事物的发展。②否定是事物联系的环节。新事物对旧事物的否定是有所保留的否定,即保留旧事物中某些积极的东西,并把它发展到新阶段。因此,新旧事物通过否定环节联系起来。

第三,辩证的否定是"扬弃",也就是既克服又保留。新事物既克服旧事物中消极的东西,又保留其积极成果。

(4) 辩证否定观的方法论意义。

坚持辩证的否定观,就要对一切事物采取分析的态度,否定什么和肯定什么,批判什么和继承什么,都要从实际出发,进行具体分析,反对不加分析地肯定一切或否定一切。

对中国的传统文化要采取批判地继承的态度。既要反对全盘肯定传统文化的复古主义,又要反对全盘否定传统文化的历史虚无主义。

对于外国文化,要采取有分析、有选择、有批判地借鉴和吸收的态度。既不应全盘照搬,也不应一概排斥。

2. 事物的发展是前进性与曲折性的统一

(1) 否定之否定规律。

否定之否定规律的基本内容是：事物的发展经过两次辩证的否定，由肯定阶段到否定阶段，再到否定之否定阶段，从而使事物的发展表现为螺旋式上升和波浪式前进的过程。

（2）否定之否定规律揭示了事物的发展是前进性和曲折性的统一。

否定之否定规律揭示了事物发展的总趋势是前进的、上升的。

否定之否定规律揭示了事物发展的具体道路是曲折的。

事物的发展是前进性与曲折性的统一。如果割裂了两者的统一，就会导致循环论或直线论的错误。

循环论片面夸大事物发展的曲折性、回复性的一面，把一切事物的运动变化都看作简单的周而复始，从根本上否认了事物运动变化的前进性。

直线论忽视或否认事物发展道路的曲折性，把发展的道路看成是笔直的。

它们都是形而上学的错误观点。

否定之否定规律是世界联系与发展的普遍规律。

把握否定之否定规律，坚持事物发展是前进性和曲折性的统一的原理，对我们正确认识社会主义现代化建设具有重要意义。

首先，要坚信社会主义的前途是光明的，不要因为暂时的挫折而动摇。

其次，要准备走曲折的路，有克服各种困难的精神准备。要充分认识我国社会主义现代化建设事业的艰巨性和复杂性。

三　世界联系与发展的基本环节

（一）原因和结果

1. 原因和结果的含义

原因和结果的联系是事物或现象之间引起和被引起的联系。

引起某种现象的现象是原因，被某种现象引起的现象是结果。

2. 因果联系的特点

因果联系的一个显著特点是：原因在前，结果在后。但并不是所有有时间先后相继的现象之间的联系都是因果联系。因果联系是时间上先后相继的、一种现象引起另一种现象的联系。

3. 原因和结果之间的关系

（1）原因和结果是对立统一的关系。

首先，原因和结果是对立的。

在具体的因果联系中，原因就是原因，结果就是结果，不能混淆和颠倒。

其次，原因和结果又是统一的。

第一，原因和结果相互依存。原因是相对于它引起的结果而言的；同样，结果只有相对于引起它的原因来说才是结果。

第二，原因和结果在一定条件下相互转化。在世界的普遍联系和永恒发展中，同一现象在一种关系中是结果，在另一种关系中则是原因；反之一样。

第三，原因和结果是相互作用的。原因引起一定的结果，结果又反过来作用于原因并引起原因的变化。（互为因果）

承认因果联系的客观普遍性和因果规律性（必然性）的哲学，是唯物主义决定论；否认因果联系的客观普遍性和因果规律性（必然性）的哲学，是唯心主义非决定论，唯心主义非决定论是错误的。

（2）因果联系的类型。

因果联系有这样几种主要类型：一因多果，同因异果；一果多因，同果异因；多因多果，复合因果。

（3）原因和结果辩证关系原理的意义。

首先，只有找出某一事物或现象产生的原因，才能认识其本质和规律，提出解决问题的有效办法。

其次，正确把握因果联系，才能很好地总结经验教训，以便更好地指导今后的行动。

（二）必然性和偶然性

必然性和偶然性是事物联系和发展中不同的趋势。

1. 必然性和偶然性的含义

必然性是指事物联系和发展过程中确定不移的、不可避免的趋势。必然性与本质和规律是同等程度的概念。

偶然性是指事物联系和发展过程中不确定的趋势。

2. 必然性和偶然性的辩证关系

（1）两者是对立统一的关系。

首先，必然性和偶然性是对立的。

它们是事物联系和发展中两种不同的趋势，两者产生的原因不同，在事物发展中的地位和作用也不同。

必然性产生于事物内部的根本矛盾，在事物发展过程中居于支配地位，决定事物发展的前途和方向。

偶然性产生于事物的非根本矛盾和外部条件，在事物发展过程中居于从属地位，对事物发展的过程起影响作用。

其次，必然性和偶然性是辩证统一的。

第一，必然性通过大量的偶然性表现出来，由此为自己开辟道路。没有脱离偶然性的纯粹必然性。

第二，偶然性是必然性的表现形式和必要补充，偶然性背后隐藏着必然性并受其支配，没有脱离必然性的纯粹的偶然性。

第三，必然性和偶然性在一定条件下可以相互转化。这里有两种情形：①对前一过程来说是必然的东西，对后一过程而言，则可能变为偶然的东西，反之相反；②在小范围是必然的东西，对于大范围来说可能变为偶然的，反之也相反。

（2）割裂必然性和偶然性辩证统一关系会导致的错误。

必然性和偶然性是辩证统一的，把两者割裂开来，就会导致形而上学的机械决定论或唯心主义的非决定论的错误。

机械决定论把世界上的一切现象都看成是必然的，否认偶然性的存在。如果在社会生活中，把一切都说成是必然的，就会导致"命运"决定一切的唯心主义宿命论。

唯心主义的非决定论则把一切现象都看成是纯粹偶然的，否认事物发展的必然性。

（3）必然性和偶然性辩证关系原理的意义。

首先，必须通过科学研究发现必然性，按必然规律办事，不要被偶然现象迷惑。

决不能离开必然规律，把希望寄托在偶然事件上。否则，就会犯类似于"守株待兔"的错误。

其次，因为必然性是通过大量的偶然性表现出来的，偶然性是必然性的表现形式和补充，所以我们应当抓住偶然性提供的机遇，揭示偶然现象背后隐藏的必然性。

最后，我们在实际工作中决不能忽视偶然性。要注意利用一切有利的偶然因素去推动工作，防止和消除不利的偶然因素的影响，做到有备无患。

（三）可能性和现实性

必然性通过偶然性为自己开辟道路时，要经历由可能到现实转化的过程。

1. 可能性和现实性的含义

可能性是指包含在现实事物之中的、预示着事物发展前途的种种趋势，是潜在的还没有实现的东西。

现实性是指包含内在根据的、合乎必然性的存在，是客观事物和现象种种联系的综合。

2. 可能性与现实性的关系

（1）对立统一的关系。

首先，可能性和现实性之间有明显的区别和对立。可能性是目前还不存在的，它还不是现实性；现实性则是已经存在的，它不再是可能性。

其次，可能性和现实性又是统一的。

一方面，两者紧密相连、不可分割。现实性不能离开可能性，它是由可能性转化而来的，不可能的东西永远不会变为现实；可能性不能离开现实性，它的内在根据存在于现实中。

另一方面，两者在一定条件下可以相互转化。现实性是由可能性发展和转化而来的，同时，它又包含着新的可能性，这种新的可能性又将转化为新的现实性。

（2）掌握可能性与现实性辩证关系的原理具有重要意义。

首先，可能性不等于现实性，一切工作都要从现实出发，而不要从可能出发。

其次，自觉地发挥主观能动性，争取使好的可能性变为现实，避免坏的可能性变为现实。从坏处着想，向好处努力。

（四）内容和形式

任何现实事物都是内容和形式的统一体。

1. 内容与形式的含义

内容是指构成事物一切要素的总和。

形式是指把内容诸要素统一起来的结构或表现内容的方式。

2. 内容和形式的关系

（1）内容和形式是对立统一、相互作用的关系。

首先，内容和形式是对立的统一。

第一，内容和形式是事物的内在要素和结构方式这两个不同方面，两者是有区别的、对立的。

第二，内容和形式相互依存、密不可分。任何事物的内容都有一定的形式，任何形式都表现一定的内容。

第三，内容和形式在一定条件下可以相互转化。在某一种联系中是形式的东西，在另一种联系中就可能成为内容，反之一样。

其次，内容和形式相互作用。

第一，内容决定形式，形式依赖于内容。

第二，形式对内容具有巨大的反作用。

第三，内容和形式的相互作用构成它们的矛盾运动。

（2）掌握内容和形式的辩证关系的原理具有重要意义。

我们必须自觉地运用内容决定形式、形式反作用于内容的原理。在观察和处理问题时，要首先重视内容，反对忽视内容的形式主义；但也不能忽视形式对内容的反作用，反对抹杀形式作用的形式虚无主义。

（五）本质和现象

任何事物都是本质和现象的统一体，都具有本质和现象两个方面。

1. 本质和现象的含义

本质是指事物的根本性质及组成事物基本要素的内在联系。本质和必然性、规律性是同等程度的概念。

现象是指事物的表面特征及这些特征的外部联系。事物的现象复杂多样。有些现象与本质相一致，通常叫作真象；有些现象与本质似乎不一致，通常叫作假象。但假象和真象一样，也是客观存在的，因此，不能把它同主观上的错觉混为一谈。

2. 本质和现象的关系

（1）本质和现象是对立统一的关系。

第一，相互区别、相互对立。

首先，现象在外，本质在内。

其次，现象是个别的、具体的，是多种多样的；本质则是同类现象中一般的、共同的东西。

再次，现象多变、易逝；而本质相对稳定、平静。

第二，相互联系、相互依存。

一方面，本质不能脱离现象。本质要通过现象表现出来。

另一方面，现象不能脱离本质。现象从一定的方面表现本质。

但是，本质和现象之间不是并列关系。本质决定现象，是现象存在的根据。

（2）掌握本质与现象的辩证关系的原理具有重要意义。

首先，本质和现象是对立的，我们对事物的认识不能停留在表面现象上。

其次，本质和现象是统一的，只有通过分析现象才能达到对本质的认识。

认识事物本质的正确途径是，在实践基础上掌握大量现象，对这些现象进行深入分析和思考，揭示出决定事物现象的本质。

第三节　客观规律性与主观能动性

> 自由不在于幻想中摆脱自然规律而独立，而在于认识这些规律，从而能够有计划地使自然规律为一定的目的服务。
>
> ——恩格斯

一　自然规律和社会规律

（一）规律和自然规律

1. 规律的含义和特点

（1）规律的含义。

规律是物质运动发展过程中本质的、必然的、稳定的联系。

首先，规律是一种本质的联系。规律深藏在事物的内部，看不见、摸不着，只有通过抽象思维才能把握它。

其次，规律是一种必然的联系，是事物发展过程中必定如此、确定不移的趋势。

最后，规律是一种稳定的联系。只要具备一定的条件，某种合乎规律的现象就一定重复出现。重复性是稳定性的表现。

（2）规律的特点。

规律具有两个特点：

第一，客观性。

规律的客观性是指，规律是运动着的事物本身所固有的，是不以人的意志为转移的。因此，也把它叫作客观规律。

规律的客观性决定了人们不能任意地创造、消灭、改变规律，只能认识或发现规律，利用规律。

第二，普遍性。

规律的普遍性是指，规律不是只在个别的、特殊的事物和现象之中起作用，而是在较大的范围和领域中起作用。因此，也把它叫作普遍规律。

2. 自然规律

自然规律，是在自然界各个领域起作用的规律，是自然界中的物质运动发展过程中本质的、必然的、稳定的联系。

自然规律的客观性和普遍性是显而易见、不容置疑的。

（二）社会发展是有规律的自然历史过程（社会规律）

自然规律是通过自然界各种盲目的力量相互作用形成和实现的，它是自发地起作用的，不需要人的参与。

人类社会则不同。社会发展规律是通过人们的自觉活动实现的。社会发展规律是在人们的自觉活动中形成的本质的、必然的、稳定的联系。

但是，社会的发展同自然界一样，也是客观的、有规律的辩证发展过程。人的自觉活动不能抹杀和改变社会发展的客观规律性。

第一，社会历史是各种社会力量相互作用所形成的"合力"造成的结果。每一种社会力量在形成这种"合力"的时候都起了作用，但历史发展又不以任何一种社会力量为转移。

第二，支配人们自觉活动的思想动机是由社会物质生活条件决定的，而社会物质生活条件的变化是有规律的。

第三，人们的自觉活动受客观物质条件的制约，不能自由地选择生产力和生产关系。

二 意识及其能动作用

(一) 意识的起源和本质

1. 意识的起源

首先,意识是自然界长期发展的产物。

意识的产生经历了漫长而复杂的发展过程,它包括这样三个阶段:①从无生命物质的反应特性到生物的刺激感应性;②从低等生物的刺激感应性到动物的感觉和心理;③从动物的感觉和心理到人类意识的产生。

其次,意识是社会性劳动的产物。

意识不仅是自然界长期发展的产物,而且是社会的产物,社会性劳动在意识产生过程中起决定性作用。

第一,劳动为意识的产生提供了物质器官——人脑。

第二,劳动为意识的内容提供了物质外壳——语言。

社会性劳动是意识的物质器官和物质外壳形成和完善的基础,是由动物心理发展到人类意识的决定性力量。离开劳动,离开人类共同活动所形成的社会,意识就不可能产生。

2. 意识的本质

意识的本质包括三个方面的内容。

第一,意识是人脑的机能,人脑是意识的物质器官。

意识的产生是经过人脑对客观外界刺激的一系列反射活动实现的。反射分为无条件反射和条件反射两种。

无条件反射是动物对外界刺激的一种生来就有的反射,它是一种本能的活动。

条件反射是经过后天学习获得的。由实物的刺激(第一信号)引起的条件反射被称为第一信号系统的条件反射,它是人和动物共同具有的。人还具有动物所不具有的第二信号系统的条件反射,也就是由信号的信号——语言和文字系统引起的条件反射。人在第一信号系统和第二信号系统基础上进行的神经反射活动,就是意识。

第二,意识是客观世界的主观映象,是人脑对客观世界的反映。

意识的形式是主观的,意识的内容是客观的。意识是主观形式与客观内容的统一。

如果抹杀意识的主观特征,把意识等同于物质或客观事物,把意识说成是人脑的分泌物,就是一种庸俗唯物主义观点;而如果抹杀意识的客观性,把意识说成是主观自生的,就是一种唯心主义观点。

第三,意识是社会的产物。

从起源来看,人类意识是社会性的劳动创造的。

总之,从本质上说,意识是人脑的机能,是客观世界的主观映象,是社会的产物。

从意识的起源和本质可以看出，意识依赖于物质，物质是第一性的，而意识是第二性的。

（二）意识的能动作用

1. 物质和意识的关系

辩证唯物主义认为，物质与意识的关系是：物质决定意识，物质第一性，意识第二性；意识对物质又具有能动的反作用。

坚持物质决定意识，就是坚持唯物论；承认意识的能动作用，就是坚持辩证法。

物质决定意识和意识的能动作用是辩证统一的。割裂这种统一，会导致唯心主义和形而上学唯物主义的错误。

唯心主义片面夸大意识的能动作用，否认物质对意识的决定作用；形而上学唯物主义肯定物质对意识的决定作用，但忽视了意识的能动作用。

2. 意识能动作用的主要表现

第一，意识活动具有目的性和计划性。

第二，意识活动具有主动性和创造性。

第三，意识对人的生理活动具有一定影响作用。

第四，意识能通过指导实践改造客观物质世界。这是意识的能动性最突出的表现。

因此，实现意识能动作用的根本途径是人的社会实践。意识是一种精神力量，把精神力量变为物质力量的唯一途径，就是主观见之于客观的活动，即社会实践。

（三）发挥主观能动性和尊重客观规律的关系

1. 发挥主观能动性和尊重客观规律是辩证统一的

第一，尊重客观规律是正确发挥主观能动性的前提。

只有正确认识和尊重客观规律、按规律办事，才能正确地发挥人的主观能动性，卓有成效地改造世界，实现人们预期的目的。

如果违背客观规律，盲目蛮干，就必然会受到客观规律的惩罚。违背了规律，越是发挥主观能动性，遭受的挫折和失败就越严重。

第二，认识和利用规律又必须充分发挥人的主观能动性。

规律不会自动地反映到人的头脑中来，只有充分发挥人的主观能动性，才能认识或发现规律并充分利用规律。

2. 尊重客观规律和发挥主观能动性辩证统一的原理，具有重要现实意义

在社会主义现代化建设和各项工作中，既要从实际出发，实事求是，按规律办事；又要解放思想，锐意进取，勇于开拓创新。只有这样，才能把中国特色社会主义伟大事业不断推向前进。

第四节 解放思想，实事求是

> "实事"就是客观存在着的一切事物，"是"就是客观事物的内部联系，即规律性，"求"就是我们去研究。
>
> ——毛泽东

一 实事求是是马克思主义哲学的精髓

实事求是是马克思主义哲学的精髓，是马克思主义中国化所形成的重大理论成果。

首先，实事求是对辩证唯物主义和历史唯物主义的高度概括，是马克思主义哲学的灵魂。

其次，实事求是是中国共产党的思想路线的核心。

党的思想路线是：一切从实际出发，理论联系实际，实事求是，在实践中检验真理和发展真理。这条思想路线的核心是实事求是。

再次，坚持实事求是，必须求真务实。

求真务实，就是正确地认识世界，把握事物的客观规律，形成真理性的认识；注重实践，脚踏实地，身体力行，追求实效，不搞形式主义。

最后，实事求是是中国共产党人认识世界和改造世界的根本要求，是我们党的根本思想方法、工作方法和领导方法，是党带领人民推动中国革命、建设和改革事业不断取得胜利的重要法宝。

二 解放思想和实事求是的辩证统一

首先，实事求是是解放思想的目的，解放思想就是为了更好地做到实事求是。

其次，解放思想是坚持实事求是的前提，只有解放思想，才能切实做到实事求是。

要点荟萃

一 物质世界和实践（这部分内容是辩证唯物主义）

（一）物质世界的客观存在

1. 世界是统一的物质世界

（1）哲学是理论化和系统化的世界观，是世界观的理论体系。

哲学既是理论化的世界观，又是方法论。

（2）哲学的基本问题是：思维和存在或意识和物质的关系问题。

它包括两个方面的内容：第一方面是物质和意识哪个是本原、哪个是第一性的问题，这是本体论的问题，是最重要的方面；第二方面是思维和存在的同一性问题，主要是指思维能否认识存在的问题，即世界可不可以认识的问题，这是认识论问题。

划分唯物主义和唯心主义的标准是：看物质和意识哪个是本原、哪个是第一性的。

唯物主义主张：物质是本原、第一性的，意识是派生的、第二性的。

唯心主义主张：意识是本原、第一性的，物质是派生的、第二性的。

区分可知论与不可知论的标准是：思维和存在是否具有同一性，世界可不可以认识。

可知论的观点是：承认思维与存在的同一性，认为世界可以认识。

不可知论的观点是：否认思维与存在的同一性，认为世界不可能认识。

（3）社会历史观的基本问题是社会存在与社会意识的关系问题。

划分历史唯物主义和历史唯心主义的标准是：如何回答社会存在和社会意识哪个是第一性的问题。

历史唯物主义认为：社会存在决定社会意识。

历史唯心主义认为：社会意识决定社会存在。

（4）辩证法和形而上学的划分标准是：对世界是如何存在的问题的不同回答。

（5）在世界的本质问题上存在一元论和二元论的对立、唯物主义和唯心主义的对立。

一元论的观点是：承认世界的统一性，认为世界上的万事万物有一个共同的本质或本原。

二元论的观点是：否认世界的统一性，认为世界上的万事万物有物质和精神这两个相互平行、各自独立的本原。

一元论有两种——唯心主义一元论和唯物主义一元论。

①唯心主义一元论的观点是：世界的本原是精神，世界统一于精神。唯心主义有两种基本形式——主观唯心主义、客观唯心主义。

②唯物主义一元论的观点是：世界的本原是物质，世界统一于物质。

唯物主义经历了三种基本形态：古代朴素唯物主义、近代形而上学唯物主义、现代辩证唯物主义和历史唯物主义。

——古代朴素唯物主义把世界的本质或本原归结为某一种或某几种具体的物质形态。

——近代形而上学唯物主义认为，原子是构成世界万物的最小物质单位，它是世界的本原。

——辩证唯物主义和历史唯物主义，是唯物主义哲学的最高形态。

（6）恩格斯指出："世界的真正统一性在于它的物质性。"

（7）社会存在和发展的基础是生产方式。生产方式是特定的生产力和生产关系的统一。

2. 物质是不依赖于意识又能为意识所反映的客观实在

物质的唯一特性是客观实在性。

3. 运动是物质的根本属性

（1）运动是物质的根本属性和存在方式。物质和运动密不可分。

（2）形而上学主张没有运动的物质，唯心主义主张没有物质的运动。

（3）运动的特殊状态是相对静止。

运动和静止的关系是绝对和相对的关系。

形而上学不变论把相对静止绝对化。

相对主义诡辩论强调绝对运动而否认相对静止。

（4）时间和空间是物质运动的存在方式。

时间的特点：一维性（一直向前，不可逆）。

空间的特点：三维性（长、宽、高）。

表示时间和空间相统一的概念是四维时空。

（二）实践的本质、特点、形式和作用

马克思主义哲学同旧唯物主义和唯心主义的根本区别是实践的观点。

旧唯物主义的主要缺陷是直观性，离开人的实践活动去理解世界，忽视了人的主体性、能动性。

唯心主义片面夸大人的主体性、能动性。

1. 实践是主体能动地改造和探索客体的社会性的客观物质活动

（1）唯心主义者把实践理解为纯主观、纯精神的活动；旧唯物主义把实践理解为日常生活的活动，抹杀了实践活动的社会性。

（2）马克思主义从主体与客体、主观与客观的关系把握实践。

实践主体是处于一定社会关系中的具有实践能力的人。实践主体的形式有：个人主体、集团主体和类主体。

实践客体是主体实践活动所指向的对象。实践客体具有客观性、对象性和社会历史性。实践客体的基本类型有：自然客体、社会客体和精神客体。

（3）实践的基本特点。

客观性：实践是客观的感性物质活动。

自觉能动性：实践主体是有意识、有目的的活动。

社会历史性：实践是社会性的、历史性的活动。

（4）实践的基本形式。

物质生产实践是处理人和自然关系的活动，是最基本的实践活动。

处理社会关系的实践是处理人与人之间关系的活动，是为了配合物质生产实践所进行的活动。

科学实验是从物质生产实践中分化出来的尝试性、探索性的实践活动。

2. 人生活于其中的世界是与人的实践相联系的物质世界

（1）人的实践活动与自然界的二重化。

人通过自己的实践活动使自然界二重化，即分化为自在自然和人化自然。

自在自然：人类产生以前的自然界；人类实践活动目前尚未深入的自然界。

人化自然：与人的实践活动相联系的自然，或者说是打上人的实践活动的印记的自然。

实践的观点把马克思主义自然观与旧唯物主义自然观区别开来。

（2）社会历史是人们的实践活动创造的。

人类社会发展的历史归根到底是人类物质生产活动的历史，是物质资料生产方式发展的历史。

用物质的原因去说明社会历史，才有了历史唯物主义。

马克思主义社会历史观的基础是实践的观点。

（3）实践是人的存在方式。

人与动物的根本区别是：人不断从事实践活动（制造和使用工具的本领）。

马克思主义关于人的观点的基础是实践的观点。

马克思主义哲学的基本点是实践的观点。

（三）社会生活在本质上是实践的

社会生活在本质上是实践的，表现在：劳动实践是人类和人类社会关系产生的决定性环节；物质生产实践是人类社会得以存在的基础；实践活动是推动社会发展的动力。

人类和人类社会关系产生的决定性环节是劳动实践。

人类社会得以存在的基础是物质生产实践。

推动社会发展的动力是实践活动。

二 物质世界的普遍联系和永恒发展（这部分内容是唯物辩证法）

（一）联系与发展的普遍性和多样性

唯物辩证法的总特征是联系的观点和发展的观点。

1. 世界联系的普遍性和多样性

联系具有客观性、普遍性、多样性。

2. 世界的运动发展

(1) 恩格斯说:"世界不是既成的事物的集合体,而是过程的集合体。"这是唯物辩证法的"一个伟大的基本思想"。

(2) 发展的实质是新事物产生和旧事物灭亡。

区分新旧事物的根本标志是:是否符合事物发展的必然趋势,是否具有强大生命力和远大的发展前途。

3. 两种对立的发展观——唯物辩证法和形而上学,是关于世界如何存在的两种根本不同的观点

唯物辩证法与形而上学的根本对立和斗争焦点是:是否承认矛盾是事物发展的动力。

4. 对立统一规律——揭示了事物发展的动力和源泉

质量互变规律揭示了事物发展的状态和形式。

否定之否定规律揭示了事物发展的趋势和道路。

5. 唯物辩证法的实质和核心

宇宙的根本规律是对立统一规律。

最根本的认识方法是矛盾分析法。

(二) 世界联系与发展的基本规律

1. 对立统一规律

对立统一规律也叫矛盾规律,矛盾就是对立统一。

(1) 矛盾的两种基本属性——同一性和斗争性。

矛盾的同一性是指矛盾双方相互联系、相互吸引的性质,即矛盾双方相互依存、相互贯通(相互包含、相互渗透;在一定条件下相互转化)。

矛盾的斗争性是指矛盾双方相互排斥、相互对立的性质。

矛盾的同一性是相对的,矛盾的斗争性是绝对的。

(2) 事物发展的动力和源泉——事物的内部矛盾。

矛盾的同一性和斗争性在事物发展中都起着重要的作用。

(3) 事物发展的根本原因——事物的内部矛盾。

事物的内部矛盾就是内因,外部矛盾就是外因。

事物发展变化的根据,第一位的原因是内因。

事物发展变化的条件,第二位的原因是外因。

外因通过内因而起作用。

我们党制定和执行独立自主、自力更生及对外开放方针的重要理论基础是内因和外因辩证关系的原理。

(4) 矛盾的普遍性和特殊性。

矛盾的普遍性是指矛盾无处不在，无时不有（处处有矛盾，时时有矛盾）。

矛盾的特殊性是指不同事物的矛盾各不相同，都有其特殊性。分析矛盾的特殊性就是坚持具体问题具体分析。

矛盾普遍性和特殊性的关系，就是共性和个性、一般与个别的关系。

矛盾问题的精髓是矛盾的普遍性（共性、一般）和特殊性（个性、个别）辩证关系的原理。

我们坚持马克思主义的普遍真理同中国具体实际相结合，建设中国特色社会主义的理论基础是：矛盾普遍性和特殊性辩证关系的原理。

（5）矛盾发展的不平衡性是矛盾特殊性的重要表现。

在许多矛盾中，有主要矛盾和次要矛盾之分。中国特色社会主义进入新时代，我国社会主要矛盾已经转化为人民日益增长的美好生活需要和不平衡不充分的发展之间的矛盾。

在同一矛盾中，有矛盾的主要方面和矛盾的次要方面之分。在"人民日益增长的美好生活需要和不平衡不充分的发展之间的矛盾"这一矛盾中，"不平衡不充分的发展"是矛盾的主要方面。

坚持两点论，反对"一点论"；坚持重点论，反对"均衡论"。

2. 质量互变规律

质和量的相互依赖、相互制约，充分体现在"度"中。

在实践中坚持适度原则的表现有："注意分寸""掌握火候""适可而止""过犹不及"。

区分量变和质变的根本标志是事物的变化是否超出度的范围。

量变和质变是辩证统一的，割裂两者的统一就会导致形而上学的"激变论"或"庸俗进化论"。

3. 否定之否定规律

辩证的否定是自我否定、是事物联系和发展的环节、是"扬弃"。

对中国的传统文化，要采取批判地继承的态度；对外国文化，要采取有分析、有选择、有批判地借鉴和吸收的态度，体现的都是辩证的否定观。

否定之否定规律揭示了事物发展的总趋势是前进的、上升的。

否定之否定规律揭示了事物发展的具体道路是曲折的。

事物的发展是前进性与曲折性的统一。如果割裂了两者的统一，就会导致循环论或直线论的错误。

（三）世界联系与发展的基本环节

1. 原因和结果

因果联系的一个显著特点是：原因在前，结果在后。（前因后果）

因果联系不但是时间上先后相继的，而且还必须是一种现象引起另一种现象的联系。

原因和结果的区别在具体的因果联系中是确定的,但在世界的普遍联系和永恒发展中又是不确定的。同一现象在一种关系中是结果,在另一种关系中则是原因;反之一样。

2. 必然性和偶然性

割裂必然性和偶然性的辩证统一关系会导致的错误观点有:形而上学的机械决定论、唯心主义宿命论或唯心主义的非决定论。

"守株待兔"是说,不能把希望寄托在侥幸的偶然事件上,而许多科学发现和发明说明,重视分析偶然现象,才能揭示必然性,推动科学进步。

3. 可能性和现实性

"海底捞月"说明不可能的东西永远不会变为现实。(可能性和现实性紧密相连、不可分割)

社会主义中国由过去的可能变为今天的现实,说明现实性是由可能性发展和转化而来的。(可能性和现实性在一定条件下可以相互转化)

4. 内容和形式

任何现实事物都是内容和形式的统一体。

事物的内容是比较活跃易变的,形式则是相对稳定的,两者始终存在矛盾。

5. 本质和现象

本质和必然性、规律性是同等程度的概念。

假象也是现象,因此和真象一样,也是客观存在的,不能把它同主观上的错觉混为一谈。

对现象的认识就是感性认识,对本质的认识就是理性认识。

三 客观规律性与主观能动性(这部分内容属于物质和意识的关系)

(一)自然规律和社会规律(规律是客观的,是物质性的)

1. 规律和自然规律

规律的客观性特点决定了人们不能任意地创造、消灭、改变规律,只能认识或发现规律,利用规律。

自然规律是在自然界各个领域起作用的规律。

2. 社会发展是有规律的自然历史过程(社会规律)

自然规律和社会规律的区别:自然规律是自发地起作用的,不需要人的参与;社会发展规律是通过人们的自觉活动实现的。

自然规律和社会规律的共同点:社会的发展同自然界一样,也是客观的、有规律的辩证发展过程。人的自觉活动不能抹杀和改变社会发展的客观规律性。

(二)意识及其能动作用

1. 意识的起源和本质

(1)意识的起源。

意识不仅是自然界长期发展的产物，而且是社会的产物，社会性劳动在意识产生过程中起决定性作用。

（2）意识的本质。

意识的本质体现在：意识是人脑的机能，人脑是意识的物质器官；意识是客观世界的主观映像，是人脑对客观世界的反映。意识的形式是主观的，意识的内容是客观的；意识是社会的产物。人类意识是社会性的劳动创造的，离开社会群体就不能产生意识。因此，"狼孩"没有意识。

2. 意识的能动作用

（1）物质和意识的关系。

物质和意识的正确关系是：物质决定意识，意识对物质具有能动的反作用。

否认物质决定意识，会犯唯心主义的错误；忽视意识的能动作用，会犯形而上学唯物主义的错误。

（2）意识的能动作用。

意识活动具有目的性和计划性；意识活动具有主动性、创造性；意识对人的生理活动具有一定影响作用；意识能通过指导实践改造客观物质世界。

意识的能动性最突出的表现是：意识能通过指导实践改造客观物质世界。

实现意识能动作用的根本途径是：人的社会实践。

3. 发挥主观能动性和尊重客观规律的关系

正确发挥主观能动性的前提是尊重客观规律。（强调物质第一性，物质决定意识）

"揠苗助长"说明，违背了规律，越是发挥主观能动性，遭受的挫折和失败就越严重。

认识和利用规律又必须充分发挥人的主观能动性。（强调意识对物质的能动反作用）

四 解放思想，实事求是

（一）马克思主义哲学的精髓是实事求是

实事求是是对辩证唯物主义和历史唯物主义的高度概括。

中国共产党的思想路线的核心是实事求是。

中国共产党人认识世界和改造世界的根本要求是实事求是。

我们党的根本思想方法、工作方法和领导方法是实事求是。

（二）解放思想和实事求是的辩证统一

邓小平指出："我们讲解放思想，是指在马克思主义指导下打破习惯势力和主观偏见的束缚，研究新情况，解决新问题。"

解放思想的目的是实事求是。

坚持实事求是的前提是解放思想。

能力检测

一、单项选择题（在每小题列出的备选项中只有一项是最符合题目要求的，请将其选出）

1. 世界观是（   ）。
   A. 人们对整个世界的根本看法和观点
   B. 人们对精神世界的根本看法和观点
   C. 人们对物质世界的根本看法和观点
   D. 人们对外部世界的根本看法和观点

2. 马克思主义认为，哲学是（   ）。
   A. 人们自发形成的世界观   B. 系统化、理论化的世界观
   C. 科学的世界观   D. 无产阶级的世界观

3. 哲学的基本问题是（   ）。
   A. 物质和意识的关系问题   B. 物质和运动的关系问题
   C. 物质和时空的关系问题   D. 理论和实践的关系问题

4. 划分唯物主义和唯心主义的唯一标准是（   ）。
   A. 是否承认世界的统一性   B. 是否承认联系的普遍性
   C. 是否承认物质第一性、意识第二性 D. 是否承认思维和存在具有同一性

5. 对物质和意识哪个是第一性问题的不同回答，形成了哲学上的两大基本派别。这两大基本派别是（   ）。
   A. 唯物主义和唯心主义   B. 辩证法和形而上学
   C. 一元论和二元论   D. 可知论和不可知论

6. 划分可知论和不可知论的标准是（   ）。
   A. 是否承认世界的统一性   B. 是否承认运动的绝对性
   C. 是否承认世界的物质性   D. 是否承认思维和存在具有同一性

7. 哲学基本问题第二方面内容主要回答的是（   ）。
   A. 世界的本质是什么的问题   B. 世界可否被认识的问题
   C. 世界的存在是怎样的问题   D. 世界有否统一性的问题

8. 对世界存在状态问题的不同回答所区分的哲学派别是（   ）。
   A. 可知论和不可知论   B. 反映论和先验论
   C. 辩证法和形而上学   D. 唯物主义和唯心主义

9. 辩证法和形而上学的区别在于如何回答（   ）。
   A. 世界的本质是什么的问题   B. 世界可否被认识的问题
   C. 世界的存在是怎样的问题   D. 世界有否统一性的问题

10. 哲学上的一元论就是承认（   ）。

A. 世界是客观存在的　　　　　　B. 世界是统一的
C. 世界是可以认识的　　　　　　D. 世界是不断发展的

11. 承认世界的统一性的哲学都属于（　　）。
    A. 一元论　　B. 二元论　　C. 唯物论　　D. 唯心论

12. 哲学上的二元论否认（　　）。
    A. 世界的统一性　　　　　　B. 世界的物质性
    C. 世界的可知性　　　　　　D. 世界的多样性

13. 哲学上的一元论与二元论的区别在于是否承认（　　）。
    A. 世界的物质性　　　　　　B. 世界的统一性
    C. 世界的可知性　　　　　　D. 世界的多样性

14. 一切唯心主义都主张（　　）。
    A. 精神是世界的本原　　　　B. 存在就是被感知
    C. 世界是绝对精神的产物　　D. 理是天地万物之根

15. "存在就是被感知"，这种观点属于（　　）。
    A. 朴素唯物主义　　　　　　B. 形而上学唯物主义
    C. 主观唯心主义　　　　　　D. 客观唯心主义

16. 下列观点中属于客观唯心主义的是（　　）。
    A. 天地万物皆在吾心中　　　B. 存在就是被感知
    C. 物是感觉的集合　　　　　D. 万物是"绝对精神"的体现

17. 主张意识第一性、物质第二性的是（　　）。
    A. 辩证法观点　　　　　　　B. 形而上学观点
    C. 唯物主义观点　　　　　　D. 唯心主义观点

18. 有的哲学家认为，天地万物都是元气构成的，一切有形物体的生长毁灭都是元气聚散的结果。这是一种（　　）。
    A. 朴素唯物主义观点　　　　B. 机械唯物主义观点
    C. 主观唯心主义观点　　　　D. 客观唯心主义观点

19. 认为水、火、土、气是世界的本原，这种哲学是（　　）。
    A. 朴素唯物主义　　　　　　B. 形而上学唯物主义
    C. 辩证唯物主义　　　　　　D. 庸俗唯物主义

20. 唯物主义哲学发展所经历的第二种基本形态是（　　）。
    A. 朴素唯物主义　　　　　　B. 辩证唯物主义
    C. 形而上学唯物主义　　　　D. 历史唯物主义

21. 马克思主义认为，世界的真正统一性在于它的（　　）。
    A. 广延性　　　　　　　　　B. 存在性
    C. 物质性　　　　　　　　　D. 可知性

22. 认为世界的本原是物质，物质是不依赖于意识又能为意识所反映的客观实在，这种哲学是（ ）。
   A. 朴素唯物主义　　　　　　　　B. 形而上学唯物主义
   C. 辩证唯物主义　　　　　　　　D. 庸俗唯物主义

23. 马克思主义哲学认为，物质的唯一特性是（ ）。
   A. 广延性　　B. 持续性　　C. 可知性　　D. 客观实在性

24. 客观实在性作为物质的唯一特性，表明它是（ ）。
   A. 具体物质的个性　　　　　　　B. 一切物质的共性
   C. 自然物质的个性　　　　　　　D. 自然物质的共性

25. 设想没有物质的运动的观点是（ ）。
   A. 朴素唯物主义　　　　　　　　B. 机械唯物主义
   C. 不可知论　　　　　　　　　　D. 唯心主义

26. 设想没有运动的物质的观点是（ ）。
   A. 形而上学唯物主义　　　　　　B. 朴素唯物主义
   C. 主观唯心主义　　　　　　　　D. 客观唯心主义

27. 在物质和运动的关系问题上，唯心主义的错误在于（ ）。
   A. 否认物质的绝对运动　　　　　B. 夸大相对静止的存在
   C. 否认物质是运动的主体　　　　D. 主张没有运动的物质

28. 世界上的一切事物都是运动的，一切运动都是物质的运动。这表明物质和运动（ ）。
   A. 不可分割　　B. 不易区别　　C. 完全对立　　D. 绝对同一

29. 下列各项中表明事物处于相对静止状态的是（ ）。
   A. 事物的量没有发生任何变化　　B. 事物的质没有发生任何变化
   C. 事物的量发生巨大的变化　　　D. 事物的质发生根本变化

30. 辩证唯物主义认为，运动和静止的关系属于（ ）。
   A. 本质和现象的关系　　　　　　B. 内容和形式的关系
   C. 绝对和相对的关系　　　　　　D. 可能和现实的关系

31. 在运动和静止关系问题上，只承认绝对运动，否认相对静止的观点属于（ ）。
   A. 唯物辩证法　　　　　　　　　B. 形而上学
   C. 相对主义诡辩论　　　　　　　D. 主观唯心主义

32. "绝对运动中包含着相对静止，相对静止中包含着绝对运动。"这是一种（ ）。
   A. 相对主义诡辩论的观点　　　　B. 唯物辩证法的观点
   C. 形而上学的观点　　　　　　　D. 客观唯心主义的观点

33. "盛年不重来，一日难再晨"，这个谚语表明时间具有（　　）。
   A. 持续性　　　　B. 绝对性　　　　C. 一维性　　　　D. 伸张性

34. 时间和空间既是绝对的、无限的，又是相对的、有限的。这是一种（　　）。
   A. 诡辩论的观点　　　　　　　　B. 辩证唯物主义的观点
   C. 实用主义的观点　　　　　　　D. 形而上学的观点

35. 下列选项中，正确表述了实践含义的是（　　）。
   A. 实践是主体纯主观的精神性活动
   B. 实践是主观创造客观世界的活动
   C. 实践是主体应付外部环境的活动
   D. 实践是主体改造和探索客体的社会性物质活动

36. 实践作为一种感性物质活动，强调的是（　　）。
   A. 实践具有客观物质性　　　　　B. 实践具有主观性
   C. 实践具有能动性　　　　　　　D. 实践具有历史性

37. 自觉能动性是实践的一个基本特点，这表明实践是（　　）。
   A. 主体纯粹的思维活动　　　　　B. 主体有意识、有目的的活动
   C. 主体感性的物质活动　　　　　D. 主体社会性、历史性的活动

38. 下列活动中，属于最基本的实践形式的是（　　）。
   A. 物质生产活动　　　　　　　　B. 处理社会关系活动
   C. 科学实验活动　　　　　　　　D. 艺术表演活动

39. 马克思主义认为，社会生活在本质上是（　　）。
   A. 联系的　　　B. 精神的　　　C. 发展的　　　D. 实践的

40. 唯物辩证法的总特征是（　　）。
   A. 联系和发展的观点　　　　　　B. 量变和质变的观点
   C. 对立统一的观点　　　　　　　D. 辩证否定的观点

41. 下列各项属于主观臆想联系的是（　　）。
   A. 江河污染影响人们的生活　　　B. 核泄漏事故危及人类的生存
   C. 毁林导致生物物种的迅速减少　D. 彗星出现预示将要发生战争

42. 事物之间的相互联系是事物本身固有的，是不以人的意志为转移的。这就是说（　　）。
   A. 联系具有客观性　　　　　　　B. 联系具有普遍性
   C. 联系具有复杂性　　　　　　　D. 联系具有多样性

43. 唯物辩证法认为，发展的实质是（　　）。
   A. 事物数量的增加　　　　　　　B. 事物位置的移动
   C. 事物性质的变化　　　　　　　D. 新事物的产生和旧事物的灭亡

44. 下列各项比喻新事物必然战胜旧事物的是（　　）。

A. 山重水复疑无路，柳暗花明又一村
B. 沉舟侧畔千帆过，病树前头万木春
C. 黄河之水天上来，奔流到海不复回
D. 高堂明镜悲白发，朝如青丝暮成雪

45. 新事物之所以必然战胜旧事物，从根本上说是由于（　　）。
A. 新事物是在旧事物之后产生的
B. 新事物具有旧事物所没有的新形式
C. 新事物具有旧事物所没有的新内容
D. 新事物较旧事物更符合事物发展的必然趋势

46. "世界不是既成的事物的集合体，而是过程的集合体。"这是一种（　　）。
A. 唯物辩证法的观点　　　　　　B. 形而上学的观点
C. 相对主义的观点　　　　　　　D. 唯心主义的观点

47. 唯物辩证法与形而上学根本对立和斗争的焦点在于，是否承认（　　）。
A. 联系具有复杂多样性　　　　　B. 新事物必然战胜旧事物
C. 质变是量变的必然结果　　　　D. 矛盾是事物发展的动力

48. 唯物辩证法的规律作用的范围和领域是（　　）。
A. 自然界和人类社会　　　　　　B. 人类社会和思维领域
C. 思维领域和自然界　　　　　　D. 自然、社会和思维等所有领域

49. 唯物辩证法的实质与核心是（　　）。
A. 内容和形式相互作用规律　　　B. 否定之否定规律
C. 对立统一规律　　　　　　　　D. 质量互变规律

50. 认识事物的最根本方法是（　　）。
A. 普遍联系法　　　　　　　　　B. 阶级分析法
C. 矛盾分析法　　　　　　　　　D. 具体分析法

51. 对立统一规律揭示了（　　）。
A. 事物发展的方向和道路　　　　B. 事物发展的源泉和动力
C. 事物发展的状态和过程　　　　D. 事物发展的趋向和走势

52. 揭示事物的发展状态和形式的规律是（　　）。
A. 对立统一规律　　　　　　　　B. 质量互变规律
C. 否定之否定规律　　　　　　　D. 本质决定现象规律

53. 揭示事物发展趋势和道路的规律是（　　）。
A. 否定之否定规律　　　　　　　B. 质量互变规律
C. 对立统一规律　　　　　　　　D. 内容和形式相互作用规律

54. 矛盾的基本属性有两个，一个是斗争性，另一个是（　　）。
A. 同一性　　　B. 客观性　　　C. 普遍性　　　D. 特殊性

55. 下列各项包含矛盾双方相互依存相互转化的辩证法思想的是（　　）。
    A. 千里之行，始于足下　　　　　　　B. 千里之堤，溃于蚁穴
    C. 月晕而风，础润而雨　　　　　　　D. 物极必反，相反相成

56. 矛盾的斗争性是指（　　）。
    A. 矛盾双方相互依存　　　　　　　　B. 矛盾双方相互渗透
    C. 矛盾双方相互排斥　　　　　　　　D. 矛盾双方在一定条件下相互转化

57. 事物发展的动力和源泉是（　　）。
    A. 事物的内部矛盾　　　　　　　　　B. 事物的外部矛盾
    C. 事物的主要矛盾　　　　　　　　　D. 矛盾的主要方面

58. "近朱者赤，近墨者黑。"这句话强调的是（　　）。
    A. 内因是事物发展变化的根据
    B. 外部条件对事物发展变化有重要影响
    C. 外因通过内因而起作用
    D. 外因和内因共同推动事物发展

59. 我国坚持独立自主、自力更生和对外开放方针的理论基础是（　　）。
    A. 量变和质变辩证关系的原理　　　　B. 内容和形式辩证关系的原理
    C. 肯定和否定辩证关系的原理　　　　D. 内因和外因辩证关系的原理

60. 白菜、韭菜、芹菜、菠菜等与蔬菜的关系属于（　　）。
    A. 部分与整体的关系　　　　　　　　B. 个性与共性的关系
    C. 现象与本质的关系　　　　　　　　D. 内容和形式的关系

61. 分析矛盾的特殊性就是（　　）。
    A. 坚持实践的观点　　　　　　　　　B. 坚持理论联系实际
    C. 坚持辩证的否定　　　　　　　　　D. 坚持具体问题具体分析

62. "一把钥匙开一把锁。"这句话强调的是（　　）。
    A. 要承认事物运动的客观性　　　　　B. 要承认事物运动的规律性
    C. 要注重分析矛盾的普遍性　　　　　D. 要注重分析矛盾的特殊性

63. 要开一张包治百病的药方是荒谬的，因为它违背了（　　）。
    A. 任何事物都包含着矛盾的原理
    B. 事物的矛盾各有其特殊性的原理
    C. 普遍性存在于特殊性之中的原理
    D. 事物之间普遍联系的原理

64. "白马非马"这一诡辩命题的错误在于割裂了（　　）。
    A. 现象和本质的联系　　　　　　　　B. 局部和整体的联系
    C. 个别和一般的联系　　　　　　　　D. 量变和质变的联系

65. 坚持马克思主义的普遍真理与中国的具体实际相结合，走自己的路，建设中国

特色社会主义。其理论依据是（　　）。

A. 矛盾的同一性和斗争性相结合的原理

B. 矛盾的普遍性和特殊性相统一的原理

C. 事物的发展是量变和质变相统一的原理

D. 事物的发展是前进性和曲折性相统一的原理

66. 认识我国改革开放和社会主义现代化建设的形势，我们要分清主流和支流，要看主流，同时又不忽略支流。这里依据的哲学道理是（　　）。

A. 矛盾的普遍性和特殊性辩证关系的原理

B. 主要矛盾和次要矛盾辩证关系的原理

C. 矛盾的主要方面和次要方面辩证关系的原理

D. 事物变化的内因和外因辩证关系的原理

67. 下列选项中，表示要坚持适度原则的是（　　）。

A. 因地制宜　　　B. 对症下药　　　C. 注意分寸　　　D. 实事求是

68. 区分量变和质变的根本标志是（　　）。

A. 事物的变化是否显著　　　　　　B. 事物的变化是否迅速

C. 事物的变化是否突破原有的度　　D. 事物的变化是否合乎规律

69. 面对消极腐败的东西，我们一定要提高警惕，做到见微知著，防微杜渐。从哲学上看，这是因为（　　）。

A. 矛盾双方在一定条件下相互转化　　B. 量变积累到一定程度会引起质变

C. 多种原因引起一种结果　　　　　　D. 外因通过内因而起作用

70. 建设社会主义先进文化，对传统文化必须批判地继承。这种态度依据的哲学道理是（　　）。

A. 世界是过程集合体的原理　　　　B. 新事物必然战胜旧事物的原理

C. 内容决定形式的原理　　　　　　D. 辩证的否定的原理

71. 下列各项属于因果联系的是（　　）。

A. 风来雨至，电闪雷鸣　　　　　　B. 冬去春来，夏尽秋至

C. 摩擦生热，热胀冷缩　　　　　　D. 夜尽昼至，昼尽夜来

72. 在内容和形式的矛盾运动中（　　）。

A. 内容是相对稳定的，形式是活跃易变的

B. 内容是活跃易变的，形式是相对稳定的

C. 内容的变化总是落后于形式的变化

D. 内容和形式都处在不停地显著变动中

73. 假象同真象一样，也是客观存在的。这是一种（　　）。

A. 辩证法的观点　　　　　　　　　B. 唯物辩证法的观点

C. 形而上学的观点　　　　　　　　D. 主观唯心主义的观点

74. 规律具有两个特点，一个是普遍性，另一个是（　　）。
    A．客观性　　　　B．变动性　　　　C．社会性　　　　D．能动性

75. "天行有常，不为尧存，不为桀亡。"这是说（　　）。
    A．规律仅仅存在于自然界　　　　　　B．规律是无法认识和把握的
    C．规律不具有客观普遍性　　　　　　D．规律不以人的意志为转移

76. 与自然规律相比，社会规律是（　　）。
    A．通过人的活动实现的　　　　　　　B．不能正确认识的
    C．盲目自发地起作用的　　　　　　　D．可以人为改变的

77. 下列关于意识起源的正确说法是（　　）。
    A．意识是主观自生的　　　　　　　　B．意识是自然界长期发展的产物
    C．意识是人脑的机能　　　　　　　　D．意识客观世界的主观映像

78. 意识是人脑的机能，这说的是（　　）。
    A．人脑是意识的唯一源泉　　　　　　B．意识不具有客观
    C．人脑是意识的物质器官　　　　　　D．意识不具有主观性

79. 把意识说成是人脑的分泌物，这是一种（　　）。
    A．庸俗唯物主义的观点　　　　　　　B．朴素唯物主义的观点
    C．形而上学唯物主义　　　　　　　　D．辩证唯物主义

80. "狼孩"没有意识，这一事实说明（　　）。
    A．意识是生物长期发展的产物　　　　B．意识是人脑发展的产物
    C．意识是对客观事物的反映　　　　　D．意识是社会的产物

81. 在意识问题上，唯心主义的错误在于（　　）。
    A．忽视意识的主观特征　　　　　　　B．抹杀意识的主观特征
    C．夸大意识的能动作用　　　　　　　D．否认意识的能动作用

82. 先有工程设计图，然后按工程设计图施工，建成大厦。这一事实说明（　　）。
    A．意识在先，物质在后　　　　　　　B．意识对物质有能动作用
    C．意识对物质有决定作用　　　　　　D．物质对意识有决定作用

83. 意识对于人的生理活动具有一定影响作用，这表明（　　）。
    A．意识对物质具有能动性　　　　　　B．意识是客观事物本身
    C．意识对物质具有决定作用　　　　　D．意识是人脑的机能

84. 意识的能动性最突出的表现是（　　）。
    A．意识活动具有目的性和计划性　　　B．意识活动具有主动创造性
    C．意识对人的生理活动有影响　　　　D．意识能通过指导实践改造客观世界

85. 实现意识对物质反作用的根本途径是（　　）。
    A．学习书本知识　　　　　　　　　　B．进行社会调查
    C．参加社会实践　　　　　　　　　　D．研究实际情况

86. 正确发挥意识能动作用的前提是（　　）。

A. 个人积极性的充分调动　　　　B. 集体智慧的充分发挥

C. 对保守思想的彻底克服　　　　D. 对客观规律的正确反映

87. "拔苗助长"这个寓言说明（　　）。

A. 意识活动具有目的性和计划性

B. 意识活动具有主动创造性

C. 意识能通过指导实践改造客观物质世界

D. 如果违背规律，越是发挥主观能动性，遭受的挫折和失败就越严重

88. 在客观规律面前，人的主观能动性表现在（　　）。

A. 人可以创造规律　　　　　　　B. 人可以消灭规律

C. 人可以改变规律　　　　　　　D. 人可以认识和利用规律

89. 下列各项中，正确说明意识能动性的是（　　）。

A. 人有多大胆，地有多大产　　　B. 不怕做不到，就怕想不到

C. 纸上谈兵，画饼充饥　　　　　D. 量力而行，尽力而为

90. 马克思主义哲学的精髓和灵魂是（　　）。

A. 实事求是　　　　　　　　　　B. 与时俱进

C. 理论联系实际　　　　　　　　D. 群众路线

二、简答题

1. 什么是哲学基本问题？简述其内容和意义。

2. 简述列宁的物质定义及其重要意义。

3. 简述运动的含义及物质和运动的关系。

4. 简述实践的含义和基本特点。

5. 如何理解社会生活在本质上是实践的？

6. 简述对立统一规律是唯物辩证法的实质与核心。

7. 简述事物发展的内因和外因及其相互关系。

8. 简述必然性和偶然性的辩证关系。

9. 简述内容和形式的含义及两者的相互作用。

10. 简述本质和现象的辩证关系。

11. 简述规律的含义和特点。

12. 简述意识的本质。

13. 简述物质和意识的关系及唯心主义、形而上学唯物主义在此问题上的错误。

14. 简述物质和意识的辩证关系原理及意义。

15. 简述发挥主观能动性与尊重客观规律的关系。

三、论述题

1. 试述内因和外因辩证关系的原理及其对社会主义现代化建设的重要意义。

2．试述矛盾的普遍性和特殊性辩证关系的原理，并说明这一原理对社会主义建设的重要意义。

3．主要矛盾和次要矛盾、矛盾的主要方面和次要方面关系的原理，要求我们在实际工作中坚持两点论和重点论的统一。试述两点论和重点论统一的原理及其现实意义。

4．试述量变和质变的辩证关系原理及其对社会主义建设的指导意义。

5．试述辩证否定观的内容，并用以说明应怎样对待我国传统文化和外国文化。

6．试述意识的能动性及其主要表现。在实际工作中如何正确发挥人的主观能动性？

7．试述发挥主观能动性和尊重客观规律关系的原理及其现实意义。

第二章 认识的本质及其规律

知识框架

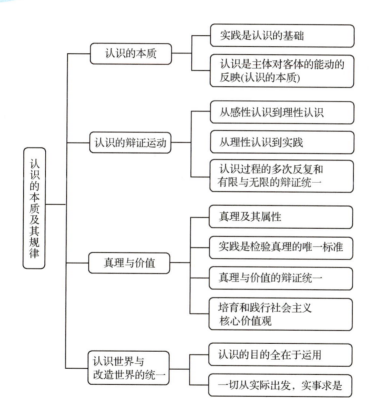

内容精要

第一节 认识的本质

> 生活、实践的观点,应该是认识论的首要的和基本的观点。
>
> ——列宁

一 实践是认识的基础

唯心主义哲学从精神出发去考察人的认识问题,旧唯物论不了解认识的社会性和实践的科学含义,不了解认识对实践的依赖关系。它们没有能真正揭示认识的本质和规律。

马克思主义哲学把实践观引入认识论中来,认为实践的观点是辩证唯物主义认识论之第一的基本的观点,实践是认识的基础,从而引起了认识论的革命。

马克思主义哲学认为,实践对认识具有决定性作用。

(一)实践是认识的来源

马克思主义哲学认为,认识来源于实践。如果没有实践这个桥梁,主体就无法达到客体,认识也就不会发生。

人的认识能力和作为认识结果的知识,都只能来源于实践。实践是人的才能和知识的唯一源泉。

唯心主义哲学主张"生而知之者",散布"天赋的才能""天生的心灵禀赋"等,都是没有任何科学根据的谎言。

强调实践是认识和知识的唯一源泉,并不否认可以从别人那里和书本上获得知识。因为这些知识在别人、在第一次获得这种知识的人那里,仍然是从实践中得来的。

(二)实践是(推动)认识发展的动力

第一,社会实践不断提出新的需要、新的研究课题,推动认识的发展。

社会实践不断开辟新领域,涌现出新的问题、新的需要,正是这些新的问题和新的需要,推动人们去进行新的探索。

第二,社会实践为认识不断提供新的经验、新的观察和研究的物质手段。

第三,社会实践推动人的思维能力的发展。

社会实践的发展推动人的认识能力的提高。人们在实践中，不仅改造客观世界，而且也改造着自身的认识能力。

（三）实践是检验认识真理性的唯一标准

人们从实践中获得的对客观世界的认识，是否与客观对象相符合、相一致，是否正确地反映了客观事物的本质和规律，必须通过实践的检验才能得到证明，唯有实践才是检验认识真理性的标准。

（四）实践是认识的目的

人们认识世界的唯一目的在于改造世界。

总之，实践是认识的源泉、动力、标准和最终目的，这些都是实践对认识的决定作用的具体表现。

二 认识是主体对客体的能动的反映（这就是认识的本质）

马克思主义哲学以实践为基础，把主体和客体及其相互关系作为认识论的基本问题。

（一）认识主体

第一，认识主体的含义。

认识主体是指认识和实践活动的承担者，是处于一定社会关系中从事实践和认识活动的现实的、具体的人。

第二，认识主体的性质和特点。

首先，认识主体具有自然属性。人具有自然的物质基础——人的肉体和大脑都属于自然界。

其次，认识主体具有社会性。作为认识主体的人，不是抽象的人，而是具体的人，是指生活于一定社会关系中、从事物质生产活动的人。人作为认识主体的社会性，使得人的认识必然会受到所处社会条件的制约。

再次，认识主体具有历史性。认识主体的历史性，就是指主体（人）的认识活动不能超越特定的历史时代。每个时代主体的认识总要受到一定历史的局限。

最后，认识主体具有能动性。这是认识主体的突出特点。认识主体的目的性和计划性，是认识主体的能动性的突出表现。认识主体的能动性，又叫自觉的能动性，是人区别于动物的显著特点。

第三，认识主体的结构。

认识主体分为个体、群体和人类整体三个层次。

（二）认识客体

第一，认识客体的含义和构成。

认识客体是指人的实践和认识活动所指向的对象。

构成认识客体的内容主要有自然客体、社会客体和精神客体。

自然客体是指成为人们认识对象的那部分自然界；

社会客体是指作为认识对象的人类社会；

精神客体是指成为人们认识对象的精神活动和精神产品。

第二，认识客体的性质。

首先，认识客体具有客观性。自然客体和社会客体都是物质性的客观存在和客观过程，当然具有客观性。精神客体虽然是人的精神活动或精神活动的结果，但由于它是自然客体和社会客体的反映，其内容是物质性的客观存在，所以也具有客观性。

其次，认识客体具有对象性。只有那些与认识主体的活动发生关系、成为主体活动对象的外部事物，才构成认识的客体。

（三）认识主体和认识客体的关系

认识的主体和客体存在既对立又统一的辩证关系。

对立是指两者各有自己的特点和特殊的规定性，彼此是相互区别的；

统一是指它们之间相互依存、相互作用，并在一定条件下相互转化。

第一，认识主体和客体的实践关系。是指认识的主体和客体之间改造和被改造的关系。实践关系是一切其他关系的前提和基础，也是主体和客体之间的首要的基本的关系。

第二，认识主体和客体的认识关系。是指认识主体和客体之间反映和被反映的关系。

第三，认识主体和客体的相互作用。无论是实践关系还是认识关系，都不是主体或客体各自独立进行的，而是两者相互作用的过程。主体对客体具有改造和认识作用，这是主体能动性的表现；然而这种能动性受到客体的制约，表现为主体必须认识和遵循客体（事物）的规律，改造活动才能获得成功。（主体能动性和客体制约性统一）

（四）认识的本质是主体对客体的能动反映

认识的真正本质是在实践中主体对客体的能动反映，这是马克思主义哲学对认识本质的科学揭示。

第一，唯物论的反映论与唯心论的认识论（先验论）的对立。

在哲学上有两条完全对立的认识路线：一条是从物到感觉和思想的路线，这是唯物主义的认识路线；另一条是从感觉和思想到物的路线，这是唯心主义的认识路线。

唯物主义认为认识是主体对客体的反映，人的认识归根到底是从外部世界得来的。这就在认识论上坚持了反映论的原则。一切唯物论的认识论都是反映论，所以旧唯物主义在认识论上的基本立场是正确的，但由于它不懂得实践对于认识的决定性意义，所以旧唯物主义没有能够从根本上解决认识的本质问题。

唯心主义主张人的认识是先于经验而获得的，或者认为认识是从天上掉下来的（客观唯心主义观点），或者认为是人主观自生的（主观唯心主义观点）。也就是说，唯心主义认为，人的认识与外界没有关系，同人的直接经验没有任何关系，这就是唯心论的先验论。这种认识论不符合认识的实际过程，是非科学的，不可能正确解决认识的本质问题。

第二，可知论与不可知论的对立。

唯物主义哲学认为，思维能够认识，并能够正确认识现实世界，现实世界是可知的。

有些唯心主义哲学家也认为世界是可知的，但他们说的世界是精神的世界，不是客观的物质世界。

不可知论认为世界不可以认识或不能彻底认识。在欧洲近代哲学中，有两位不可知论的典型代表人物，一位是英国的休谟（认为世界不可以认识），另一位是德国的康德（认为世界不可以彻底认识）。

马克思主义哲学把实践观引入认识论，认为人在实践中能够认识，并能够正确认识客观世界。

实践的观点彻底批驳了不可知论及哲学上的其他一切怪论。

第三，辩证唯物论的能动的反映论与旧唯物论的机械的（直观的）反映论的对立。

在认识论上，唯物论都是反映论，但旧唯物论的反映论是机械的。认识被他们理解为主体对客体的直观的、照镜子式的反映。

辩证唯物论是对旧唯物论的发展和超越，它科学地揭示了认识的本质，把认识看作主体在实践中能动地反映客体的过程，从而使得辩证唯物论的反映论成为能动的革命的反映论。

认识的过程是反映与创造的统一，这是辩证唯物论的反映论的能动性的突出表现，也是区别于机械唯物论的反映论的根本标志。

第二节　认识的辩证运动

> 人对事物、现象、过程等等的认识是从现象到本质、从不甚深刻的本质到更深刻的本质的深化的无限过程。
>
> ——列宁

一　从感性认识到理性认识——认识运动的第一次飞跃

（一）感性认识和理性认识

1. 感性认识

感性认识是认识的初级阶段，它是对事物的各个片面、现象和外部联系的反映，是具体的、丰富的、生动的；然而，它却是表面的、个别的、不深刻的。

感性认识分为感觉、知觉和表象三种形式：

——感觉是反映事物个别特性的认识。

——知觉是感觉的综合，是对对象外部特性的整体认识。

——表象是对对象回忆的认识。

2. 理性认识

理性认识是认识的高级阶段，它是对事物全体、本质和内部联系的反映，是抽象的、间接的、相对稳定的；理性认识是深刻的，它反映的是事物的全体和本质。

理性认识包括概念、判断和推理三种形式：

——概念是对事物本质、全体的反映，它包含同类事物共同的、一般的特性。概念是理性认识的细胞，有了概念就可以进行判断和推理。

——判断是概念的展开，是一种利用概念对事物做出某种判定的认识形式。

——推理是从事物的联系和关系中，由已知合乎规律地推出未知的认识形式，它由判断所构成，是人们获得新知识的重要手段。

（二）感性认识和理性认识的辩证关系

感性认识和理性认识是认识的两个阶段，它们既相互区别，又相互联系，是对立统一的关系。

第一，相互区别。

感性认识是对事物表面、直接、具体、个别特性的反映，因而是不深刻、片面的认识；理性认识是对事物本质、全体、间接、概括的反映，因而是深刻、全面、相对稳定的认识。

第二，相互联系。

其一，理性认识依赖于感性认识。感性认识是理性认识的基础。只有通过对感性材料的加工制作，才能形成理性认识。坚持了这一点，就在认识论上坚持了唯物论。

其二，感性认识有待于发展到理性认识。认识的真正任务在于经过感性认识达到理性认识，揭示事物的本质和发展规律。坚持了这一点，就在认识论上坚持了辩证法。

其三，感性认识和理性认识相互渗透。一方面，感性认识中有理性认识；另一方面，理性认识中包含着感性的成分。在人的实际认识过程中，既没有纯粹的感性认识，也没有纯粹的理性认识，两者之间没有绝对分明的界限。

在认识过程中，感性认识和理性认识是不可分割的，否则，就会犯经验论或唯理论的错误。

经验论者片面强调感性经验的重要性，认为只有感性经验才是可靠的，而抽象的理性认识是不可靠的；唯理论者认为感性经验是靠不住的，只有理性认识才是真实可靠的。两者都犯了片面性的毛病，都是错误的。

在实际工作中，经验论和唯理论是经验主义和教条主义的认识根源。经验主义夸大个别的、局部的经验的作用，否认科学理论的指导意义；教条主义夸大理论和书本知识的作用，轻视实际经验。这两种错误都曾经给我们的革命和建设事业带来重大损失。

（三）由感性认识到理性认识的飞跃（认识运动的第一次飞跃）

由感性认识上升到理性认识，是认识运动的第一次飞跃，是认识任务的真正完成。

感性认识向理性认识的飞跃需要两个条件：

第一，感性材料必须十分丰富而不是零碎不全，必须合于实际而不是错觉。

第二，必须有正确的思维方法。

这两个条件缺一不可。这就要求我们必须把调查和研究结合起来。调查就是收集大量的、合于实际的感性材料，研究就是对从实践中得来的感性材料进行加工制作。

在实践中，认识由感性上升到理性的辩证运动，也就是人们的认识从现象到本质、从不深刻的本质到更深刻的本质的过程。

二 从理性认识到实践(认识到实践、理论付诸实践)——认识运动的第二次飞跃

马克思主义哲学认识论认为，认识由感性上升到理性只是完成了认识运动的一半，还有非常重要的另一半没有完成，这就是要把理论用于指导实践，实现对客观世界的改造。

由理性认识向实践的飞跃（认识运动的第二次飞跃）比认识运动的第一次飞跃具有更加重要的意义。

第一，只有经过第二次飞跃，才能把理论用于指导实践，实现对客观世界的改造。

第二，只有经过第二次飞跃，使理性认识再回到实践中去，才能使之得到检验，得到丰富和发展。

三 认识过程的多次反复和有限与无限的辩证统一

一个正确的认识需要经过多次反复才能完成，整个人类的认识是有限和无限的统一。

（一）认识的反复性

认识反复性的原因是：

首先，从客体方面看：

其一，客观事物本身具有复杂性。

其二，事物的本质要经历一个过程才逐渐暴露出来。

其三，任何事物都是具体的，都存在于特定的社会历史环境中。这就使得人的认识必然要受到社会历史条件和科技条件的限制。

认识客体的这些特点，决定人们对它的认识必须经历反复的过程。

其次，从认识主体来考察：

人的认识受到主体的生理因素、知识水平、生活经验、认识能力及其立场、观点、

方法的限制。认识主体的这些特点，决定他必须经过由实践到认识、再由认识到实践这样多次的反复，才能获得对客观事物的正确认识。

（二）认识是有限和无限的辩证统一

1. 认识的有限性和无限性

认识的有限性是指，每个时代的个人、每一次具体的认识是有限的；认识的无限性是指，整个人类无止境的、世代更替的认识是无限的。

整个人类认识的无限性，存在于每个时代的个人认识的有限性中，并通过无数有限性的认识而得以实现。

所以，认识的有限性和无限性是辩证统一的。

2. 认识运动发展的总规律

毛泽东指出："实践、认识、再实践、再认识，这种形式，循环往复以至无穷，而实践和认识之每一循环的内容，都比较地进到了高一级的程度。"

这里讲的循环不是封闭式的循环。人的认识运动既不是简单的循环，也不是直线式的前进，而是螺旋式的上升运动。这就是认识运动发展的总规律。

（三）主观和客观、认识和实践是具体的、历史的统一

首先，主观和客观、认识和实践的统一是具体的。

实践是人的具体的物质活动，认识产生于实践，因此，有什么样的实践就会产生什么样的认识。

其次，主观和客观、认识和实践的统一是历史的。

这是指认识与实践的统一是变动的，随着实践的发展，认识也应跟着向前发展。

我们要坚持与时俱进，在新的历史条件下，达到新的认识与实践的统一。

总之，实践—认识—实践的循环往复，体现了认识和实践的统一是具体的、历史的。

认识与实践的具体的、历史的统一，要求我们在实际工作中必须坚持一切从实际出发，实事求是，开拓创新，把马克思主义基本原理同我国的实际情况相结合，坚持真理，修正错误，走中国特色社会主义道路。

第三节　真理与价值

> 通过实践而发现真理，又通过实践而证实真理和发展真理。
>
> ——毛泽东

人们在实践中获得的认识是不是正确，怎样证明认识的正确性？这就是真理和真理标准问题。

认识的目的就是要达到真理，真理对人类有什么意义？这就是真理的价值问题。

一 真理及其属性

（一）真理和谬误

1. 真理和谬误的含义

正确地反映客体的认识就是真理；歪曲地反映客体的认识就是谬误。

认识与对象相一致、相符合，这是真理最根本的规定性。只有既与事物的表面联系、事物的现象又与事物的内部联系、事物的本质相一致的认识才是真理。

谬误是与事物不相一致、不相符合的认识。

2. 真理和谬误的关系

真理和谬误是认识运动中既对立又统一的两个方面。

（1）对立表现在它们相互排斥、相互否定上。

真理和谬误是相互排斥的，是真理就不能是谬误，是谬误就不能是真理，两者不能混淆。这在一定范围具有绝对意义。

真理和谬误也是相互否定的，否定了真理必然导致谬误，否定了谬误才可能达到真理。

（2）统一表现为它们之间的相互依存和相互转化。

相互依存是说，真理与谬误是相比较而存在、相斗争而发展的。没有真理就无所谓谬误；反之一样。

真理和谬误在一定条件下相互转化。这是因为任何真理都是具体的，都有与之相符的特定的对象、时间和范围，一旦离开这些条件，真理就会变成谬误，正所谓"真理越雷池一步就变成谬误"。

谬误也可能转化为真理，这是指当人们把超出特定对象、时间和范围的认识进行纠正，使之重新与对象、时间和范围相符合时，谬误就变成了真理。在认识和实践中，人们常常受到错误的启发，在纠正错误的过程中达到真理。

（二）真理的属性

真理有多种属性，最重要的是客观性、绝对性和相对性。

1. 真理的客观性

两层含义：

其一，真理的客观性是指真理的内容是客观的。

其二，真理的客观性还在于检验真理的标准是客观的。检验真理的标准只能是实践，而实践是一种感性的物质活动。

真理的客观性决定了真理的权威性，无论是什么人，都必须尊重和服从真理，任何人违背了真理就一定会受到惩罚。（真理面前人人平等，真理没有阶级性）

真理都是具体的、客观的；抽象的、主观的真理是根本不存在的。

2. 真理的绝对性和相对性

真理是客观的，又是绝对的和相对的。

承认真理的客观性，这是在真理问题上坚持了唯物论；承认真理既是绝对的又是相对的，这是在真理问题上坚持了辩证法。

任何真理都是客观性、绝对性和相对性的统一，这就是真理观上唯物论与辩证法的统一。

（1）真理的绝对性。

真理具有绝对性，通常把真理的绝对性称为"绝对真理"，它有两方面含义：

第一，真理包含着客观内容，这是无条件的、绝对的。可以看出，承认真理的客观性同承认真理的绝对性是一致的。

第二，人的每一个真理性认识，都是向着无限发展着的物质世界的接近，这也是无条件的、绝对的。

（2）真理的相对性。

真理具有相对性，通常把真理的相对性称作"相对真理"。它也有两个方面的含义：

第一，从广度上看，任何真理只能是对客观世界某一部分的某些方面的正确认识，这种真理性的认识在广度上是有限的，是受条件制约的，它需要进一步扩展。

第二，从深度上看，任何真理都只是对客观世界某一部分一定程度、一定层次近似正确的反映，认识有待于深化。就是说，真理性的认识在深度上是有限的，是受一定条件制约的。

承认真理有待于扩展和深化，也就是承认真理的相对性。

（3）真理的绝对性和相对性的辩证关系。

真理既是绝对的，又是相对的，是绝对性和相对性的统一。它们的关系是：

第一，相互依存。没有真理的绝对性，就无所谓真理的相对性，反之一样。

第二，相互包含、相互渗透。一方面，任何相对真理中都包含着绝对真理的颗粒；另一方面，绝对真理通过相对真理表现出来，无数相对真理的总和构成绝对真理。

第三，相对真理向绝对真理转化。人的认识是一个由相对真理向绝对真理转化的过程，真理的发展过程就是由相对真理走向绝对真理的过程。

（4）两种对待真理绝对性和相对性关系的错误态度。

绝对性和相对性是一切真理同时具有的两种属性。在哲学上有两种对待真理绝对性和相对性关系的错误态度，即相对主义和绝对主义。

相对主义片面夸大真理的相对性，否认真理的绝对性，实际上就是否认客观真理的存在，从而最终导致否认人认识客观世界的可能性。

绝对主义夸大真理的绝对性，否认真理的相对性，把人的认识固定化，否认真理是一个过程，从而导致把人的认识僵化。（形而上学观点）

（5）把握真理的绝对性和相对性相统一原理的意义。

把握真理的绝对性和相对性相统一的原理，对于我们正确对待马克思主义有重要意义。

马克思主义是真理，它也是绝对性和相对性的统一。正因为马克思主义真理具有绝对性，所以我们必须坚持它，并把它作为我们的指导思想；又因为它具有相对性，所以我们又必须在实践中丰富它、发展它。既坚持又发展，才是对待马克思主义的正确态度。

二 实践是检验真理的唯一标准

（一）真理标准问题上的两种错误观点

唯心主义否认客观真理，在真理标准问题上也就不承认真理标准的客观性。唯心主义哲学在真理标准问题上常见的、影响较大的错误观点有两种：

第一种，提出用伟人、圣人之言作为衡量真理的标准。

第二种，实用主义哲学提出的"有用即真理"。

（二）实践标准的唯一性

马克思主义哲学把实践观引入认识论，提出实践是检验认识是否具有真理性的唯一标准。

1. 实践标准唯一性的原因

第一，是不是真理就是要判明认识与认识对象是否相一致、相符合。实践能把主观认识与客观实际联系起来加以对照，来确定认识与认识对象是否相一致、相符合，从而使认识得到检验。

第二，实践具有直接现实性的品格。实践可以把思想、理论在现实中实现出来。人们通过把变成现实的东西同原来的观念、思想加以对照，从而判明这个思想、观念是否正确，使认识得到检验。

2. 实践标准与逻辑证明

坚持实践是检验真理的唯一标准，并不否认逻辑证明在认识和探索真理中的作用。在人们探求真理的过程中，逻辑证明是经常使用的一种方法，它为人们认识和证明真理提供了巨大的帮助。

但是，逻辑证明的作用并不表明它是检验真理的标准，更不能用逻辑证明取代实践标准。这是因为逻辑证明不具有最终性。

首先，它所依赖的前提是否正确，逻辑证明自己不能保证，而要经过实践检验。

其次，被逻辑证明证实或证伪了的东西，最终还要靠实践检验，实践才具有最后的权威。

(三)实践标准的确定性和不确定性

坚持实践是检验真理的唯一标准,就是坚持了检验标准的客观性,也就是在真理标准问题上坚持了唯物论。

然而,这个标准既是确定的、绝对的,又是不确定的、相对的,是确定性与不确定性、绝对性与相对性的统一。这就是在真理标准问题上坚持了辩证法。

1. 实践标准的确定性

实践标准的绝对性、确定性是指:

第一,认识是否是真理,只有通过实践来检验,此外再没有别的检验真理的办法。

第二,实践能够对人类的一切认识做出检验,今天的实践未能证实或驳倒的认识,最终会被以后的实践所证实或驳倒。

2. 实践标准的不确定性

实践标准的相对性、不确定性是指:

第一,任何实践总是一定历史条件下的具体的实践,都是有局限性的,因而它不可能完全证实或驳倒现有的一切认识。

第二,实践对真理的检验具有反复性。许多认识的真理性往往不是经过实践的一次检验就能被证实或驳倒,而是要经过多次反复检验,才能被证实或驳倒。

实践标准的相对性表明,实践对真理的检验是一个过程,随着实践的扩展和深化,实践对认识的检验也不断地深化。

实践标准的确定性和不确定性是不可分的,任何夸大一方面而否认另一方面的做法都是错误的。

三 真理与价值的辩证统一

研究认识是否与对象相一致、相符合,这是真理问题。

研究这种相一致、相符合的认识有什么用,能满足人的什么样的需要,这是价值问题。

真理与价值也是认识过程中必须正确处理的一对矛盾。

(一)真理与价值的对立和统一

1. 真理与价值的对立

真理与价值的对立是指真理与价值的不同。

真理体现的是认识与认识对象的关系,是认识与对象相一致、相符合。

价值是指外物对人需要的满足,表示客体具有对人有用或对主体有意义的属性。

2. 真理与价值的统一

第一,真理能够指导社会实践。人们通过在真理指导下的实践,成功地改造世界,以这种实践的成果来满足人的需要,这就是真理表现出来的价值属性。在这个意义上,真理与价值是不可分的。

第二，真理与正确的价值观相一致。

正确的价值观是在真理的指导下形成的。

真理与价值的统一，要求人们对价值的追求应该建立在真理的基础之上，唯有如此，才是正确的价值观。

（二）真理的价值表现在真理的功能上

第一，真理具有指导实践的功能。真理的价值突出地表现为它具有指导实践的功能。

第二，真理具有再认识的功能。每一个真理性的认识都为以后的认识提供了思想材料和理论指导，为认识的发展和达到新的真理开辟了道路。

第三，真理具有教育和激励功能。真理对人们具有无可比拟的教育作用。掌握真理就是离开了谬误。真理具有强大的激励功能。满足人们追求真理的需要，能提高人的精神境界，给人以善和美的享受，给人以力量和鼓舞，这是真理自身价值的重要体现。

四 培育和践行社会主义核心价值观

社会主义核心价值观表现为社会主义根本的价值理想、价值原则和价值规范，构成社会主义的本质内容。

"富强、民主、文明、和谐"是国家层面的价值要求；

"自由、平等、公正、法治"是社会层面的价值要求；

"爱国、敬业、诚信、友善"是个人行为层面的价值要求。

这三个层次的理念相互联系、相互贯通，实现了政治理想、社会导向、行为准则的统一，兼顾了国家、社会、个人三者的价值愿望和追求。

社会主义核心价值观需要我们去培育、去践行。

第四节 认识世界与改造世界的统一

> 哲学家们只是用不同的方式解释世界，问题在于改变世界。
> ——马克思

马克思主义哲学在实践的基础上把认识世界和改造世界统一起来。认识世界与改造世界是同一个过程的两个方面。

一 认识的目的全在于运用

马克思主义哲学坚持认识和实践的统一,坚持认识世界和改造世界的统一,认为认识的目的全在于运用。

运用,就是把对客观世界规律的认识再回到改造世界的实践中去。

认识世界与改造世界的统一,是马克思主义哲学认识论的内在本质和要求。

认识世界和改造世界是相互促进的,对世界的认识越是深刻、正确,改造世界就越能取得成功;而改造世界的成果越大,就越能加深和扩大人们对客观世界的认识。

改造世界包括改造客观世界和主观世界。人们在改造客观世界的同时,也改造着自己的主观世界,也就是改造自己的认识能力。

二 一切从实际出发,实事求是

(一)一切从实际出发是马克思主义哲学的根本要求

从实际出发,从客观存在着的事实出发,这是马克思主义哲学的根本要求。它同马克思主义哲学主张物质第一性、意识第二性,主张实践是认识的基础,是完全一致的。

因此,坚持马克思主义哲学,坚持马克思主义哲学的认识路线,就必须坚持一切从实际出发。

(二)党的思想路线与马克思主义哲学认识论

1. 党的思想路线

马克思主义哲学是当今时代精神的精华。马克思主义哲学认识论是中国共产党思想路线的理论基础。

思想路线,是指一个阶级及其政党作为指导思想并用以支配行动的认识路线。

《中国共产党章程》规定:"党的思想路线是一切从实际出发,理论联系实际,实事求是,在实践中检验真理和发展真理。"

邓小平曾把这一思想路线简要地概括为"实事求是"四个字,因此,通常也把中国共产党的思想路线称为实事求是的思想路线;又由于解放思想与实事求是是内在地联系在一起的,因此,党的思想路线也叫解放思想、实事求是的思想路线。

2. 党的思想路线与马克思主义哲学认识论的关系

党的思想路线与马克思主义哲学认识论是统一的,马克思主义哲学认识论是党的思想路线的理论基础;而党的思想路线则是马克思主义哲学认识论在实际中的具体运用。具体表现为:

第一,党的思想路线坚持了一切从实际出发的原则。

一切从实际出发在根本上贯彻了马克思主义哲学关于世界物质统一性的原理,坚持了马克思主义哲学认识论的基本前提。

第二,党的思想路线坚持了理论联系实际的原则。

马克思主义哲学认识论始终坚持理论联系实际,坚持认识和实践的统一。马克思主义哲学认识论既反对一切脱离实际的抽象的、空洞的理论,也反对拒绝正确理论指导的盲目的实践。

第三,"实事求是"这四个字是党的思想路线的核心,也是马克思主义哲学的精髓和活的灵魂,它充分体现了马克思主义认识论的根本原则。

第四,党的思想路线坚持了实践是检验真理的唯一标准。

马克思主义哲学认识论认为,实践是检验真理的唯一标准。是否坚持了从实际出发、实事求是,也要经过实践的检验才能确证。

党的思想路线是一个整体,是指导我们各项工作的认识路线。是否坚持这条思想路线,关系党和国家的前途与命运。

(三) 党的群众路线与马克思主义哲学认识论

党的群众路线是:一切为了群众,一切依靠群众,从群众中来,到群众中去。

这条路线是我们党取得革命和建设事业胜利的重要法宝,也是我们党的领导路线和工作路线。

从群众中来,就是从实践到认识的过程;到群众中去,就是从认识到实践的过程。

"从群众中来,到群众中去"不断循环往复的过程,也就是"实践—认识—实践"不断循环往复的过程。

这表明群众路线同马克思主义哲学认识论是完全一致的,马克思主义哲学认识论是群众路线的理论基础,群众路线是马克思主义哲学认识论在实际工作中的运用。

要点荟萃

一 认识的本质

"生活、实践的观点,应该是认识论的首要的和基本的观点"的提出者是列宁。

认识论的首要的和基本的观点是生活、实践的观点。

(一) 实践是认识的基础

辩证唯物主义认识论之第一的基本的观点是实践的观点。

实践对认识的决定性作用表现在:实践是认识的来源;实践是(推动)认识发展的动力;实践是检验认识真理性的唯一标准;实践是认识的目的。

1. 实践是认识的来源

认识来源于实践。实践是人的才能和知识的唯一源泉。

所谓"近水知鱼性,近山识鸟音",就是说,认识来源于实践。

强调实践是认识和知识的唯一源泉，并不否认可以从别人那里和书本上获得知识。直接经验与间接经验的关系是认识过程中源和流的关系。

2. 实践是（推动）认识发展的动力

第一，社会实践不断提出新的需要、新的研究课题，推动认识的发展。

恩格斯说："社会一旦有技术上的需要，这种需要就会比十所大学更能把科学推向前进。"这说明社会实践不断提出新的需要、新的研究课题，推动认识的发展。或者说，实践是推动认识发展的动力。

第二，社会实践为认识不断提供新的经验和新的观察、研究的物质手段。射电望远镜、高能加速器和粒子对撞机等新的物质手段，强化、延伸了人的认识器官，推动了认识的发展。

第三，社会实践推动人的思维能力的发展（认识能力的提高）。

3. 实践是检验认识真理性的唯一标准

4. 实践是认识的目的

人们认识世界的唯一目的在于改造世界。

（二）认识是主体对客体的能动的反映（这是认识的本质）

马克思主义哲学以实践为基础，把主体和客体及其相互关系作为认识论的基本问题。

1. 认识主体

（1）认识主体的含义：认识主体是指认识和实践活动的承担者，是处于一定社会关系中从事实践和认识活动的现实的、具体的人。

（2）认识主体的性质和特点：认识主体具有自然属性、社会性、历史性、能动性（这是认识主体的突出特点）。

（3）认识主体的结构：个体、群体和人类整体。

2. 认识客体

（1）认识客体的含义：认识客体是指人的实践和认识活动所指向的对象。

（2）认识客体的性质：认识客体具有客观性、对象性。

（3）认识客体的构成：自然客体、社会客体和精神客体。

3. 认识主体和认识客体的关系

认识主体和认识客体具有既对立又统一的辩证关系。

对立：各有自己的特点和特殊的规定性，彼此是相互区别的；

统一：相互依存、相互作用，并在一定条件下相互转化。

（1）实践关系——改造和被改造的关系，是主体和客体之间首要的、基本的关系。

（2）认识关系——反映和被反映的关系。

（3）相互作用和转化——主体能动性和客体制约性的统一，主体客体化和客体主体化。

4. 认识的本质是主体对客体的能动反映

（1）唯物论的反映论与唯心论的认识论（先验论）的对立。

两条完全对立的认识路线是：

从物到感觉和思想的路线——唯物主义的认识路线，认为认识是主体对客体的反映（反映论）；从感觉和思想到物的路线——唯心主义的认识路线，认为认识先于人的经验而产生（先验论）。

（2）可知论与不可知论的对立。

不可知论的典型代表人物：英国的休谟、德国的康德。

马克思主义哲学把实践观引入认识论，认为人在实践中能够认识，并能够正确认识客观世界。

实践的观点彻底批驳了不可知论及哲学上的其他一切怪论。

（3）辩证唯物论的能动的反映论与旧唯物论的机械的（直观的）反映论的对立。

在认识论上，唯物论都是反映论。

旧唯物论的反映论是机械的、直观的、照镜子式的反映论，这是错误的。

马克思主义辩证唯物论的反映论是能动的反映论。

二 认识的辩证运动

认识的辩证运动是：感性认识—理性认识—实践—新的认识……

（一）从感性认识到理性认识——认识运动的第一次飞跃

1. 感性认识和理性认识

（1）感性认识是认识的初级阶段，是对事物现象的反映。感性认识分为感觉、知觉和表象三种形式。感性认识的特点是：直接性、形象性（具体性）。

（2）理性认识是认识的高级阶段，是对事物本质的反映。理性认识包括概念、判断和推理三种形式。理性认识的特点是：间接性、抽象性。

2. 感性认识和理性认识的辩证关系

感性认识和理性认识是认识的两个阶段，它们既相互区别，又相互联系，是对立统一的关系。

第一，相互区别。感性认识是认识的初级阶段，是对事物现象的反映；理性认识是认识的高级阶段，是对事物本质的反映。

第二，相互联系。理性认识依赖于感性认识；感性认识有待于发展到理性认识；感性认识和理性认识相互渗透。

3. 割裂感性认识和理性认识辩证关系的错误

在认识过程中，会犯经验论或唯理论的错误。

在实际工作中，会犯经验主义和教条主义的错误。

4. 由感性认识到理性认识的飞跃——认识运动的第一次飞跃

毛泽东指出:"感觉到了的东西,我们不能立刻理解它,只有理解了的东西才更深刻地感觉它。感觉只解决现象问题,理论才解决本质问题。"也就是说,认识必须由感性认识向理性认识飞跃。

感性认识向理性认识的飞跃需要两个条件:感性材料必须十分丰富而不是零碎不全,必须合于实际而不是错觉;必须有正确的思维方法。这两个条件缺一不可。

(二) 从理性认识到实践(认识到实践、理论付诸实践)——认识运动的第二次飞跃

第二次飞跃比第一次飞跃具有更加重要的意义:

(1) 只有经过第二次飞跃,才能把理论用于指导实践,实现对客观世界的改造。

(2) 只有经过第二次飞跃,使理性认识再回到实践中去,才能使之得到检验,得到丰富和发展。

(三) 认识过程的多次反复和有限与无限的辩证统一

一个正确的认识需要经过多次反复才能完成,整个人类的认识是有限和无限的统一。

1. 认识的反复性

(1) 认识反复性客体方面的原因:事物本身具有复杂性;事物的本质要经历一个过程才逐渐暴露出来;事物都存在于特定的社会历史环境中,人的认识必然要受到社会历史条件和科技条件的限制。

(2) 认识反复性主体方面的原因:人的认识受到主体的生理因素、知识水平、生活经验、认识能力及其立场、观点、方法的限制。

2. 认识是有限和无限的辩证统一

认识的有限性是指,每个时代的个人、每一次具体的认识是有限的。

认识的无限性是指,整个人类无止境的、世代更替的认识是无限的。

整个人类认识的无限性,存在于每个时代的个人认识的有限性中,并通过无数有限性的认识而得以实现。

3. 认识运动发展的总规律

实践—认识—再实践—再认识……

4. 主观和客观、认识和实践的具体的、历史的统一

(1) 主观和客观、认识和实践的统一是具体的——从空间上的地域性理解。

(2) 主观和客观、认识和实践的统一是历史的——从时间上的过程性理解。

实践—认识—实践的循环往复,体现了认识和实践的统一是具体的、历史的。

三　真理与价值

（一）真理及其属性

1. 真理和谬误

（1）含义。

真理——正确地反映客体的认识。认识与对象相一致、相符合，这是真理最根本的规定性。

谬误——歪曲地反映客体的认识。谬误是与事物不相一致、不相符合的认识。

（2）关系。

既对立又统一。

对立：相互排斥、相互否定。

统一：相互依存、相互转化。"只要再多走一小步，看来像是朝同一方向多走了一小步，真理就会变成错误。"说的是真理和谬误一定条件下相互转化。

2. 真理的属性

真理有多种属性，最重要的是客观性、绝对性和相对性。

（1）真理的客观性。

真理的客观性是指真理的内容是客观的；检验真理的标准是客观的。

真理的客观性决定了真理面前人人平等，真理没有阶级性。

真理都是具体的、客观的；抽象的、主观的真理是根本不存在的。

（2）真理的绝对性和相对性。

承认真理的客观性，这是在真理问题上坚持了唯物论；

承认真理既是绝对的又是相对的，这是在真理问题上坚持了辩证法。

任何真理都是客观性、绝对性和相对性的统一，这就是真理观上唯物论与辩证法的统一。

① 真理的绝对性称为"绝对真理"，其含义是：真理包含着客观内容，这是无条件的、绝对的；人的每一个真理性认识，都是向着无限发展着的物质世界的接近，这也是无条件的、绝对的。

② 真理的相对性称作"相对真理"，其含义是：真理性的认识在广度上是有限的，是受条件制约的；真理性的认识在深度上是有限的，是受一定条件制约的。承认真理有待于扩展和深化，也就是承认真理的相对性。

③ 真理绝对性和相对性的辩证关系：相互依存；相互包含、相互渗透；相对真理向绝对真理转化。

④ 对待真理绝对性和相对性关系的两种错误态度是相对主义和绝对主义。

相对主义片面夸大真理的相对性，否认真理的绝对性。

绝对主义夸大真理的绝对性，否认真理的相对性。

⑤ 把握真理的绝对性和相对性相统一的原理，对于我们正确对待马克思主义有重要意义。

对待马克思主义的正确态度是，既坚持又发展。马克思主义真理具有绝对性，我们必须坚持；马克思主义真理具有相对性，我们必须发展。

（二）实践是检验真理的唯一标准

1. 真理标准问题上的两种错误观点

提出用伟人、圣人之言作为衡量真理的标准；实用主义哲学提出的"有用即真理"。

2. 实践标准的唯一性

实践标准的唯一性是因为：

（1）是不是真理就是要判明认识与认识对象是否相一致、相符合。实践能把主观认识与客观实际联系起来加以对照，来确定认识与认识对象是否相一致、相符合，从而使认识得到检验。

（2）实践具有直接现实性的品格。通过实践判明思想、观念是否正确，使认识得到检验。

坚持实践是检验真理的唯一标准，并不否认逻辑证明在认识和探索真理中的作用。但是，逻辑证明不是检验真理的标准，更不能用逻辑证明取代实践标准。

3. 实践标准的绝对性和相对性、确定性和不确定性

（1）实践标准的绝对性、确定性是指：认识是否是真理，只有通过实践来检验，这是绝对的、确定无疑的；实践能够对人类的一切认识做出检验，这也是绝对的、确定无疑的。

（2）实践标准的相对性、不确定性是指：任何实践总是一定历史条件下的具体的实践，都是有局限性的，因而它不可能完全证实或驳倒现有的一切认识；实践对真理的检验具有反复性。

（三）真理与价值的辩证统一

1. 真理与价值的对立和统一

（1）对立——真理是认识与对象相一致、相符合；价值是外物对人需要的满足。真理和价值是有区别的，不可混为一谈。

（2）统一——真理能够指导社会实践，以实践的成果来满足人的需要，这就是真理表现出来的价值属性。在这个意义上，真理与其价值是不可分的；真理与正确的价值观相一致。

2. 真理的价值表现在真理的功能上

真理具有指导实践的功能（这是真理最突出的价值）、再认识的功能、教育和激励功能。

（四）培育和践行社会主义核心价值观

"富强、民主、文明、和谐"——国家层面价值要求。
"自由、平等、公正、法治"——社会层面价值要求。
"爱国、敬业、诚信、友善"——个人行为层面价值要求。

四 认识世界与改造世界的统一

（一）认识的目的全在于运用

运用，就是把对客观世界规律的认识再回到改造世界的实践中去。
认识世界与改造世界的统一，是马克思主义哲学认识论的内在本质和要求。
认识世界和改造世界是相互促进的。
改造世界包括改造客观世界和主观世界。

（二）一切从实际出发，实事求是

1. 一切从实际出发是马克思主义哲学的根本要求

两种根本对立的认识路线（唯物主义反映论和唯心主义先验论）的集中表现是：从"本本"出发还是从实际出发？从主观愿望出发还是从客观事实出发？
从实际出发，从客观存在着的事实出发，这是马克思主义哲学的根本要求。
坚持马克思主义哲学的认识路线，就必须坚持一切从实际出发。

2. 马克思主义哲学认识论与党的思想路线

（1）党的思想路线。
党的思想路线是一切从实际出发，理论联系实际，实事求是，在实践中检验真理和发展真理。
党的思想路线也被称为实事求是的思想路线，或者解放思想、实事求是的思想路线。
（2）马克思主义哲学认识论与党的思想路线的关系。
马克思主义哲学认识论是党的思想路线的理论基础；而党的思想路线则是马克思主义哲学认识论在实际中的具体运用。
第一，党的思想路线坚持了一切从实际出发的原则。
第二，党的思想路线坚持了理论联系实际的原则。
第三，"实事求是"这四个字是党的思想路线的核心，也是马克思主义哲学的精髓和活的灵魂，它充分体现了马克思主义认识论的根本原则。
第四，党的思想路线坚持了实践是检验真理的唯一标准。

3. 马克思主义哲学认识论与党的群众路线

党的群众路线是：一切为了群众，一切依靠群众，从群众中来，到群众中去。
群众路线同马克思主义哲学认识论是完全一致的，马克思主义哲学认识论是群众路线的理论基础，群众路线是马克思主义哲学认识论在实际工作中的运用。

从群众中来,就是从实践到认识的过程;到群众中去,就是从认识到实践的过程。

"从群众中来,到群众中去"不断循环往复的过程,也就是"实践—认识—实践"不断循环往复的过程。

能力检测

一、单项选择题(在每小题列出的备选项中只有一项是最符合题目要求的,请将其选出)

1. 辩证唯物主义认识论首要的和基本的观点是(   )。
   A. 唯物论的观点   B. 辩证法的观点
   C. 实践的观点   D. 可知论的观点

2. "生活、实践的观点,应该是认识论的首要的和基本的观点"的提出者是(   )。
   A. 马克思   B. 恩格斯   C. 列宁   D. 毛泽东

3. 下列各项中,强调认识来源于实践的是(   )。
   A. 不积跬步,无以至千里   B. 蝉噪林愈静,鸟鸣山更幽
   C. 不积小流,无以成江海   D. 近水知鱼性,近山识鸟音

4. 直接经验和间接经验的关系是(   )。
   A. 认识中内容和形式的关系   B. 认识中"源"和"流"的关系
   C. 感性认识和理性认识的关系   D. 实践和理论的关系

5. 当代,自然科学的发展日新月异,新的科研成果层出不穷。从根本上说,这是由(   )。
   A. 科学家的聪明才智决定的   B. 生产实践的需要决定的
   C. 正确的科技政策决定的   D. 环境和资源的状况决定的

6. 人类认识发展的根本动力是(   )。
   A. 兴趣爱好   B. 社会实践   C. 求知欲望   D. 好奇心理

7. "纸上得来终觉浅,绝知此事要躬行。"这句话强调的是(   )。
   A. 直接经验是知识的唯一来源   B. 书本知识是根本不可靠的
   C. 间接经验是知识的唯一来源   D. 真理是在实践中检验和发展的

8. 下列选项中,反映实践对认识具有决定作用的是(   )。
   A. 芳林新叶催陈叶,流水前波让后波
   B. 沉舟侧畔千帆过,病树前头万木春
   C. 勿以恶小而为之,勿以善小而不为
   D. 纸上得来终觉浅,绝知此事要躬行

9. 认识主体具有的突出特点是(   )。
   A. 能动性   B. 被动性   C. 消极性   D. 积极性

10. 下列各项不属于认识的客体的是（　　）。
    A. 已经探测到的引力波　　　　　　B. 已经揭秘的史前文明
    C. 已经观测到的银河系　　　　　　D. 尚未发现的地下矿藏
11. 认识主体和客体之间最基本的关系是（　　）。
    A. 反映与被反映的认识关系　　　　B. 改造与被改造的实践关系
    C. 需要与满足需要的价值关系　　　D. 创造与被创造的主从关系
12. 下列选项中，正确揭示了认识的本质的是（　　）。
    A. 认识是主体对客体的能动反映　　B. 认识是主体对客体的直观反映
    C. 认识是主体的主观创造　　　　　D. 认识是主体的内心体验
13. "认识是主体对客体的能动反映。"这是一种（　　）。
    A. 辩证唯物主义认识论观点　　　　B. 机械唯物主义认识论观点
    C. 主观唯心主义认识论观点　　　　D. 客观唯心主义认识论观点
14. 两条根本对立的认识路线是（　　）。
    A. 可知论和不可知论
    B. 唯物主义反映论和唯心主义先验论
    C. 主观唯心主义认识论和客观唯心主义认识论
    D. 能动革命的反映论和直观被动的反映论
15. "圣人不行而知"，这种观点属于（　　）。
    A. 唯物主义反映论　　　　　　　　B. 旧唯物主义直观反映论
    C. 唯心主义先验论　　　　　　　　D. 辩证唯物主义能动反映论
16. 那种主张"天赋的才能""天生的心灵禀赋"的观点属于（　　）。
    A. 唯心主义先验论　　　　　　　　B. 旧唯物论的直观反映论
    C. 唯物主义反映论　　　　　　　　D. 辩证唯物论的能动反映论
17. 唯物主义认识论和唯心主义认识论的根本区别是（　　）。
    A. 前者是可知论，后者是不可知论
    B. 前者是能动反映论，后者是机械反映论
    C. 前者是反映论，后者是先验论
    D. 前者是唯理论，后者是经验论
18. 可知论与不可知论的对立在于是否承认（　　）。
    A. 人的认识是先于经验而获得的　　B. 思维能够正确地认识现实世界
    C. 人的认识是从外部世界得来的　　D. 思维能够能动地认识现实世界
19. 在认识论上，一切唯物主义都坚持（　　）。
    A. 实践论　　　B. 先验论　　　C. 反映论　　　D. 矛盾论
20. "认识是主体对客体的直观反映"，这是一种（　　）。
    A. 主观唯心主义先验论观点

B. 客观唯心主义先验论观点

C. 形而上学唯物主义认识论观点

D. 辩证唯物主义认识论观点

21. 下列各项中，属于辩证唯物主义认识论区别于旧唯物主义认识论的观点是（　　）。

A. 认识客体具有客观性

B. 认识是主体对客体的反映

C. 物质世界可以认识

D. 实践是认识的基础

22. 与辩证唯物主义认识论相比较，旧唯物主义认识论有两个缺陷，一个是缺乏辩证法的观点，另一个是（　　）。

A. 缺乏实践的观点　　　　　　B. 缺乏反映论的观点

C. 缺乏一元论的观点　　　　　D. 缺乏可知论的观点

23. 能动反映论区别于机械反映论的根本标志是（　　）。

A. 肯定思维能正确地反映存在　　B. 认为认识过程是纯粹的观念创造

C. 肯定思维对存在的决定作用　　D. 认为认识过程是反映和创造的统一

24. 从现象到本质，从不甚深刻的本质到更深刻的本质，说的是认识的（　　）。

A. 辩证运动　　B. 绝对运动　　C. 相对运动　　D. 辩证否定

25. 人的认识是一个辩证发展的过程，作为认识的初级阶段的是（　　）。

A. 直接认识　　B. 间接认识　　C. 感性认识　　D. 理性认识

26. 感性认识的三种形式是（　　）。

A. 感觉、概念、判断　　　　　B. 概念、判断、推理

C. 感觉、知觉、表象　　　　　D. 感觉、知觉、推理

27. 与理性认识相比较，感性认识有两个特点，一个是形象性，另一个是（　　）。

A. 能动性　　B. 间接性　　C. 客观性　　D. 直接性

28. 理性认识的三种形式是（　　）。

A. 概念、判断、推理　　　　　B. 感觉、知觉、表象

C. 抽象、具体、再抽象　　　　D. 分析、归纳、综合

29. 感性认识和理性认识的区别在于（　　）。

A. 前者源自书本，后者源自实践

B. 前者是可靠的，后者是不可靠的

C. 前者反映事物的现象，后者反映事物的本质

D. 前者来源于直接经验，后者来源于间接经验

30. "感觉只解决现象问题，理论才解决本质问题。"这句话说明（　　）。

A. 感性认识是微不足道的　　　B. 感性认识有待于发展到理性认识

C. 理性认识是唯一可靠的　　　D. 理性认识有待于深化为感性认识

31. "感觉到了的东西，我们不能立刻理解它，只有理解了的东西才能更深刻地感觉它。"这句话表明（　　）。
   A. 感性认识是微不足道的　　　　B. 感性认识是认识的高级阶段
   C. 理性认识是唯一可靠的　　　　D. 理性认识是认识的高级阶段

32. 下列各项正确说明感性认识和理性认识之联系的是（　　）。
   A. 理性认识依赖于感性认识　　　B. 感性认识可以自动上升到理性认识
   C. 感性认识依赖于理性认识　　　D. 理性认识可以自动回归到感性认识

33. 有人把个别的、局部的经验当作普遍真理，到处搬用，否认科学理论的指导意义。这在认识论上犯了类似于（　　）。
   A. 唯理论的错误　　　　　　　　B. 经验论的错误
   C. 唯心主义先验论的错误　　　　D. 直观被动反映论的错误

34. 有人认为，只有写到书本上的理论才是真实可靠的，因而不顾实际情况，死搬书本上的教条。这在认识论上犯了（　　）。
   A. 类似唯心主义先验论的错误　　B. 类似直观被动反映论的错误
   C. 类似经验论的错误　　　　　　D. 类似唯理论的错误

35. 一个完整的认识过程，需要经过两次飞跃。下列选项中属于认识运动的第二次飞跃的是（　　）。
   A. 进行社会调查　　　　　　　　B. 分析实际情况
   C. 理论付诸实践　　　　　　　　D. 总结经验教训

36. 一个正确的认识需要多次反复才能完成，并且认识是永无止境的发展过程。这说明人类的认识是（　　）。
   A. 感性和理性的统一　　　　　　B. 理论和实践的统一
   C. 正确和错误的统一　　　　　　D. 有限和无限的统一

37. 一个完整的认识过程是（　　）。
   A. 感觉—知觉—表象　　　　　　B. 概念—判断—推理
   C. 理论—实践—理论　　　　　　D. 实践—认识—实践

38. "没有理性，眼睛是最坏的见证人。"这句话强调的是（　　）。
   A. 仅同事物的现象相符合的不一定是真相
   B. 只要同事物的现象相符合的就是真理
   C. 只要观察事物的外部联系就能获得真理
   D. 只要观察事物的偶然联系就能获得真理

39. 只要再多走一小步，真理便会变成谬论。这句话说的是（　　）。
   A. 真理和谬论相互依存
   B. 真理和谬论相互包含
   C. 真理和谬论相互排斥

D. 真理和谬论在一定条件下可以相互转化

40. 真理是没有阶级性的，在真理面前人人平等。这是因为（　　）。

A. 真理就是客观规律，与人的阶级地位无关

B. 真理具有客观性，包含着不依赖于人类的客观内容

C. 真理是绝对性和相对性的统一，是不断发展的

D. 真理是具体的，都有其适用的条件和范围

41. 真理具有客观性，被称为客观真理，是因为（　　）。

A. 真理是事物发展的客观规律

B. 真理是对事物及其规律的正确反映

C. 真理是不依赖于意识的客观实在

D. 真理是大多数人承认的客观事实

42. 在真理问题上坚持辩证法，就是要承认任何真理都是（　　）。

A. 客观性和主观性的统一　　　　　B. 主观性和相对性的统一

C. 客观性和绝对性的统一　　　　　D. 绝对性和相对性的统一

43. 任何科学真理都不能穷尽对事物的认识，都是随着实践的发展而发展的。这说明真理都具有（　　）。

A. 客观性　　　B. 相对性　　　C. 绝对性　　　D. 全面性

44. 作为真理的马克思主义是发展的，与时俱进的，这是因为真理具有（　　）。

A. 相对性　　　B. 能动性　　　C. 绝对性　　　D. 普遍性

45. 真理的发展是一个（　　）。

A. 从主观真理走向客观真理的过程

B. 从局部真理走向全面真理的过程

C. 从具体真理走向抽象真理的过程

D. 从相对真理走向绝对真理的过程

46. 唯物辩证法与形而上学在真理观上的对立，表现在是否承认（　　）。

A. 真理具有客观性　　　　　　　B. 真理具有相对性

C. 真理中包含着错误　　　　　　D. 真理来源于主观创造

47. 16世纪末，伽利略通过在比萨斜塔所做的自由落体实验，推翻了亚里士多德关于物体的降落速度与物体的重量成正比的说法。这件事说明（　　）。

A. 真理是对事物及其规律的正确反映

B. 真理是由相对真理走向绝对真理的过程

C. 实践是认识发展的动力

D. 实践是检验认识是否正确的唯一标准

48. 实践是检验真理的唯一标准，这主要是因为（　　）。

A. 实践是人类生存与发展的基础　　　B. 实践可以把主观和客观联系起来

C. 实践是认识的来源和目的　　　　　D. 实践是一个无限发展的过程

49. 检验认识的真理性，就是要检验人们的认识是否（　　）。
A. 与多数人的愿望和要求相符合　　　B. 与已被实践证明的理论相符合
C. 与客观事物及其规律相符合　　　　D. 与党的路线方针政策相符合

50. 在真理的检验标准问题上，下列各项中说法正确的是（　　）。
A. 多数人认可的就是真理　　　　　　B. 个人觉得有用的就是真理
C. 少数人坚持的就是真理　　　　　　D. 在实践中证实的才是真理

51. 实践之所以能成为检验真理的唯一标准，主要在于实践（　　）。
A. 具有直接现实性的品格　　　　　　B. 具有自觉能动性的特点
C. 是客观的感性物质活动　　　　　　D. 是推动认识发展的动力

52. 在真理标准问题上坚持辩证法，就是要承认实践标准（　　）。
A. 既是抽象的，又是具体的　　　　　B. 既是必然的，又是偶然的
C. 既是普遍的，又是特殊的　　　　　D. 既是绝对的，又是相对的

53. 下列各项中正确说明真理问题的是（　　）。
A. 真理是有价值的　　　　　　　　　B. 有用即真理
C. 真理是永恒的　　　　　　　　　　D. 真理是万能的

54. 真理的价值问题也就是（　　）。
A. 真理是否具有客观性　　　　　　　B. 真理是否永恒存在
C. 真理是否具有阶级性　　　　　　　D. 真理是否对人有用

55. 社会主义核心价值观兼顾了国家、社会、个人三者的价值愿望与追求，其中从个人层面对社会主义核心价值观基本理念的凝练表达是（　　）。
A. 富强、民主、文明、和谐　　　　　B. 自由、平等、公正、法治
C. 爱国、敬业、诚信、友善　　　　　D. 厚德、包容、求是、创新

56. "哲学家们只是用不同的方式解释世界，问题在于改变世界"的提出者是（　　）。
A. 黑格尔　　　B. 费尔巴哈　　　C. 马克思　　　D. 恩格斯

57. 人们认识世界的目的在于（　　）。
A. 发展个人的兴趣爱好　　　　　　　B. 实现对自身能力的改造
C. 满足人类的求知欲望　　　　　　　D. 实现对客观世界的改造

58. 坚持马克思主义哲学的认识路线，就必须在工作中坚持（　　）。
A. 一切从实际出发　　　　　　　　　B. 一切从主观的愿望出发
C. 一切从理论出发　　　　　　　　　D. 一切从臆造的规律出发

59. 下列选项中，作为党的思想路线的理论基础是（　　）。
A. 辩证唯物主义可知论　　　　　　　B. 辩证唯物主义认识论
C. 辩证唯物主义物质观　　　　　　　D. 辩证唯物主义运动观

60. "脱离实践的理论是空洞的理论；没有理论指导的实践是盲目的实践。"这句话

强调的是（　　）。

A. 认识过程中摹写与创造的统一　　B. 认识过程中感性与理性的统一
C. 认识过程中真理与价值的统一　　D. 认识过程中理论与实践的统一

61. 党的思想路线的核心是（　　）。

A. 一切从实际出发　　B. 实事求是
C. 理论联系实际　　D. 实践是检验真理的唯一标准

二、简答题

1. 简述实践的含义及实践对认识的决定作用。
2. 简述实践是认识发展的动力。
3. 简述认识的主体和客体的含义及两者之间的关系。
4. 简要说明正确实现由感性认识到理性认识的飞跃需要具备的条件。
5. 简要说明整个人类的认识是有限和无限的统一。
6. 简述真理及其客观性的含义。
7. 简述真理的绝对性和相对性的含义及两者的辩证关系。
8. 简要说明逻辑证明与实践检验的关系。
9. 简述真理与价值的对立统一关系。

三、论述题

1. 试述感性认识和理性认识的含义及两者的辩证关系，并说明割裂两者的统一在理论和实际工作中会导致的错误。
2. 试述感性认识和理性认识辩证关系的原理，并分别说明这一原理的理论和实践意义。
3. 试述感性认识与理性认识的区别和联系，并说明为什么在实际工作中要反对经验主义和教条主义。
4. 试述实践是检验真理的唯一标准的原理，并说明中国真理标准问题大讨论的意义。
5. 试述党的思想路线并说明马克思主义认识论是党的思想路线的理论基础。
6. 试述马克思主义认识论与党的群众路线的一致性及坚持群众路线的重要意义。

第三章

人类社会及其发展规律

知识框架

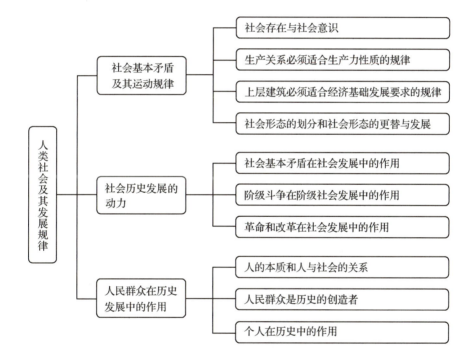

内容精要

第一节　社会基本矛盾及其运动规律

> 物质生活的生产方式制约着整个社会生活、政治生活和精神生活的过程。
>
> ——马克思

生产力和生产关系、经济基础和上层建筑之间的矛盾，是人类社会的基本矛盾。

一　社会存在与社会意识

（一）社会存在

社会存在是指社会物质生活条件的总和，包括地理环境、人口因素和物质生活资料的生产方式。

1. 地理环境及其在社会发展中的作用

地理环境是指人类生存和发展所依赖的各种自然条件的总和。

地理环境是人们的物质生活的必要条件之一。人类生存对地理环境的依赖性主要表现为：

第一，地理环境是人类生存的场所。

第二，地理环境为人类提供生活资料和生产建设的资源。

地理环境对社会发展的影响作用主要表现为：

第一，地理环境通过对生产的影响，加速或延缓社会的发展。

第二，地理环境还可以通过对军事、政治的影响，在一定程度上制约不同国家社会的发展。

地理环境虽然对社会发展起制约和影响作用，但对社会发展不起主要的决定作用。因为地理环境不能决定社会制度的性质和社会形态的更替，它在社会发展中的作用受社会因素，主要受生产力和生产关系的制约。

2. 人口因素及其在社会发展中的作用

人口因素是一个包括与人相关的各种因素的综合范畴。

人口因素也是社会物质生活的必要条件之一，对社会发展起着制约和影响作用，主要表现为：

第一，一定数量的人口是社会物质生产的必要前提。

第二，人口状况能加速或延缓社会的发展。只有与物质生产相适应的人口状况，才最有利于促进社会的发展。

人口因素虽然对社会发展起制约和影响作用，有时甚至起非常重要的作用，但它同样不是社会发展中起决定作用的因素。因为它不能决定社会制度的性质和社会制度的更替，而且它受到物质生产的制约，物质生产从根本上决定了人口生产的发展方向和基本趋势。

3. 生产方式及其在社会发展中的作用

生产方式是人类借以向自然界谋取必需的生活资料的方式，包括生产力和生产关系两个方面，是特定的生产力和生产关系的统一。

生产方式在社会发展中起决定作用，主要表现在以下四个方面：

第一，生产方式或生产活动，是人类从动物界分离出来的根本动力和人类区别于动物的根本标志。

第二，生产方式或生产活动是人类社会得以存在和发展的基础。

第三，生产活动是形成人类一切社会关系的基础。

第四，生产方式决定社会制度的性质和社会制度的更替。

（二）社会意识

社会意识是指社会的精神生活过程。

从反映社会存在的程度和特点来看，社会意识包括社会心理和思想体系，各种思想体系又分为意识形态和非意识形态两类；从社会意识的主体范围看，社会意识可以分为个体意识和群体意识。

1. 社会心理和思想体系

社会心理是社会意识的低级层次，是在日常生活和交往中自发形成的、不定型、不系统的社会意识，表现在人们的情感、情绪、愿望、要求、风俗、习惯、传统、自发倾向和社会风气等之中。

思想体系是社会意识的高级层次，也叫社会意识形态，它以相对稳定的形式反映社会存在，具有抽象化、系统化的特性。

2. 意识形态和非意识形态

意识形态包括政治、法律、道德、宗教、艺术、哲学和绝大部分社会科学，在阶级社会里具有一定的阶级性。

非意识形态包括自然科学、语言学、逻辑学等，自身没有阶级性。

3. 个体意识和群体意识

个体意识就是社会成员的个人意识。

群体意识是指各种社会群体的意识。

（三）社会存在和社会意识的关系

1. 社会存在决定社会意识

社会存在决定社会意识是指社会意识是社会存在的反映，社会意识依赖于社会存在。主要表现在三个方面：

第一，社会意识的内容来源于社会存在。

第二，社会意识随着社会存在的发展变化而发展变化。

第三，社会意识受反映者（意识主体）的立场、观点、方法的影响和制约，而反映者的立场、观点和方法是由其在社会存在中的地位决定的。

2. 社会意识反作用于社会存在

社会意识反作用于社会存在是指社会意识这种精神力量，在一定条件下可以反作用于社会存在，转化为物质力量，影响社会发展的进程。这种反作用表现为：

（1）先进的或正确的社会意识对社会存在的发展起积极的推动作用，促进社会向前发展。

（2）落后的或错误的社会意识对社会存在的发展起消极的阻碍作用，延缓社会的发展进程。

社会意识对社会存在的反作用，必须通过人民群众的实践活动。

社会存在决定社会意识，社会意识反作用于社会存在，就是社会存在和社会意识的辩证关系。

3. 社会意识的相对独立性

社会意识的相对独立性是指社会意识在反映社会存在、被社会存在所决定的同时，还具有自身的能动性和独特的发展规律，它的发展与社会存在的发展并不总是保持一致和平衡。其相对独立性主要表现为：

第一，社会意识和社会存在变化发展的非完全同步性。

第二，社会意识与社会经济发展水平具有不平衡性。

第三，社会意识的发展具有历史继承性。

第四，社会意识各种形式之间相互作用、相互影响。

第五，社会意识对社会存在的反作用或称能动性，是社会意识相对独立性的重要表现。

4. 社会存在和社会意识的关系问题是历史观的基本问题

社会存在和社会意识的关系问题是历史观的基本问题主要是因为：

首先，社会存在和社会意识的关系问题，是任何一种历史观都无法回避的首要问题。

其次，社会存在和社会意识的关系问题，是划分历史唯物主义和历史唯心主义的根本标准。凡是认为社会存在决定社会意识的，属于历史唯物主义；凡是认为社会意识决定社会存在的，属于历史唯心主义。

最后，社会存在和社会意识的关系问题，是人们在实践中需要经常解决的重大问题。

二 生产关系必须适合生产力性质的规律

(一) 生产力和生产力系统

生产力是人类从自然界获取物质资料的能力，它反映的是人与自然界的关系。

现代生产力系统包括四类要素：

(1) 独立的实体性因素。这是以物质实体形式相对独立存在的因素，包括劳动者、劳动资料和劳动对象。

劳动者包括体力劳动者和脑力劳动者。

劳动资料也叫劳动手段，生产工具是劳动资料的主要内容，是生产力发展水平的主要标志。

劳动对象是劳动过程中被加工的东西，分为两大类：一类是天然存在的劳动对象；另一类是经过劳动加工过的劳动对象。经过劳动加工的劳动对象叫原料。

劳动资料和劳动对象合称为生产资料。

(2) 运筹性的综合因素。包括分工协作、经济管理、预测决策等。

(3) 渗透性因素。主要指自然科学。

(4) 准备性因素。主要指教育。

技术作为"硬件"和"软件"已经分别包含在劳动资料、劳动对象和劳动者三个独立的实体性因素之中。

马克思主义十分重视科学技术在生产中的作用，马克思提出科学技术是生产力，邓小平则提出"科学技术是第一生产力"的著名论断。

"科学技术是第一生产力"主要有三层含义：

第一层含义，科学渗透于现代生产力系统的各类要素中，转化为直接的、现实的生产力。

第二层含义，在现代化生产中，科学对物质生产具有了主导作用和超前作用。

第三层含义，科学技术已经成为推动生产力发展的重大杠杆。

首先，由科技因素带来的劳动生产率和经济增长率越来越高。

其次，自然科学从理论突破到新产品试制成功的周期日益缩短。

最后，科技在生产上的广泛应用，使生产力的发展明显地呈现出加速度的趋势。

(二) 生产关系和生产关系体系

生产关系是指人们在物质生产过程中结成的经济关系。

生产关系包括三项内容：生产资料的所有制形式、人们在生产中的地位和相互关系（包括交换）、产品的分配方式。其中生产资料的所有制形式起决定作用，它是整个生产关系的基础。主要表现为四个方面：

第一，生产资料所有制关系是生产劳动得以进行的前提。

第二，生产资料所有制形式决定整个生产关系的性质。人类历史上的生产关系可以分为两大类：以生产资料公有制为基础的生产关系和以私有制为基础的生产关系。

第三，生产资料所有制形式决定人们在生产中的地位及其相互关系。

第四，生产资料所有制形式决定产品的分配方式。

（三）生产力和生产关系之间的矛盾

生产力决定生产关系，生产关系反作用于生产力，生产力和生产关系之间的矛盾运动，这三项内容构成生产关系必须适合生产力性质的规律。这是人类社会发展最基本、最普遍的规律。

1. 生产力决定生产关系

生产力和生产关系之间的矛盾是物质生产过程的内部矛盾，其中，生产力是矛盾的主要方面，生产关系是矛盾的次要方面。

生产力对生产关系起决定和支配的作用，表现为：

第一，生产力的性质决定生产关系的性质。

第二，生产力的发展决定生产关系的改变。生产力的发展引起生产关系的改变是一种客观过程，但不是纯粹自发的过程，而是自发过程与人的自觉活动的统一。

2. 生产关系反作用于生产力

第一，适合生产力性质和发展要求的先进的生产关系，促进生产力的发展。但这不是说，只要先进的生产关系建立起来了，生产力就会自然而然地向前发展；而只是说，先进的生产关系能为生产力的发展开辟道路，扫清障碍，提供可能性。

第二，不适合生产力性质和发展要求的落后的生产关系，阻碍生产力的发展。但所谓不适合，只是基本不适合，并非没有一点适合的部分或方面。

3. 生产力和生产关系之间的矛盾运动

生产力和生产关系之间的矛盾运动表现为：基本适合—基本不适合—新的基础上的基本适合。这是一个川流不息、万古常新的循环过程，每一次这样的循环，都把人类社会提高到一个新的阶段。

生产关系必须适合生产力性质的规律，是无产阶级政党制定正确的路线、方针、政策的理论依据。正确理解和运用这个规律，对于我国正在进行的改革开放和社会主义现代化建设，具有重大的指导意义。我国社会主义初级阶段实行以公有制为主体、多种所有制经济共同发展的所有制结构，就是以这一规律为理论依据的。

三 上层建筑必须适合经济基础发展要求的规律

（一）经济基础

经济基础是指一个社会中占统治地位的生产关系各个方面的总和。

经济基础和生产关系是不同的术语、相同的内容。相对于生产力而言，叫生产关系；

相对于上层建筑而言,占统治地位的生产关系叫经济基础。

人类社会有三个基本层次:生产力、生产关系(经济基础)、上层建筑。生产力和生产关系构成一对矛盾,占统治地位的生产关系作为社会的经济基础,又和上层建筑构成一对矛盾。

(二)上层建筑

上层建筑是与经济基础相对应的范畴,指社会的政治、法律、艺术、道德、宗教、哲学等意识形态,以及与这些意识形态相适应的政治法律制度和设施的总和,分为政治上层建筑和观念上层建筑两个部分。

政治上层建筑也叫实体性上层建筑,指政治法律制度及军队、警察、法院、监狱、政府机关等设施,以及与之相适应的一套组织。

观念上层建筑也叫思想上层建筑,包括政治、法律、艺术、道德、宗教、哲学等各种服务于统治阶级的意识形态。相对于政治上层建筑以"有形"实体的形式存在来说,观念上层建筑是非物质实体形态的"无形"存在。

政治上层建筑和观念上层建筑既相互区别,又相互依赖、渗透、作用和转化。

首先,观念上层建筑决定政治上层建筑。政治上层建筑是观念上层建筑的物质附属物或物质设施。

其次,政治上层建筑反过来影响观念上层建筑。

在上层建筑各因素中,政治居于主导地位;在阶级社会里,国家政权和执政党是上层建筑的主要组成部分。

(三)经济基础和上层建筑之间的矛盾

经济基础决定上层建筑,上层建筑反作用于经济基础,经济基础和上层建筑之间的矛盾运动,这三项内容构成上层建筑必须适合经济基础发展要求的规律。这是人类社会的基本规律。

1. **经济基础决定上层建筑**

经济基础和上层建筑之间的矛盾,是人类社会的一对内部矛盾。在这对矛盾中,经济基础是矛盾的主要方面,起着决定作用;上层建筑是矛盾的次要方面,处于被支配地位。

经济基础对上层建筑的决定作用表现为:

第一,经济基础决定上层建筑的产生和上层建筑的性质。

第二,经济基础的变化决定上层建筑的变化。

需要指出的是,上层建筑的各个部分并不是随着经济基础的变化而立即变化或消失的,而是变化或消失得有快有慢、有迟有早。一般说,国家政权、政治法律制度变化得最早最快,道德、艺术、宗教、哲学等意识形态变化得较晚较慢,哲学变化最慢。

2. **上层建筑反作用于经济基础**

上层建筑对经济基础的反作用集中表现在:它是为经济基础服务的。上层建筑反作用的性质（进步或反动作用），不是由它自己决定的，而是由经济基础的性质决定的。

3. 经济基础和上层建筑之间的矛盾运动

经济基础决定上层建筑，上层建筑反作用于经济基础，就是经济基础和上层建筑之间的辩证关系，这个辩证关系从连续不断的过程来看，就是经济基础和上层建筑之间的矛盾运动。

经济基础和上层建筑之间的矛盾运动表现为：基本适合—基本不适合—新的基础上的基本适合，这是一个川流不息、万古常新的循环过程。每一次这样的循环，都把人类社会推进到一个较高的阶段。

上层建筑必须适合经济基础发展要求的规律，是无产阶级政党制定正确的路线、方针、政策的理论依据。正确理解和运用这个规律，对于我国正在进行的经济体制改革和政治体制改革及其他方面的改革，具有重大的指导意义。在中国特色社会主义新时代，深入理解上层建筑必须适合经济基础发展要求的规律，必须进行上层建筑领域的改革，构建系统完备、科学规范、运行高效的党和国家机构职能体系。这种改革必将对完善社会主义经济基础、推动生产力发展起极大的促进作用。

四 社会形态的划分和社会形态的更替与发展

（一）社会形态的划分

社会形态最基本的划分法有两种：一种是经济社会形态划分法，另一种是技术社会形态划分法。

1. 经济社会形态划分法

经济社会形态是以生产关系的性质为标准划分的，它又有两种基本的划分法：一是五种社会形态划分法，二是三种社会形态划分法。

（1）五种社会形态划分法。

五种社会形态划分法，又称"五分法"，是根据生产关系的不同性质划分社会形态，分为原始社会、奴隶社会、封建社会、资本主义社会、共产主义社会。

（2）三种社会形态划分法（两个序列）

马克思根据作为社会主体的人的发展状况，把人类历史划分为人的依赖性社会、物的依赖性社会、个人全面发展的社会三种依次更替的社会形态。

这三种社会形态是分别由历史上存在的三种宏观经济运行形式决定的，即自然经济、商品经济、产品经济。由此可以把上述三种社会形态分别理解为自然经济社会、商品经济社会、产品经济社会。因此，它们属于经济社会形态的范围。

所谓三种社会形态划分法，就是指这两个序列的三大形态的划分法，又称"三分法"。

（3）五种社会形态划分法和三种社会形态划分法的关系

"五分法"和"三分法"都是马克思提出的。它们各自从不同的角度和侧面共同揭示了人类社会发展的一般规律。

它们在马克思主义体系中作用互补，本质一致。

人的依赖性社会即自然经济社会就包括原始社会、奴隶社会、封建社会。

物的依赖性社会或商品经济社会在马克思、恩格斯那里是指资本主义社会，中国的社会主义初级阶段也属于商品经济社会。

个人全面发展的社会或产品经济社会，指的就是未来的社会主义社会和共产主义社会。

2. 技术社会形态划分法

技术社会形态划分法以生产力和技术发展水平及与此相适应的产业结构为标准划分。

技术社会形态序列包括渔猎社会—农业社会—工业社会—信息社会。

（二）社会形态的发展是自然历史过程

马克思在《资本论》第1版序言中说，"我的基本观点是：社会经济形态的发展是一种自然历史过程"。"社会经济形态"就是经济社会形态。马克思这句话是说，人类社会的发展或者说社会形态的演变，具有不依人的意志为转移的客观规律性。

同时又应该看到，人类的活动是有意识、有目的的。社会历史规律不是别的，就是人的活动的规律。

列宁指出："只有把社会关系归结于生产关系，把生产关系归结于生产力的水平，才能有可靠的根据把社会形态的发展看作自然历史过程。"

社会历史规律的客观性和人的自觉活动是统一的，因为：

第一，每一代人在社会上开始生活时，所遇到的都是现成的生产力和生产关系。这是不以他们的意志为转移的。

第二，社会历史是由各个个人和各种社会力量相互作用所形成的"合力"推动的。每个人、每种社会力量在形成这种"合力"时都起了作用，但历史的发展又不以任何个人和任何一种社会力量为转移。

马克思主义的"合力论"说明了，为什么人的活动是有意识、有目的的自觉活动，而这种自觉活动所形成的社会历史及其发展规律却是客观的、不以人的意志为转移的。

第三，把社会关系归结为生产关系，把生产关系归结于生产的水平，就是认为生产力决定生产关系，生产关系（经济基础）又决定上层建筑，这是历史发展中的唯物主义因果决定论，或叫历史决定论。

（三）社会历史发展的决定性与选择性

社会历史发展的决定性是指历史决定论。

社会历史发展的选择性是指主体选择的作用。

承认历史决定论和承认主体选择的作用是一致的、不矛盾的。

首先，在历史决定论看来，纯粹的必然性只存在于逻辑中。在现实生活中，规律是非直接的，只是作为一种趋势而存在。

其次，在历史决定论看来，社会规律给人的活动所提供的是一个由多种现实可能组成的可能性空间，在这一可能性空间中，何种可能性会成为现实，就取决于人的自觉活动和主体选择。

最后，每一种可能性的实现，又会有多种多样的形式，即各种具体的模式和途径。人们对具体模式和途径的选择，可以表现出巨大的能动性。

（四）社会形态发展的统一性和多样性

1. 社会形态发展的统一性

社会形态发展的统一性是指：处于同一社会形态的不同国家和民族的历史具有共同性、普遍性，即具有大致相同的生产力发展水平，大致相同的生产关系体系，大致相同的上层建筑。

2. 社会形态发展的多样性

社会形态发展的多样性是指：不同国家、不同民族的历史发展过程大多具有不同的特点，在经济，政治、文化发展上也都有自己的民族特色。

社会形态发展的多样性主要表现为：

第一，处于同一社会形态的不同国家和民族的历史具有各自的特点。

第二，各个国家在不同的社会形态中所具有的典型意义不同。

第三，人类社会在由较低的社会形态向较高的社会形态转变时，不同的国家和民族采取的过渡形式各有特点。

第四，有些国家和民族由于特殊的社会历史条件，在社会形态转变过程中，可能超越某一个或某几个社会形态。

第二节　社会历史发展的动力

> 革命是解放生产力，改革也是解放生产力。
> ——邓小平

一　社会基本矛盾在社会发展中的作用

生产力和生产关系、经济基础和上层建筑的矛盾是社会的基本矛盾。

（一）两对社会基本矛盾之间的关系

它们不是相互孤立、相互平行，而是相互制约、有主次之分的。

首先，生产力和生产关系之间的矛盾对于经济基础和上层建筑之间的矛盾起主导作用。经济基础与上层建筑的矛盾根源于生产力与生产关系之间的矛盾。

其次，生产力与生产关系之间的矛盾的解决，有赖于经济基础与上层建筑之间的矛盾的解决。经济基础和上层建筑之间的矛盾的解决，制约着生产力和生产关系之间的矛盾的解决。

（二）社会基本矛盾是社会发展的基本动力

社会基本矛盾存在于一切社会形态之中，贯穿于每一个社会形态的始终；它们制约和决定其他各种社会矛盾，决定整个社会的面貌，决定社会发展的必然阶段和客观趋势，决定社会形态由低级到高级的演进。

所以，社会基本矛盾是社会发展的基本动力。

二 阶级斗争在阶级社会发展中的作用

（一）阶级的产生和实质

1. 阶级的产生

阶级是一个历史范畴，它不是从来就有的，也不会永远存在下去。阶级是生产发展到一定阶段的产物。

恩格斯说："分工的规律就是阶级划分的基础。"

首先，有分工就有产品交换，有产品交换，就会加剧财产的积聚和集中，使财富日益掌握在少数人手中，从而促进私有制的形成和发展。有了私有制，就会把社会成员分为占有生产资料的剥削阶级和不占有生产资料的被剥削阶级。

其次，分工的进一步发展，出现了体力劳动和脑力劳动的分工与对立。脱离生产劳动的人，成为剥削阶级的组成部分。

阶级是在生产力有了一定发展而又发展不足的情况下产生和存在的。

历史上最初产生的两个阶级是奴隶主阶级和奴隶阶级。

2. 阶级的本质

马克思主义第一次揭示了阶级的本质。

列宁给阶级定义："所谓阶级，就是这样一些集团，由于它们在一定社会经济结构中所处的地位不同，其中一个集团能够占有另一个集团的劳动。"

他的这个定义，全面说明了阶级的本质。

这个定义表明，阶级首先是一个经济范畴，划分阶级的唯一标准是经济标准，不能用政治标准和思想标准划分阶级。

同时，阶级又不仅仅是一个经济范畴，而且是一个更广泛的社会范畴。阶级不仅仅是一个经济集团,而且是一个社会集团和社会组织。

(二)阶级斗争是阶级社会发展的直接动力

阶级斗争是指各对抗阶级之间的斗争,其中包括剥削阶级和被剥削阶级之间的斗争,也包括上升时期的剥削阶级和腐朽没落的剥削阶级之间的斗争。

物质利益的对立是阶级斗争的根源。阶级斗争归根到底是由物质利益的对立引起的。

阶级斗争的形式主要有经济斗争、政治斗争、思想斗争。

阶级斗争是阶级社会发展的直接动力,主要表现在两个方面:

首先,阶级斗争推动社会发展的作用,最明显地表现在社会形态更替的过程中(社会形态的质变)。

生产关系必须适合生产力性质、上层建筑必须适合经济基础发展要求的规律,是人类社会发展的普遍规律。这些规律在阶级社会里只有通过阶级斗争才能实现。

当生产关系阻碍生产力发展、上层建筑阻碍经济基础变革时,必然引起革命阶级和反动统治阶级之间矛盾的尖锐化,直至爆发以推翻旧政权、建立新政权为目标的政治革命,而政治革命一旦成功,就实现了社会形态的更替。

其次,阶级斗争推动社会发展的作用,还表现在同一个社会形态的量变过程中。

在以生产资料私有制为基础的阶级社会里,被剥削阶级的反抗会迫使剥削阶级做一些让步、减轻一点剥削程度,以保证社会再生产正常进行,从而推动社会在各种不同程度上向前发展。

三 革命和改革在社会发展中的作用

社会革命和社会改革是社会运动的两种基本形式。

社会革命是社会制度的根本质变,是用新的社会形态代替旧的社会形态。

社会改革是同一社会制度(社会形态)总的量变过程中的部分质变。

它们都是推动社会发展的动力。

(一)社会革命及其在社会发展中的作用

1. 社会革命是阶级斗争的最高表现

阶级斗争有三种基本形式:经济斗争、政治斗争、思想斗争。社会革命不是一般的经济斗争,也不是单纯的思想斗争,而且不是一般的政治斗争,而是指夺取国家政权的斗争。

革命的首要的、基本的标志是国家政权从反动阶级手里转移到革命的进步阶级的手里。只有进步的革命的阶级反对反动统治阶级的国家政权的斗争,才是社会革命。

2. 社会革命是社会基本矛盾的必然产物

社会革命最深刻的根源,就在于生产力与生产关系、经济基础与上层建筑之间的矛盾。

3. 革命的根本问题是国家政权问题

4. 社会革命的类型

社会革命的类型主要有：

——新兴封建地主阶级推翻没落奴隶主阶级的革命；

——新兴资产阶级推翻没落封建地主阶级的革命；

——无产阶级推翻资产阶级的革命；

——在奴隶社会，奴隶反对奴隶主阶级的革命；

——在封建社会，农民反对地主阶级的革命；

——在殖民地半殖民地国家进行的民族民主革命；

…………

5. 社会革命的形式

从历史上看，暴力革命是社会革命的基本形式，但并不否定在特定的社会历史条件下，有革命和平发展的可能性。

6. 社会革命的作用

马克思说"革命是历史的火车头"，它形象而深刻地说明了社会革命在社会发展中的巨大作用，表现在三个方面：

首先，社会革命是阶级社会由低级到高级发展的决定性手段。

其次，人民群众在革命时期能发挥出创造历史的巨大的主动性和积极性。

最后，革命阶级在革命斗争中受到锻炼和改造，成为建设新社会的基础。

（二）社会改革及其在社会发展中的作用

1. 社会改革的实质和作用

（1）社会改革的实质——对社会体制进行的改善和革新。

（2）社会革命与社会改革的异同。

相同点在于：都是为了解决两对社会基本矛盾，从而推动社会发展的历史运动形式。

区别在于：

首先，性质不同。社会革命是人类社会的根本质变；社会改革则是同一社会制度总的量变过程中的部分质变，不改变社会制度的根本性质。

其次，发动者和目的不同。社会革命是由被统治阶级发动的，目的是推翻反动统治阶级的国家政权，建立新的革命阶级的政权；社会改革则是由统治阶级或统治阶级内部的某种社会势力、社会集团发动的，目的是维护和巩固统治阶级的统治地位。因此，社会革命一般是由下层群众首先发动的，社会改革则是自上而下展开的。

最后，形式不同。从历史上看，社会革命往往要通过暴力革命的形式；社会改革一般不需要采取大规模的武装斗争和暴力冲突的形式。

（3）社会改革推动社会发展的作用。

主要表现在三个方面：

第一，社会改革可以巩固新生的社会制度或使原有的社会制度持续存在并获得一定程度的发展。

第二，在社会主义社会以前，社会改革为新社会制度的诞生做量变和部分质变的准备。

第三，在社会经济、政治等社会体制的改革过程中，必然伴随着人们思想观念和价值取向的变更。

社会改革是生产力与生产关系、经济基础与上层建筑矛盾运动的必然产物。

2. 社会改革的普遍性和特殊性

社会改革的普遍性是指，社会改革存在于有史以来的中外各种社会制度中。

社会改革的特殊性是指，不同时期、不同国家的改革具有自己的特点，特别是指社会主义社会的改革与阶级社会的改革相比较，具有根本不同的性质和特点。主要表现为三个方面：

第一，社会主义社会的改革是主动的、自觉的，剥削阶级占统治地位的社会的改革是被动的、自发的。

第二，社会主义社会的改革，从广大人民群众的利益出发，有广阔而深厚的群众基础；剥削阶级占统治地位的社会的改革，从统治阶级的利益出发，缺乏深厚的群众基础。

第三，社会主义社会的改革，可以在社会主义制度本身的范围内，使各种矛盾不断地得到解决；剥削阶级占统治地位的社会的改革，只能暂时缓和社会的矛盾，但不能在旧社会制度本身的范围内最后解决它固有的矛盾。

3. 社会主义社会的改革

社会主义社会的根本任务是以经济建设为中心，大力发展生产力（解放生产力，发展生产力）。

邓小平说，"革命是解放生产力，改革也是解放生产力"。

我国的改革之所以是社会主义制度的自我完善，是由社会主义社会基本矛盾的性质和特点决定的。它是非对抗性的矛盾，可以通过社会主义制度本身不断地得到解决。也就是说，改革并不是改变社会主义制度，而是革除生产关系中不适合生产力发展、上层建筑中不适合经济基础发展要求的部分和环节。改革的目的是兴利除弊，使社会主义制度的优越性更加充分地发挥出来。

我国的改革是在中国共产党的领导下社会主义制度的自我完善过程。中国共产党是我国社会主义建设和改革开放的领导核心。改革必须在党的领导下，按照党的路线、方针、政策有计划、有步骤地进行。

我国的改革必须正确处理坚持四项基本原则和坚持改革开放这一党的基本路线的"两个基本点"之间的关系。四项基本原则是立国之本，改革开放是强国之路。这两个方面有着不可分割的联系。社会主义如果不改革开放，必然窒息自己的生机和活力；改革开放如果不以坚持四项基本原则为前提，必将导致资本主义。

2013年，党的十八届三中全会通过的《中共中央关于全面深化改革若干重大问题的决定》，确定了全面深化改革的总目标是："完善和发展中国特色社会主义制度，推进国家治理体系和治理能力现代化。"

各个领域的具体改革目标则是：

——紧紧围绕使市场在资源配置中起决定性作用，深化经济体制改革；

——紧紧围绕坚持党的领导、人民当家做主、依法治国有机统一，深化政治体制改革；

——紧紧围绕建设社会主义核心价值体系、社会主义文化强国，深化文化体制改革；

——紧紧围绕更好保障和改善民生、促进社会公平正义，深化社会体制改革；

——紧紧围绕建设美丽中国深化生态文明建设体制改革；

——紧紧围绕提高科学执政、民主执政、依法执政水平深化党的建设制度改革。

改革、发展、稳定是我国社会主义现代化建设的三个重要支点。

稳定是前提，改革是动力，发展是关键。

要加强改革、发展、稳定措施的协调性，把握好当前利益与长远利益、局部利益与全局利益、个人利益与集体利益的关系，营造良好的促进改革、发展、稳定相统一的社会氛围。

要把改革的力度、发展的速度和人们可承受的程度结合起来，把改善人民生活作为正确处理改革、发展、稳定关系的结合点，在保持社会稳定中深化改革、推进发展，通过改革、发展维护社会稳定。

第三节　人民群众在历史发展中的作用

> 历史活动是群众的事业，随着历史活动的深入，必将是群众队伍的扩大。
>
> ——马克思、恩格斯

一　人的本质和人与社会的关系

（一）人性和人的本质

古代中国的思想家偏重于从伦理道德的角度论述人的本性（人性）。

古希腊的思想家十分关心人和人在世界中的地位。

欧洲文艺复兴时期的思想家认为，理性、自由、享乐是人的本性。

18世纪法国启蒙思想家提出了"天赋人权"说，认为人的权利是与生俱来的；自由、平等、追求幸福是人的本性。

这些思想家的共同点是脱离人的社会关系和历史发展看待人性，把人性看作先天的、抽象的、不变的。他们的思想是建立在历史唯心主义基础上的，是不科学的。

马克思主义认为，人有自然属性和社会属性两种属性。

自然属性是指人的肉体存在及其特性；社会属性是指在社会实践活动中人与人结成的各种社会关系。

自然属性是人存在的基础，但从根本上说，人之所以是人，不在于人的自然属性，而在于人的社会属性。

人的本质不是由人的自然属性决定的，而是由人的社会属性决定的。

马克思从以下三个方面界定人的本质。

1. 劳动是人的本质

劳动是人的本性，是指劳动是一切人所共有的一般本质。

因为劳动是人从动物界分化出来的基本标志和人区别于动物的根本特征。人区别于动物的根本标志和特征是，能制造和使用生产工具从事生产劳动。

2. 人的本质是一切社会关系的总和

劳动是人的本质这一界定只涉及人与动物的区别。

"人的本质是一切社会关系的总和"这一对人的本质的界定，讲的不是人与动物的区别，而是人与人之间的区别。就是说，它讲的不是一切人所有的共同本质，而是不同的人所具有的不同的本质，即人的具体本质。

人的具体本质在其现实性上是一切社会关系的总和，即人的具体本质是由社会关系决定的，所以人的本质不是先天的，而是后天的；不是抽象的，而是具体的；不是不变的，而是随着社会关系的变化而发生相应变化的；在阶级社会里，它还不是超阶级的，而是有阶级性的。

3. 人的需要即人的本质

人的需要即人的本质，是指人的需要是人的具体本质。

每个人具体的本质的形成，是由他们特定的需要决定的，所以说，人的需要即人的本质。

（二）人与社会的关系

人与社会紧密相连、不可分割。

社会就是以一定的物质生产活动为基础而相互联系的人们的总和。

人与社会是具体的、历史的统一，主要表现为四个方面：

第一，人的出现与社会的产生是一致的。

第二，人的活动与社会结构及社会结构的变化是一致的。

第三，社会的本质和人的本质是一致的，这种一致的基础是实践。"社会生活在本质上是实践的。"

第四，个人的解放与社会的解放是一致的。

二 人民群众是历史的创造者

（一）历史观上两种根本对立的观点

历史的创造者，即推动历史发展的决定力量，是广大人民群众还是个别英雄人物，历史唯物主义和历史唯心主义在对这个问题的看法上，存在根本分歧。

在马克思主义产生前，历史唯心主义的英雄史观一直占统治地位。其理论前提和出发点就是，社会意识决定社会存在。它片面夸大极少数英雄人物的作用，否认广大人民群众是推动历史发展的决定力量。

历史唯物主义从社会存在决定社会意识和物质资料的生产方式是人类社会存在和发展的基础的基本原理出发，认为人类历史首先是生产发展的历史，是物质生产的承担者——劳动群众的历史，于是得出了人民群众是历史的创造者的结论。

（二）人民群众在历史上的作用

1. 人民群众的含义

人民群众是指推动历史发展的绝大多数社会成员的总和。这个范畴既有量的规定性，又有质的规定性。

从量的规定性来看，它是指社会成员的大多数。

从质的规定性来看，它是指一切推动历史发展和社会进步的社会力量。

人民群众是个历史范畴，在不同国家及同一国家的不同历史时期有不同的内容。

我国现阶段人民群众的内容是：包括知识分子在内的工人阶级和广大农民，他们是根本力量；一切赞成、拥护和参加社会主义建设的社会集团及拥护社会主义和赞成祖国统一的爱国者；民营科技企业的创业人和技术人员、受聘于外企的管理和技术人员、个体工商经营者、私营企业主、中介组织从业人员、自由职业人员等社会阶层。

2. 人民群众推动历史发展的作用

人民群众推动历史发展的作用主要表现为：

——人民群众是物质财富的创造者；

——人民群众是精神财富的创造者；

——人民群众是实现社会变革的决定力量。人民群众既是社会革命的主体，在社会改革中也发挥着重要作用。

既然人民群众是历史的创造者，我们就必须坚持以人为本。全心全意为人民服务是党的根本宗旨，要始终把实现好、维护好、发展好最广大人民的根本利益作为党和国家一切工作的出发点和落脚点，做到发展为了人民、发展依靠人民、发展成果由人民共享。

历史是人民群众创造的,但人民群众不能随心所欲地创造历史。人民群众创造历史的活动受历史条件的制约。

(三) 无产阶级政党的群众观点和群众路线

1. 群众观点是马克思主义政党的根本观点

群众观点是由党的基本性质决定的。作为马克思主义政党,它在理论上确认人民群众的历史主体地位,在实践上把全心全意为人民服务作为党的根本宗旨。

党的群众观点主要包括以下四个方面内容:

第一,人民群众自己解放自己的观点。

第二,全心全意为人民服务的观点。

第三,向人民群众负责的观点。

第四,向人民群众学习的观点。

2. 群众路线是党的根本工作路线

群众路线是无产阶级政党的生命线和根本工作路线,是重要传家宝,是群众观点在实际工作中的贯彻和运用。

党的群众路线的内容是:"一切为了群众,一切依靠群众,从群众中来,到群众中去。"

"一切为了群众",是群众路线的基本出发点和最终归宿。这是由无产阶级政党的性质和根本宗旨决定的。

"一切依靠群众",是群众路线的根本要求。无产阶级政党的一切工作,必须紧紧地依靠广大人民群众。

"从群众中来,到群众中去"是无产阶级政党的领导方法,也是群众路线的基本工作方法。这一领导方法要求一般号召和个别指导相结合、领导和群众相结合。

坚持群众路线,就是要坚持人民是决定我们前途命运的根本力量;坚持群众路线,就是要坚持全心全意为人民服务的根本宗旨;坚持群众路线,就是要保持党同人民群众的血肉联系;坚持群众路线,就是要真正让人民群众来评判我们的工作。

在改革开放和现代化建设的新形势下,坚持党的群众路线,具有十分重要的意义。

推进党的作风建设,核心是保持党同人民群众的血肉联系。我们党的最大政治优势是密切联系群众,党执政后的最大危险是脱离群众。

在任何时候任何情况下,都必须坚持党的群众路线,坚持反对和防止腐败,否则党群关系受损,党就可能失去执政地位。

最大多数人的利益和全社会各民族的积极性与创造性,对党和国家事业的发展始终是最具有决定性的因素。妥善处理好各方面的利益关系,至关重要。

三 个人在历史发展中的作用

（一）普通个人和历史人物

马克思主义在肯定人民群众是历史的创造者的前提下，也承认历史人物在历史上的作用，坚持两者的辩证统一。

个人的作用有大小之分，也有积极与消极之别。

个人按其对历史发展作用的大小，可分为普通个人和历史人物。普通个人的作用较为一般；历史人物的作用较大。

按历史人物的作用是积极的还是消极的，可分为正面人物和反面人物。正面人物也叫杰出人物，是指在一定历史阶段上对社会发展起促进作用的伟大人物。反面人物主要是指阻碍历史发展的反动阶级和反动社会势力的代表人物。

（二）杰出人物在历史上的作用

杰出人物在历史上的作用表现在四个方面：

第一，杰出人物站得高、看得远，在革命和建设事业中，起倡导者、发起人的作用。

第二，杰出人物作为组织者和领导者，在斗争中起核心和中流砥柱的作用。

第三，一些"开明政治家"的某些主张和改革措施，对社会发展起某种促进和推动作用。

第四，杰出的科学家、思想家、艺术家、教育家等的创造性活动及其成果，有力地推动了历史的发展和社会的进步。

正确认识和评价杰出人物的历史作用：

第一，要坚持历史主义原则。任何一个杰出人物的出现，都是时代的需要，既然杰出人物都是一定历史条件的产物，他们的作用也就必然受到历史条件的制约。

第二，要对杰出人物做阶级分析。在阶级社会里，杰出人物的历史作用同他们所代表的那个阶级在历史上的作用是分不开的。

第三，要用必然性和偶然性辩证统一的观点来分析杰出人物的作用。他们的出现及其历史作用，都是必然性与偶然性的辩证统一。

第四，既不能肯定其一切，也不能否定其一切。任何杰出人物都有巨大的历史功绩，也必然会有这样那样的缺点和错误。

（三）无产阶级领袖的历史作用

无产阶级领袖也是杰出人物，但他们又与历史上的杰出人物不同，他们的历史作用是历史上其他杰出人物的作用无法比拟的。

他们是无产阶级的优秀代表；具有高度的理论素养；能与人民群众同命运、共呼吸、血肉相连；善于科学地总结群众斗争的经验。

历史证明，无产阶级和人民群众取得的每一个胜利，都是和无产阶级领袖的杰出贡献分不开的。因此，我们要热爱领袖，维护他们的威信。

同时，也要认识到，无产阶级领袖是人，不是神，他们的认识和行动也受历史条件限制。

我们党对自己包括领袖人物的失误和错误历来采取郑重的态度：一是敢于承认；二是正确分析；三是坚决纠正。

要点荟萃

一 社会基本矛盾及其运动规律

"物质生活的生产方式制约着整个社会生活、政治生活和精神生活的过程"的提出者是马克思。

人类社会的基本矛盾是：生产力和生产关系、经济基础和上层建筑之间的矛盾。

1. 社会存在

社会存在是指社会物质生活条件的总和，包括地理环境、人口因素和物质生活资料的生产方式。

①地理环境——人类生存和发展所依赖的各种自然条件的总和。

地理环境对社会发展只起制约和影响作用，不起主要的决定作用。地理环境不能决定社会制度的性质和社会形态的更替，它在社会发展中的作用受社会因素，主要受生产力和生产关系的制约。

②人口因素——包括各种与人相关的因素的综合范畴。

人口因素只对社会发展起制约和影响作用，但不起决定作用。它不能决定社会制度的性质和社会制度的更替，而且它受到物质生产的制约，物质生产从根本上决定了人口生产的发展方向和基本趋势。

③生产方式——人类借以向自然界谋取必需的生活资料的方式，包括生产力和生产关系两个方面，是特定的生产力和生产关系的统一。

生产方式在社会发展中起决定作用。这种决定作用包括4点内容。（见"内容精要"）

2. 社会意识——社会的精神生活过程

（1）从反映社会存在的程度和特点来看，社会意识包括：社会心理、思想体系（意识形态和非意识形态）。

社会心理是社会意识的低级层次。

思想体系是社会意识的高级层次。

意识形态包括政治、法律、道德、宗教、艺术、哲学和绝大部分社会科学，是上层建筑的重要组成部分，在阶级社会里具有一定的阶级性。

非意识形态包括自然科学、语言学、逻辑学等,自身没有阶级性。

(2) 从社会意识的主体范围看,分为个体意识、群体意识。

3. 社会存在和社会意识的关系

(1) 社会存在决定社会意识。

社会存在决定社会意识主要表现在三个方面:社会意识的内容来源于社会存在;社会意识随着社会存在的发展变化而发展变化;反映者的立场、观点和方法是由其在社会存在中的地位决定的。

(2) 社会意识反作用于社会存在。

社会意识反作用于社会存在表现为:先进的或正确的社会意识对社会存在的发展起积极的推动作用,促进社会向前发展;落后的或错误的社会意识对社会存在的发展起消极的阻碍作用,延缓社会的发展进程。

社会意识对社会存在的反作用,必须通过人民群众的实践活动来实现。

社会存在决定社会意识,社会意识反作用于社会存在,就是社会存在和社会意识的辩证关系。

(3) 社会意识的相对独立性是指:社会意识在反映社会存在、被社会存在决定的同时,还具有自身的能动性和独特的发展规律。社会意识的相对独立性主要表现为5个方面。(见"内容精要")

(4) 历史观的基本问题是:社会存在和社会意识的关系问题。

这主要是因为:两者的关系问题,是任何一种历史观都无法回避的首要问题;两者的关系问题,是划分历史唯物主义和历史唯心主义的根本标准;两者的关系问题,是人们在实践中的重大问题。

历史唯物主义主张:社会存在决定社会意识。

历史唯心主义主张:社会意识决定社会存在。

(二) 生产关系必须适合生产力性质的规律

1. 生产力和生产力系统

生产力是指人类从自然界获取物质资料的能力。

生产力反映的是人与自然界的关系。

现代生产力系统包括四类要素:独立的实体性因素、运筹性的综合因素、渗透性因素、准备性因素。

(1) 独立的实体性因素包括:劳动者、劳动资料和劳动对象。

劳动者包括体力劳动者和脑力劳动者。

劳动资料的主要内容是生产工具。

生产力发展水平的主要标志是生产工具。

劳动对象是指被加工的东西,分为两大类:天然存在的劳动对象、加工过的劳动对象(原料)。

劳动资料和劳动对象合称为生产资料。

（2）运筹性的综合因素包括：分工协作、经济管理、预测决策等。

（3）渗透性因素是指自然科学。

（4）准备性因素是指教育。

技术表现为两个方面：作为"硬件"，体现在物资设备上，属于劳动资料和劳动对象；作为"软件"，体现为人的生产经验和劳动技能，属于劳动者。

提出"科学技术是第一生产力"著名论断的人是邓小平。

"科学技术是第一生产力"主要有三层含义：科学渗透于现代生产力系统的各类要素中；科学对物质生产具有了主导作用和超前作用；科学技术已经成为推动生产力发展的重大杠杆。

2. 生产关系和生产关系体系

生产关系是人们在物质生产过程中结成的经济关系。

生产关系包括三项内容：生产资料的所有制形式；人们在生产中的地位和相互关系（包括交换）；产品的分配方式。

在生产关系中起决定作用的是生产资料的所有制形式。

整个生产关系的基础是生产资料的所有制形式。

生产资料的所有制形式的决定作用主要表现为四个方面：生产资料所有制关系是生产劳动得以进行的前提；生产资料所有制形式决定整个生产关系的性质（公有制或私有制）；生产资料所有制形式决定人们在生产中的地位及其相互关系；生产资料所有制形式决定产品的分配方式。

3. 生产力和生产关系之间的矛盾

生产关系必须适合生产力性质的规律是指：生产力决定生产关系，生产关系反作用于生产力，生产力和生产关系之间的矛盾运动。这是人类社会发展最基本、最普遍的规律。

（1）生产力决定生产关系。

表现为：生产力的性质决定生产关系的性质；生产力的发展决定生产关系的改变。

（2）生产关系反作用于生产力。

表现为：适合生产力性质和发展要求的先进的生产关系，促进生产力的发展；不适合生产力性质和发展要求的落后的生产关系，阻碍生产力的发展。

（3）生产力和生产关系之间的矛盾运动。

表现为：基本适合—基本不适合—新的基础上的基本适合。这是一个川流不息、万古常新的循环过程。

确立公有制为主体、多种所有制经济共同发展的所有制结构的理论依据是：生产关系必须适合生产力性质的规律。

（二）上层建筑必须适合经济基础发展要求的规律

1. 经济基础
经济基础是一个社会中占统治地位的生产关系各个方面的总和。

2. 上层建筑
上层建筑是社会的政治、法律、艺术、道德、宗教、哲学等意识形态，以及与这些意识形态相适应的政治法律制度和设施的总和。

分为政治上层建筑和观念上层建筑两部分。

政治上层建筑（实体性上层建筑）包括政治法律制度、设施（军队、警察、法院、监狱、政府机关等）及与之相适应的一套组织。

观念上层建筑（思想上层建筑），也就是意识形态，包括政治、法律、艺术、道德、宗教、哲学等。

在上层建筑各因素中居于主导地位的是政治。

3. 经济基础和上层建筑之间的矛盾
上层建筑必须适合经济基础发展要求的规律是指：经济基础决定上层建筑，上层建筑反作用于经济基础，经济基础和上层建筑之间的矛盾运动。这是人类社会发展的基本规律。

（1）经济基础决定上层建筑。

表现为：经济基础决定上层建筑的产生和上层建筑的性质；经济基础的变化决定上层建筑的变化。

（2）上层建筑反作用于经济基础。

上层建筑对经济基础的反作用集中表现在：为经济基础服务。

（3）经济基础和上层建筑之间的矛盾运动。

表现为：基本适合—基本不适合—新的基础上的基本适合。这是一个川流不息、万古常新的循环过程。

无产阶级政党制定正确的路线、方针、政策的理论依据是：上层建筑必须适合经济基础发展要求的规律。

正确理解和运用这个规律，对于我国正在进行的经济体制改革和政治体制改革，以及其他方面的改革，具有重大的指导意义。

（四）社会形态的划分和社会形态的更替与发展

1. 社会形态的划分
最基本的划分法：经济社会形态划分法、技术社会形态划分法。

（1）经济社会形态划分法。

划分标准：生产关系的性质。

基本的划分法：五种社会形态划分法、三种社会形态划分法。

①五种社会形态划分法（"五分法"）

划分标准：生产关系的不同性质。

五种社会形态是：原始社会、奴隶社会、封建社会、资本主义社会、共产主义社会。

②三种社会形态划分法（两个序列）

划分标准：人的发展状况。

三种社会形态（序列1）：人的依赖性社会、物的依赖性社会、个人全面发展的社会。

三种社会形态（序列2）：自然经济社会、商品经济社会、产品经济社会。

（2）技术社会形态划分法。

划分标准：生产力和技术发展水平及与此相适应的产业结构。

技术社会形态序列：渔猎社会—农业社会—工业社会—信息社会。

2. 社会形态的发展是自然历史过程

社会历史规律的客观性和人的自觉活动是统一的。

历史发展中的唯物主义因果决定论（历史决定论）是指：生产力决定生产关系，生产关系（经济基础）又决定上层建筑。

3. 社会历史发展的决定性与选择性

社会历史发展的决定性是指历史决定论。

社会历史发展的选择性是指主体选择的作用。

承认历史决定论和承认主体选择的作用是一致的、不矛盾的。

4. 社会形态发展的统一性和多样性

社会形态发展的统一性是指：处于同一社会形态的不同国家和民族的历史具有共同性、普遍性，即具有大致相同的生产力发展水平，大致相同的生产关系体系，大致相同的上层建筑。

社会形态发展的多样性是指：不同国家、不同民族的历史发展过程大多具有不同的特点，在经济、政治、文化发展上也都有自己的民族特色。主要表现为4个方面。（见"内容精要"）

二 社会历史发展的动力

"革命是解放生产力，改革也是解放生产力"的提出者是邓小平。

（一）社会基本矛盾在社会发展中的作用

社会的基本矛盾是生产力和生产关系、经济基础和上层建筑的矛盾。

1. 两对社会基本矛盾之间的关系

它们不是相互孤立、相互平行的，而是相互制约、有主次之分的。

首先，生产力和生产关系之间的矛盾主导经济基础和上层建筑之间的矛盾。

其次，生产力与生产关系之间的矛盾的解决，有赖于经济基础与上层建筑之间的矛盾的解决。

2. 社会基本矛盾是社会发展的基本动力

（二）阶级斗争在阶级社会发展中的作用

1. 阶级的产生和实质

阶级是一个历史范畴，它不是从来就有的，也不会永远存在下去。阶级是生产发展到一定阶段的产物。

阶级首先是一个经济范畴，是一些经济集团。

划分阶级的唯一标准是经济标准。

同时，阶级又不仅仅是一个经济范畴，而且是一个更广泛的社会范畴。

2. 阶级斗争是阶级社会发展的——直接动力

阶级斗争是指各对抗阶级之间的斗争。

对抗阶级包括剥削阶级和被剥削阶级；上升时期的剥削阶级和腐朽没落的剥削阶级。

阶级斗争的根源是物质利益的对立。

阶级斗争的形式有：经济斗争、政治斗争、思想斗争。

阶级斗争是阶级社会发展的直接动力，其作用最明显地表现在社会形态更替的质变过程中，还表现在同一个社会形态的量变过程中。

（三）革命和改革在社会发展中的作用

社会运动的两种基本形式是：社会革命和社会改革。

社会革命是社会制度的根本质变。

社会改革是同一社会制度（社会形态）总的量变过程中的部分质变。

1. 社会革命及其在社会发展中的作用

阶级斗争的最高表现是社会革命。

社会革命是指夺取国家政权的斗争。

革命首要的、基本的标志是：国家政权从反动阶级手里转移到革命的进步阶级的手里。只有进步的革命的阶级反对反动统治阶级的国家政权的斗争，才是社会革命。

社会革命是社会基本矛盾的必然产物。社会革命最深刻的根源，就在于——生产力与生产关系、经济基础与上层建筑之间的矛盾。

革命的根本问题是国家政权问题。

社会革命的基本形式是暴力革命。但不否定在特定的社会历史条件下，有革命和平发展的可能性。

马克思说的"革命是历史的火车头"，说明了社会革命的作用：社会革命是阶级社会由低级到高级发展的决定性手段；人民群众在革命时期能发挥出创造历史的巨大的主动性和积极性；革命阶级在革命斗争中受到锻炼和改造，成为建设新社会的基础。

2. 社会改革及其在社会发展中的作用

（1）社会改革的实质和作用。

社会改革的实质是：对社会体制进行的改善和革新。

社会革命与社会改革的相同点：都根源于社会基本矛盾，都是为了解决两对社会基本矛盾，从而推动社会发展的历史运动形式。

社会革命与社会改革的区别：性质不同，发动者和目的不同，形式不同。

社会改革推动社会发展的作用，主要表现在三个方面：社会改革可以巩固新生的社会制度或使原有的社会制度持续存在并获得一定程度的发展；在社会主义社会以前，社会改革为新社会制度的诞生做量变和部分质变的准备；在社会经济、政治等社会体制的改革过程中，必然伴随着人们思想观念和价值取向的变更。

（2）社会改革的普遍性和特殊性。

社会改革的普遍性是指：社会改革存在于有史以来的中外各种社会制度中。

社会改革的特殊性是指：不同时期、不同国家的改革具有自己的特点，特别是指社会主义社会的改革与阶级社会的改革相比较，具有根本不同的性质和特点。

（3）社会主义社会的改革。

社会主义社会的根本任务是：以经济建设为中心，大力发展生产力（解放生产力，发展生产力）。

社会主义社会基本矛盾的非对抗性，决定了我国的改革是社会主义制度的自我完善过程。

全面深化改革的总目标是：完善和发展中国特色社会主义制度，推进国家治理体系和治理能力现代化。

改革、发展、稳定是我国社会主义现代化建设的三个重要支点。

稳定是前提，改革是动力，发展是关键。

三 人民群众在历史发展中的作用

（一）人的本质和人与社会的关系

人的本质不是由人的自然属性决定的，而是由人的社会属性决定的。

1. 人的本质

（1）劳动是人的本质。

一切人所共有的一般本质是劳动。这说的是人与动物的区别。人区别于动物的根本标志和特征是：能制造和使用生产工具。

（2）人的本质是一切社会关系的总和是指人的具体本质。这说的是人与人的区别。

人的本质是后天的，是具体的，是变化的；在阶级社会里，是有阶级性的。

（3）人的需要即人的本质。

人的需要即人的本质是指人的具体本质。这说的也是人与人的区别。

2. 人与社会的关系

人与社会紧密相连、不可分割。社会是人的社会，人生活于社会之中。人与社会是具体的、历史的统一。

（二）人民群众是历史的创造者

1. 历史观上两种根本对立的观点——历史唯物主义的群众史观、历史唯心主义的英雄史观

"时势造英雄"是唯物史观。

"英雄造时势"是唯心史观。

2. 人民群众在历史上的作用

人民群众是指推动历史发展的绝大多数社会成员的总和。

人民群众是物质财富的创造者。

人民群众是精神财富的创造者。

人民群众是实现社会变革的决定力量。

历史是人民群众创造的，但人民群众不能随心所欲地创造历史。人民群众创造历史的活动受历史条件的制约。

3. 无产阶级政党的群众观点和群众路线

（1）群众观点是马克思主义政党的根本观点。

群众观点的内容是：人民群众自己解放自己的观点；全心全意为人民服务的观点；向人民群众负责的观点；向人民群众学习的观点。

（2）群众路线是党的根本工作路线。

群众路线的内容是：一切为了群众，一切依靠群众，从群众中来，到群众中去。

"一切为了群众"是群众路线的基本出发点和最终归宿。

"一切依靠群众"是群众路线的根本要求。

"从群众中来，到群众中去"是无产阶级政党的领导方法，也是群众路线的基本工作方法。

（一）个人在历史发展中的作用

1. 普通个人和历史人物

个人按其对历史发展作用的大小，可分为普通个人和历史人物。

按历史人物的作用是积极的还是消极的，又可分为正面人物（杰出人物）和反面人物。

正确认识和评价杰出人物的历史作用，要坚持历史主义原则；要对杰出人物做阶级分析；要用必然性和偶然性辩证统一的观点来分析杰出人物的作用；既不能肯定其一切，也不能否定其一切。

2. 无产阶级领袖的历史作用

无产阶级领袖也是杰出人物，但他们的历史作用是历史上其他杰出人物的作用无法比拟的。

我们要热爱领袖，但不能对他们顶礼膜拜。

能力检测

一、单项选择题（每小题列出的备选项中只有一项是最符合题目要求的，请将其选出）

1. 社会存在是指（   ）。
   A. 社会物质生活条件的总和　　　B. 社会物质财富的总和
   C. 社会各种关系的总和　　　　　D. 社会各种要素的总和

2. 地理环境是（   ）。
   A. 社会制度性质的决定性因素　　B. 社会经济结构的划分依据
   C. 社会形态更替的决定力量　　　D. 社会存在发展的必要条件

3. 决定人口生产的发展方向和基本趋势的是（   ）。
   A. 地理环境　　　　　　　　　　B. 物质生产
   C. 风俗习惯　　　　　　　　　　D. 人伦道德

4. 在社会发展中起决定作用的是（   ）。
   A. 人和自然的矛盾
   B. 剥削阶级和被剥削阶级的矛盾
   C. 先进思想和落后思想的矛盾
   D. 生产力和生产关系的矛盾

5. 生产方式包括（   ）。
   A. 劳动者和劳动工具两个方面　　B. 地理环境和人口因素两个方面
   C. 生产力和生产关系两个方面　　D. 经济基础和上层建筑两个方面

6. 根据社会意识反映社会存在的程度和特点，可以把社会意识划分为（   ）。
   A. 个体意识和群体意识　　　　　B. 意识形态和非意识形态
   C. 先进意识和落后意识　　　　　D. 社会心理和思想体系

7. 下列各项中属于社会心理的是（   ）。
   A. 政治与法律　　　　　　　　　B. 哲学与宗教
   C. 科学与艺术　　　　　　　　　D. 风俗与习惯

8. 下列选项属于意识形态的是（   ）。
   A. 语言学　　　　　　　　　　　B. 逻辑学
   C. 数学　　　　　　　　　　　　D. 哲学

9. 社会意识具有复杂的结构,从其主体的角度看可分为( )。
   A. 社会心理和思想体系　　　　B. 意识形态和非意识形态
   C. 个体意识和群体意识　　　　D. 先进意识和落后意识

10. "作为观念形态的文学作品,都是一定的社会生活在人类头脑中的反映的产物。"这句话强调的是( )。
    A. 社会意识根源于社会存在　　B. 社会意识具有历史继承性
    C. 社会存在根源于社会意识　　D. 社会意识具有相对独立性

11. 社会存在和社会意识的关系问题是( )。
    A. 划分唯物主义和唯心主义的标准
    B. 划分历史唯物主义和历史唯心主义的标准
    C. 划分可知论和不可知论的标准
    D. 划分辩证法和形而上学的标准

12. 生产力范畴反映的是( )。
    A. 人与人之间的经济关系　　　B. 人与人之间的政治关系
    C. 人与自然之间的关系　　　　D. 人与人之间的思想关系

13. 衡量生产力水平的客观尺度是( )。
    A. 劳动工具的状况　　　　　　B. 劳动对象的广度
    C. 劳动者的素质　　　　　　　D. 劳动产品的质量

14. 在现代生产力系统中,生产工具属于( )。
    A. 实体性因素　　　　　　　　B. 运筹性因素
    C. 渗透性因素　　　　　　　　D. 准备性因素

15. 在现代生产力系统中,经济管理和预测决策属于( )。
    A. 独立的实体性因素　　　　　B. 运筹性的综合因素
    C. 渗透性因素　　　　　　　　D. 准备性因素

16. 在现代生产力系统中,自然科学属于( )。
    A. 实体性因素　　　　　　　　B. 运筹性因素
    C. 渗透性因素　　　　　　　　D. 准备性因素

17. 在现代生产力系统中,教育属于( )。
    A. 实体性因素　　　　　　　　B. 运筹性因素
    C. 准备性因素　　　　　　　　D. 渗透性因素

18. "科学技术是第一生产力"这一著名论断的提出者是( )。
    A. 毛泽东　　　　　　　　　　B. 邓小平
    C. 江泽民　　　　　　　　　　D. 胡锦涛

19. 下列概念中,反映人与人之间经济关系的是( )。
    A. 生产力　　　　　　　　　　B. 生产关系

C. 生产方式 D. 生产资料

20. 生产关系包括多方面的内容，其中起决定作用的是（　　）。
   A. 人们在生产中的相互关系　　B. 生产资料的所有制形式
   C. 产品的分配方式　　D. 产品的交换方式

21. 下列关于生产力和生产关系的表述中，不正确的是（　　）。
   A. 生产力的性质决定生产关系的性质
   B. 生产力的发展决定生产关系的改变
   C. 生产关系对生产力具有巨大的反作用
   D. 生产关系总是适应生产力的发展要求

22. 下列选项中属于上层建筑两大组成部分的是（　　）。
   A. 政治思想和法律思想　　B. 政治制度和法律制度
   C. 政治法律思想和道德观念　　D. 政治法律制度和社会意识形态

23. 下列选项中属于观念上层建筑的是（　　）。
   A. 哲学　　B. 数学
   C. 逻辑学　　D. 物理学

24. 下列各项属于政治上层建筑的是（　　）。
   A. 政府机关　　B. 政治思想
   C. 社会科学　　D. 自然科学

25. 在上层建筑的各种要素中，居于主导地位的是（　　）。
   A. 艺术　　B. 宗教
   C. 政治　　D. 哲学

26. 经济基础决定上层建筑，说的是（　　）。
   A. 任何社会的上层建筑都根源于它的经济基础
   B. 任何社会的上层建筑都产生于它的经济基础之后
   C. 上层建筑任何部分的变化都与经济基础的变化同步
   D. 上层建筑任何部分的性质都由经济基础直接决定

27. 上层建筑对经济基础的反作用集中表现为它（　　）。
   A. 反映经济基础的要求　　B. 适应经济基础的变化
   C. 为经济基础服务　　D. 由经济基础决定

28. 社会形态的发展是一种自然过程，这是一种（　　）。
   A. 历史唯物主义的观点　　B. 历史唯心主义的观点
   C. 机械决定论的观点　　D. 历史宿命论的观点

29. 既承认社会发展的客观规律，又承认主体选择的作用，这种观点属于（　　）。
   A. 折中主义观点　　B. 相对主义观点
   C. 历史唯物主义观点　　D. 历史唯心主义观点

30. 社会历史发展的决定性是指（　　）。
    A. 历史决定论　　　　　　　　　B. 历史被动论
    C. 历史宿命论　　　　　　　　　D. 历史意志论

31. 既承认历史发展的决定性又承认历史发展的选择性，这属于（　　）。
    A. 历史唯物论观点　　　　　　　B. 相对主义观点
    C. 历史循环论观点　　　　　　　D. 折中主义观点

32. 社会形态最基本的划分法之一是（　　）。
    A. 意识形态划分法　　　　　　　B. 经济社会形态划分法
    C. 文化形态划分法　　　　　　　D. 政治形态划分法

33. 马克思主义把人类社会的发展划分为五种社会形态，这种划分法所依据的标准是（　　）。
    A. 意识形态的不同性质　　　　　B. 生产关系的不同性质
    C. 生产力的不同水平　　　　　　D. 人的发展的不同状况

34. 下列选项属于经济社会形态的是（　　）。
    A. 渔猎社会　　　　　　　　　　B. 工业社会
    C. 信息社会　　　　　　　　　　D. 封建社会

35. 下列各项中，属于技术社会形态序列的是（　　）。
    A. 原始社会　　　　　　　　　　B. 封建社会
    C. 工业社会　　　　　　　　　　D. 个人全面发展的社会

36. 人类社会的基本矛盾有两对，一对是生产力和生产关系的矛盾，另一对是（　　）。
    A. 社会存在和社会意识的矛盾　　B. 剥削阶级和被剥削阶级的矛盾
    C. 经济基础和上层建筑的矛盾　　D. 先进思想和落后思想的矛盾

37. 两对社会基本矛盾，从关系上看，两者（　　）。
    A. 相互孤立　　　　　　　　　　B. 相互平行
    C. 相互决定　　　　　　　　　　D. 相互制约

38. 社会历史发展的动力有多种，但最基本的动力是（　　）。
    A. 阶级斗争　　　　　　　　　　B. 社会改革
    C. 科学技术革命　　　　　　　　D. 社会基本矛盾

39. 划分阶级的唯一标准是（　　）。
    A. 经济标准　　　　　　　　　　B. 政治标准
    C. 思想标准　　　　　　　　　　D. 法律标准

40. 阶级作为一种社会现象首先是一个（　　）。
    A. 经济范畴　　　　　　　　　　B. 政治范畴
    C. 文化范畴　　　　　　　　　　D. 交往范畴

41. 阶级斗争的根源在于对立阶级之间（   ）。
    A. 物质利益的对立   B. 思想观念的对立
    C. 社会地位的不同   D. 政治主张的不同

42. 阶级斗争是阶级社会发展的（   ）。
    A. 基本动力   B. 最终动力
    C. 直接动力   D. 唯一动力

43. 社会革命的最深刻根源在于（   ）。
    A. 社会基本矛盾的激化   B. 先进思想的传播
    C. 英雄人物的组织   D. 人口数量的增多

44. 社会革命的基本形式是（   ）。
    A. 和平发展   B. 暴力革命
    C. 渐进改革   D. 文化宣传

45. 社会改革的实质是（   ）。
    A. 社会经济制度的根本改变   B. 社会政治制度的根本改变
    C. 人的思想观念的改变与更新   D. 社会体制的改善与革新

46. 社会主义社会的改革是（   ）。
    A. 社会主义基本经济制度的改变
    B. 社会主义基本政治制度的改变
    C. 社会主义基本文化制度的改变
    D. 社会主义的自我完善和发展

47. 社会改革和社会革命都根源于（   ）。
    A. 生产力和生产关系的矛盾   B. 社会存在和社会意识的矛盾
    C. 人口增长和资源匮乏的矛盾   D. 创新意识和传统观念的矛盾

48. "革命是解放生产力，改革也是解放生产力。"这一论断表明社会改革与社会革命（   ）。
    A. 都以夺取国家政权为目的
    B. 都不改变社会制度的根本性质
    C. 都是要解决社会基本矛盾
    D. 都不需要采取暴力冲突的形式

49. 人的本质是由人的社会属性，而非自然属性决定的。人的自然属性指的是（   ）。
    A. 人与动物相区别的劳动本质
    B. 人的肉体存在及其特性
    C. 由个人需要决定的人的具体本质
    D. 由社会关系决定的人的具体本质

50. 人区别于动物的根本标志在于能够（　　）。
    A. 制造和使用工具　　　　　　　　B. 创造和使用语言符号
    C. 积极地适应外部环境　　　　　　D. 能动地反映客观世界

51. 下列关于人的本质的表述，只涉及人与动物根本区别的是（　　）。
    A. 劳动是人的本质　　　　　　　　B. 人的需要即人的本质
    C. 人的本质是人的全部属性的总和　D. 人的本质是人的自然属性的总和

52. 人的本质在其现实性上是（　　）。
    A. 人的道德品性　　　　　　　　　B. 人的经济地位
    C. 人的价值追求　　　　　　　　　D. 一切社会关系的总和

53. 唯物史观和唯心史观在历史创造者问题上的根本对立在于是否承认（　　）。
    A. 个人在历史发展中的作用
    B. 思想动机在社会发展中的作用
    C. 人民群众是推动历史发展的决定力量
    D. 剥削阶级代表人物在历史发展中的作用

54. 在历史创造者问题上，两种根本对立的观点是（　　）。
    A. 群众史观和英雄史观　　　　　　B. 一元论和二元论
    C. 宿命论和唯意志论　　　　　　　D. 唯理论和经验论

55. 人民群众是历史的创造者。这是因为人民群众是社会变革的决定力量，还因为（　　）。
    A. 人民群众是社会物质财富和精神财富的创造者
    B. 人民群众的一切活动都能推动历史进步
    C. 人民群众的愿望要求都是天然合理的
    D. 人民群众的活动是不受历史条件制约的

56. 人民群众创造历史的活动受历史条件的制约。这种观点是说（　　）。
    A. 人民群众不能推动社会形态的更替
    B. 人民群众不能随心所欲地创造历史
    C. 人民群众不是社会发展的决定力量
    D. 人民群众不是社会历史活动的主体

57. 群众路线的基本出发点和最终归宿是（　　）。
    A. 一切为了群众　　　　　　　　　B. 一切依靠群众
    C. 从群众中来　　　　　　　　　　D. 到群众中去

58. 区分普通个人和历史人物的标准是（　　）。
    A. 对历史发展作用的大小
    B. 对历史发展的作用是积极还是消极的
    C. 对历史发展的作用是主动还是被动的

D. 对历史发展的作用是必然还是偶然的

59. 唯物史观认为，杰出人物的出现是（   ）。

A. 历史命运的安排　　　　　　　　B. 纯粹的历史必然

C. 时代发展的需要　　　　　　　　D. 纯粹的历史偶然

60. 任何杰出人物都有巨大的历史功绩，他们在社会中的活动可以（   ）。

A. 摆脱社会规律的影响　　　　　　B. 有力地推动历史的发展

C. 不受历史条件的限制　　　　　　D. 根本改变历史的发展方向

二、简答题

1. 什么是生产方式？为什么说生产方式在社会发展中起决定作用？
2. 简述社会意识相对独立性的含义及其主要表现。
3. 怎样理解"科学技术是第一生产力"？
4. 什么是生产关系？为什么说生产资料所有制形式是整个生产关系的基础？
5. 简述社会基本矛盾的内容及它们之间的关系。
6. 与其他阶级社会的改革相比，社会主义社会的改革有哪些特点？
7. 为什么说我国的改革是社会主义制度的自我完善？
8. 简述两种历史观在历史创造者问题上的根本分歧。
9. 如何理解人民群众范畴？简述人民群众推动历史发展的作用。
10. 简述无产阶级政党的群众观点和群众路线的内容。

三、论述题

1. 试述社会意识与社会存在辩证关系的原理及其对社会主义文化建设的指导意义。
2. 试述上层建筑必须适合经济基础发展要求的规律及其现实指导意义。
3. 试述社会历史发展的决定性与选择性的关系。
4. 试述社会形态发展的统一性和多样性的含义及表现。
5. 结合当前我国改革的实际，说明改革、发展、稳定的关系。
6. 根据人民群众是历史创造者的原理，谈谈你对以人为本的理解。
7. 根据人民群众是历史创造者的原理，谈谈坚持党的群众路线的现实意义。
8. 如何正确分析和评价杰出人物在历史中的作用？

第四章 资本主义制度的形成及其本质

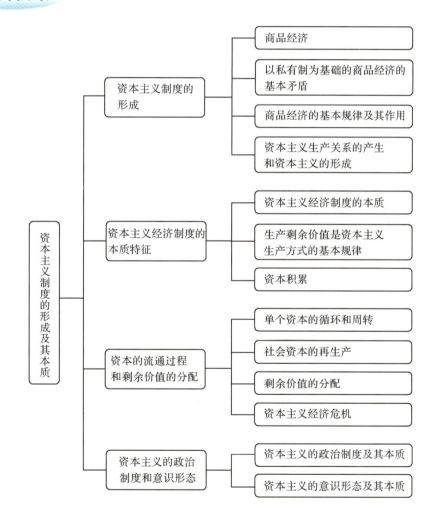

内容精要

第一节 资本主义制度的形成

一 商品经济

资本主义经济是在封建社会末期,随着商品经济发展,以及小商品生产者两极分化条件下,逐渐产生和发展起来的。

商品是资本主义的经济细胞。研究资本主义经济关系,需要从分析商品和商品经济开始。

(一) 商品经济及其产生

1. 商品经济

商品是为市场交换而生产的有用产品。

以交换为目的而进行的生产活动,就是商品生产。

商品的交换或以货币为媒介的买卖就是商品交换。

以商品生产和商品交换为内容,直接以交换为目的而进行生产的经济形式就是商品经济。

所以,商品经济是商品生产和商品交换的总称。

2. 商品经济的产生和存在的条件

商品经济不是从来就有,也不会永恒存在。

商品经济的产生和存在需要两个基本经济条件:

(1) 社会分工的产生和存在。

商品经济产生和存在的第一个条件是社会分工的产生和存在。

有分工就有必要相互交换自己所生产的产品。所以,社会分工是商品经济产生和存在的一般条件和基础。

但光有这个条件还不会产生商品经济。

(2) 生产资料和劳动产品属于不同的所有者。

商品经济产生和存在的第二个也是决定性的条件是,生产资料和劳动产品属于不同的所有者。

不同的所有者都有自身的经济利益,他们的生产和交换便会采取商品生产和商品交换的形式,从而导致商品经济的产生。

商品经济产生和存在的这个决定性条件,首先是伴随着生产资料私有制的产生而出现的。

3. 商品经济的产生和商品经济的形式

最初的商品经济，是在社会生产力发展的基础上，随着社会分工和生产资料私有制的产生而出现的。

商品经济是几种不同生产方式中共有的经济形式。

历史上存在简单商品经济、资本主义商品经济和社会主义商品经济。

在奴隶社会和封建社会中，占统治地位的经济形式是自然经济，商品经济在社会经济中只是处于从属地位。

到了资本主义社会，商品经济就成为占统治地位的、最普遍的经济形式。

(二) 商品的二因素——使用价值和价值

商品具有使用价值和价值两个因素或两种属性。

1. 使用价值

使用价值是一种物品能够满足人们某种需要的属性，即物品的有用性。

使用价值是商品的自然属性，由物品的物理、化学、生物等特性所决定。

不同的物品有不同的使用价值，同一种物品可具有多种使用价值。

具有使用价值的物品并不一定就是商品，有用的物品要成为商品，必须是通过市场交换满足他人需要的物品。

2. 价值

无差别的一般人类劳动的凝结，形成商品的价值。价值的实体就是无差别的一般人类劳动。

商品的价值在质上是相同的，只有量的差别，因而可以相互比较。

所以，价值反映商品生产者之间的关系，是商品的社会属性。

商品必须同时具有使用价值和价值两个因素。没有使用价值的物品，不可能有价值，使用价值是价值的物质承担者，而价值则寓于使用价值中；有使用价值但没有价值的物品，也不是商品。

价值是商品的最本质因素。

(三) 生产商品的劳动二重性——具体劳动和抽象劳动

商品是劳动的产品，因此商品的使用价值和价值这两个因素是由生产商品的劳动的二重性决定的。这种劳动的二重性就是具体劳动和抽象劳动。

1. 具体劳动

生产一定的使用价值，具有特定性质、目的、形式的劳动，是具体劳动。

具体劳动创造出使用价值，不同的具体劳动创造出不同的使用价值。具体劳动反映人与自然的关系。

2. 抽象劳动

撇开一切具体形式的、无差别的一般人类劳动，是抽象劳动。

抽象劳动是商品价值的实体。所以，抽象劳动创造了商品的价值。

3. 具体劳动和抽象劳动的关系

具体劳动和抽象劳动是商品生产者的同一劳动过程的不可以分割的两个方面，它们在时空上是统一的，它们不是两次劳动，也不是独立存在的两种劳动。具体劳动是生产商品劳动的自然属性，抽象劳动是生产商品劳动的社会属性。

劳动二重性决定商品二因素。具体劳动创造商品的使用价值，抽象劳动创造商品的价值。

（四）商品价值的构成与创造

任何一个商品的价值，都是由两部分价值所构成的：

一是生产这种商品时所消耗掉的生产资料的原有价值转移而来的新价值；二是在生产这种商品时新创造的价值。

在生产商品过程中，所消耗掉的生产资料的原有价值，是以物化劳动形式存在的价值。物化劳动不能创造价值。

在生产商品过程中新创造的价值，是由活劳动所创造。活劳动就是劳动者所新消耗的抽象劳动。

马克思的科学的劳动价值论的核心，就在于揭示了在商品生产过程中，价值的创造是由活劳动实现的，价值的唯一源泉是活劳动，即活的抽象劳动。

在社会化生产条件下，要从"总体工人"的角度来考察创造价值的劳动。作为价值唯一源泉的活劳动，不能仅仅理解为直接进行生产操作的生产工人的体力劳动，应该理解为是"总体工人"共同创造了价值。

（五）商品的价值量

1. 社会必要劳动时间决定商品的价值量

商品价值是人类一般劳动的凝结，价值量由劳动量决定，而劳动量又由它的天然尺度劳动时间决定，两者成正比关系。

商品的价值量是由生产这种商品的社会必要劳动时间来决定，而不是由个别劳动时间决定。

社会必要劳动时间是在现有的社会正常的生产条件下，在社会平均的劳动熟练程度和劳动强度下制造某种使用价值所需要的劳动时间。

它表明，社会必要劳动时间由两个条件决定：

一是由生产的客观标准条件，即由"现有的社会正常的生产条件"所决定；二是由生产的主观标准条件，即由"社会平均的劳动熟练程度和劳动强度"所决定。

由社会必要劳动时间所决定的商品的价值量，叫作商品的社会价值；而由各个商品生产者的个别劳动时间所形成的价值量，是商品的个别价值。我们通常所说的商品价值，凡是没有指明是个别价值时，指的都是社会价值。

社会必要劳动时间决定商品的价值量，关系到每个商品生产者的命运。

商品交换是按照其社会价值进行的。个别劳动时间少于或低于社会必要劳动时间，就可以获得较多的盈利；反之相反。

2. 商品价值量同简单劳动和复杂劳动的关系

形成商品价值的劳动，是以简单劳动为尺度的。复杂劳动可以还原为倍加的简单劳动，这是通过市场交换而自发实现的。

3. 商品价值量同劳动生产率的关系

劳动生产率是指劳动者的生产效率或能力，通常用两种方法表示：

一是单位劳动时间内生产的产品数量；二是生产单位产品所耗费的劳动时间。

劳动生产率越高，一定时间内生产的产品数量就越多（即使用价值越多），但所形成的价值总量不变（因为时间未变），从而平均到单位商品内的价值量就越小；反之相反。

所以，单位商品的价值量，与包含在商品中的社会必要劳动量成正比，而与生产该商品的劳动生产率成反比。这是商品价值量与劳动生产率之间的基本关系。

（六）货币的本质和职能

1. 货币的产生和货币的本质

（1）货币的产生。

人们最初进行的商品交换，是直接的物物交换，并没有货币作为交换的媒介。要了解货币的产生和本质，就必须了解价值的表现形式（把价值表现出来的形式，也叫价值形式）的发展。

商品的价值从单个商品本身是表现不出来的，某种商品的价值，只有与另一种商品交换时，才能通过另一种商品表现出来。

商品价值的表现形式经历了简单的偶然的价值表现形式、总和的或扩大的价值形式、一般价值形式、货币形式等阶段。

贵金属之所以能固定地充当货币，一方面因为它们本身也是包含一定价值的商品；另一方面因为它们具有体积小而价值大、质地均匀、容易分割、不易腐烂、便于保存和携带等自然属性，方便执行货币的职能。

货币的产生和起源是商品交换长期发展的产物，并不是聪明人的发明，也不是人们协商的结果。

（2）货币的本质。

货币的本质是固定充当一般等价物的商品，体现着商品经济条件下商品生产者之间的社会经济关系。

2. 货币的职能

货币的本质体现在它的职能上，货币的职能是指货币在社会经济生活中的作用。

在发达商品经济中，货币有价值尺度、流通手段、贮藏手段、支付手段、世界货币五种职能。其中,价值尺度、流通手段是货币最基本的职能。

(1)价值尺度。

货币的价值尺度职能是指货币是衡量和计算一切商品价值量大小的社会尺度。

商品的价值用货币来表现就是商品的价格。价值是价格的基础,价格是价值的货币表现。

为了用货币来衡量和计算各种商品的价值量,货币本身也要确定其计量单位。

(2)流通手段。

货币的流通手段职能是指货币起着商品交换媒介的作用。

货币作为商品交换的媒介,就使商品交换分解为卖和买两个过程。

以货币为媒介的商品交换,就是商品流通。

货币在商品流通中的不断运动,就叫货币流通。

货币作为流通手段发挥职能,在一定时期内,流通领域中就需要有一定数量的货币。

货币最初采取的是贵金属条块形式,随着商品经济的发展,逐渐产生了铸币,后来又产生了由国家发行的纸币。

纸币是代替金属货币执行流通手段职能的。它的发行量如果与流通中所需要的金属货币数量相适应,那么单位纸币就能按照所代表的金属货币的价值正常流通,物价也就能保持稳定;如果超过了,纸币就会贬值,物价就会上涨,这就是通货膨胀。

(3)贮藏手段。

货币的贮藏手段职能是指货币退出流通领域,作为社会财富的一般代表而被保存起来。

(4)支付手段。

货币的支付手段职能,是指在商品赊购赊销过程中,当到期偿还货款时,货币所执行的还款职能,以及用于清偿债务、缴纳赋税、租金、工资等所执行的职能。

(5)世界货币。

货币的世界货币职能,是指货币越出一国的范围,在世界市场上发挥一般等价物的作用。

二 以私有制为基础的商品经济的基本矛盾

以私有制为基础的商品经济的基本矛盾是社会劳动与私人劳动的矛盾。

(一)私人劳动和社会劳动双重属性形成的条件——社会分工和生产资料私有制

社会分工决定了每个商品生产者的劳动,都是提供给社会的,构成社会总劳动的组成部分,因此,他们的劳动是具有社会性质的社会劳动。

生产资料私有制决定了每个商品生产者作为私有者,他的劳动又是具有私人性质的私人劳动。

在以私有制为基础的商品经济中，生产资料私有制和社会分工这两个条件的存在，客观上决定着商品生产者的劳动必然具有私人劳动和社会劳动的双重属性。

（二）社会劳动和私人劳动的矛盾及其表现

在以私有制为基础的商品经济条件下，生产商品的劳动的私人性，往往使商品生产者生产的商品不能与社会的需求相符合，从而导致私人劳动与社会劳动发生矛盾。

这一矛盾有两个表现：

一是商品全卖不出去，私人劳动就完全不能转化为社会劳动；二是商品部分卖出去，或生产商品的个别劳动时间大于社会必要劳动时间，私人劳动就只能有一部分转化为社会劳动，其余部分则无法转化为社会劳动。

（三）社会劳动与私人劳动的矛盾是以私有制为基础的商品经济的基本矛盾

这主要是因为，社会劳动与私人劳动的矛盾决定着以私有制为基础的商品生产者的命运。

商品生产者的私人劳动能否转化为社会劳动，或者私人劳动在多大程度上转化为社会劳动，决定着商品生产者在竞争中的地位，以及盈利或亏损的程度，从而决定着他们在两极分化中的命运。

如果商品生产者生产的商品数量和品种符合市场需求，或者商品的个别劳动时间低于社会必要劳动时间，就会发财致富；反之相反。

三 商品经济的基本规律及其作用

以私有制为基础的商品经济中，价值规律是商品经济的基本经济规律。

（一）价值规律的内容和要求

1. 价值规律的内容

价值规律的基本内容和要求是：商品的价值由生产商品的社会必要劳动时间所决定；商品交换以价值为基础，实行等价交换。

2. 价值规律作用的表现形式

按照价值规律的要求，在商品交换中，价格应该与价值相一致。

但在商品经济条件下，由于受到供求、竞争、货币本身价值等因素的影响，价格总是围绕价值上下波动。

商品价格经常与价值不一致，并不意味着违背了价值规律，更不表明价值规律失去了作用。这是因为：

首先，商品价格波动的中心是价值。

其次，从较长期和全社会总体看，一定时期内全社会的总价格和总价值大致相等，商品的平均价格和平均价值也大抵相同。

这表明，商品价格的变动归根到底受价值的制约，价格仍然是以价值为基础的。因此，价格围绕价值上下波动，不但没有违背价值规律，反而正是价值规律作用的表现形式。

（二）价值规律在私有制商品经济中的作用

在以私有制为基础的商品经济中，价值规律对社会经济的发展所起的作用有：

1. 自发地调节生产资料和劳动力在社会生产各部门之间的分配比例，即调节社会资源的配置

根据商品价格变动的信息，商品生产者在利益驱动下调整自己的生产方向和规模，从而自发地调节着社会资源的配置。

2. 自发地促进社会生产力的发展

商品生产者为了获取更多的经济利益和在竞争中取胜，会力求采用先进技术，改进生产方法，改善经营管理，提高劳动生产率，使他生产的商品的个别价值低于社会价值，从而促进了社会生产力的发展。

3. 引起和促进商品生产者的分化

生产条件好的，劳动生产率高，商品的个别价值低于社会价值，商品生产者在竞争中处于有利地位，就可能发家致富；反之，商品生产者就处于不利地位，可能亏本，甚至破产。

这样，就不可避免地造成富者愈富，贫者愈贫，引起商品生产者的贫富两极分化。

四 资本主义生产关系的产生和资本主义经济制度的形成

（一）资本主义生产关系的产生和形成

1. 资本主义生产关系的产生

在封建社会末期，随着社会生产力和商品经济的发展，在小商品生产者两极分化的条件下，产生出最初的以资本和雇佣劳动相结合为基础的资本主义生产关系。

2. 商业的发展对资本主义生产关系的产生起了重要的促进作用

商人成为包买主而控制小商品生产者，使他们逐渐丧失生产资料而沦为受雇于包买主的雇佣工人，而包买主逐渐变成产业资本家，从而促进了资本主义生产关系的产生。

3. 资本原始积累加速了资本主义生产关系的形成

资本原始积累的实质是用暴力手段剥夺小生产者的生产资料，强迫劳动者与生产资料相分离，使生产资料和货币财富在少数资本家手中迅速积累起来，并使劳动者沦为出卖劳动力的雇佣工人。

资本原始积累的过程，是为了资本主义制度的建立而加速准备条件的过程。

(二)资本主义制度的确立

1. 资产阶级革命的胜利初步确立了资本主义制度

资产阶级革命推翻了封建制度,建立了资产阶级政权,为资本主义生产关系的发展扫清了道路,从而使资本主义制度得到初步确立。

2. 产业革命使资本主义制度完全确立

产业革命,一方面实现了生产技术的根本变革,使资本主义生产方式获得了与其相适应的物质技术基础,促进了生产力的迅速发展;另一方面,巩固与发展了资本主义生产关系,使雇佣工人基本丧失了依靠手工技术而独立劳动的可能性,成为资本家掌握的机器的附属物,巩固了资本主义雇佣剥削制度。

第二节 资本主义经济制度的本质特征

> 资本主义生产——实质上就是剩余价值的生产,就是剩余劳动的吸取。
>
> ——马克思

一 资本主义经济制度的本质

资本主义经济制度是以生产资料私有制为基础,通过雇佣劳动制度剥削工人所创造的剩余价值的经济制度。

生产剩余价值是资本主义生产的实质。

(一)货币转化为资本和劳动力成为商品

1. 货币转化为资本

在资本主义社会,资本表现为一定数量的货币。

但是,货币并非从来就是资本,作为货币的货币和作为资本的货币,两者有本质的区别。

作为货币的货币,只是在商品交换中起媒介的作用,不会发生价值的增殖。

作为资本的货币,实现了价值的增殖,产生了剩余价值,从而使货币转化为资本。

资本就是能够带来剩余价值的价值。

资本家手中的货币会带来更多的货币,发生价值增殖,产生剩余价值,从而使货币转化为资本,原因就在于,资本家在市场上购买到了一种特殊商品——劳动力。通过对劳动力的使用（即劳动），能创造出比它自己的价值更大的价值。劳动力成为商品是货币转化为资本的前提。

2. 劳动力成为商品

劳动力是指人的劳动能力，是人的体力和脑力的总和。

（1）劳动力成为商品必须具备的条件。

劳动力成为商品必须具备两个基本条件：

一是劳动者有人身自由。他必须有权支配自己的劳动力，才可能出卖它。

二是劳动者丧失了一切生产资料和生活资料，除自己的劳动力以外一无所有，必须靠出卖劳动力为生。

这两个基本条件是在封建社会解体，小商品生产者日益分化，特别是在资本原始积累过程中形成的。

（2）劳动力商品的价值和使用价值。

劳动力作为商品同样具有价值和使用价值。

第一，劳动力商品的价值。

劳动力商品的价值，是由生产和再生产劳动力这种商品所耗费的社会必要劳动时间决定的，而这又可还原为生产出劳动者所消费的生活资料所需要的社会必要劳动时间。

劳动力这种商品的价值包括三部分生活资料的价值：

一是维持劳动者自身生存所必需的生活资料的价值，用以再生产他的劳动力。

二是劳动者繁育后代所必需的生活资料的价值，用以延续劳动力的供给。

三是劳动者接受的教育和训练所支出的费用，用以培训适合资本主义再生产所需要的劳动力。

劳动力的价值决定还有一个重要特点，就是它包括历史和道德的因素。随着社会经济和文化的发展，必要生活资料的种类和数量也会增加，质量和结构会发生变化，劳动力价值的物质内容会不断扩大。

第二，劳动力商品的使用价值。

劳动力商品的使用价值也具有重要的特点。

普通商品在消费或使用时，随着使用价值的消失，价值也消失或转移到新产品中去。

劳动力的使用价值是进行生产劳动的能力，它的消费或使用，就是劳动，劳动凝结在商品中就形成价值。劳动力这种商品的使用价值的特殊性在于：能够创造出比劳动力自身的价值更大的价值，从而能为它的购买者带来剩余价值。

因此，劳动力成为商品是货币转化为资本的前提或关键。

（二）资本主义的生产过程

资本主义生产过程是劳动过程和价值增殖过程的统一。

在资本主义生产方式下，劳动过程是价值增殖过程的手段，而价值增殖才是目的。

1. 劳动过程

资本主义的劳动过程具有两个重要特点：

一是工人在资本家的监督下劳动。

二是劳动产品归资本家所有。

2. 价值增殖过程

在资本主义生产过程中，资本家购买了劳动力，于是资本家就取得了劳动力的使用权。

资本家通过加强工人的劳动强度、延长工人的劳动时间等方法，使工人的劳动创造的价值大于劳动力本身的价值，实现价值增殖。增殖的部分归资本家所有。

剩余价值是由雇佣工人创造的、被资本家无偿占有的、超过劳动力价值的价值。

在生产过程中，工人的劳动时间分为两部分：

一部分是必要劳动时间（注意：不是社会必要劳动时间），用以再生产劳动力的价值；另一部分是剩余劳动时间，为资本家生产剩余价值。

（三）资本的本质及不变资本和可变资本

1. 资本的本质

在资本主义制度下，资本的本质不是物，而是体现在物上的资本主义生产关系，即被物的外壳所掩盖的资产阶级和无产阶级之间剥削和被剥削的生产关系。

2. 不变资本和可变资本

根据资本不同部分在剩余价值生产中所起的不同作用，把资本区分为不变资本和可变资本。

以生产资料形式存在的资本，在生产过程中不会发生价值量的变化，所以叫作不变资本（c）（constant capital）。

以劳动力形式存在的资本，在生产过程中发生了量的变化，实现了价值增殖，所以叫作可变资本（v）（variable capital）。

不变资本和可变资本的区分，是马克思的重要理论贡献，具有重要意义：

（1）进一步揭露了剩余价值（m）的源泉和资本主义的剥削实质。通过区分不变资本和可变资本，说明剩余价值不是由全部资本产生的，也不是由不变资本产生的，而是由可变资本产生的，工人的剩余劳动是剩余价值的唯一源泉。

（2）为揭示资本家对工人的剥削程度提供了科学依据。正确地表明资本主义剥削程度的是剩余价值率（m'）。

3. 剩余价值率

剩余价值率是剩余价值与可变资本的比率。用 m' 表示剩余价值率，则 $m' = m/v$。

剩余价值率也可以用另一种形式表示，即 m' =剩余劳动时间/必要劳动时间。

剩余价值率准确地反映了资本家对雇佣工人的剥削程度，因而又叫剥削率。

用 m 代表剩余价值量，那么 $m = m' \times v$。

可见，资本家要获得更多的剩余价值，可以通过两个途径：

一是提高剩余价值率，即提高对工人的剥削程度。

二是增加可变资本总量，以雇佣更多工人，扩大剥削范围。

二 生产剩余价值是资本主义生产方式的基本规律

（一）剩余价值生产的基本方法

两种基本方法：绝对剩余价值生产、相对剩余价值生产。

1. 绝对剩余价值的生产

在雇佣工人的必要劳动时间不变的情况下，由于工作日的绝对延长而生产的剩余价值，叫作绝对剩余价值。

资本家除了用延长工作日的方法外，还用提高劳动强度的办法加强对工人的剥削。提高劳动强度是变相地延长工作日。

2. 相对剩余价值的生产

延长工作日要受到工作日界限、生理和社会因素等的限制，而且会遭到工人阶级的反抗。因此，资本家还会采用相对剩余价值的生产方法。

在工作日长度不变的条件下，由于缩短必要劳动时间，相应地延长剩余劳动时间而进行的生产，叫作相对剩余价值的生产。用这种方法生产的剩余价值，叫作相对剩余价值。

生产相对剩余价值，必须缩短必要劳动时间。要缩短必要劳动时间，就需要降低劳动力价值。要降低劳动力价值，就需要降低工人及其家庭必要的生活资料的价值（这是劳动力价值的构成）。由于商品价值与劳动生产率成反比，所以要降低生活资料的价值，就必须提高生活资料生产部门，以及相关的生产资料生产部门的劳动生产率。当整个社会劳动生产率提高后，单位商品的价值便会降低，劳动力的价值随之下降，必要劳动时间便会缩短，剩余劳动时间则相应延长，从而生产出相对剩余价值。

相对剩余价值生产是以社会劳动生产率提高为条件的。

在现实生活中，劳动生产率的提高，总是从个别企业开始的。个别企业率先采用先进的生产设备和技术，提高了劳动生产率，能获得超额剩余价值。超额剩余价值是商品的个别价值低于社会价值的差额。

相对剩余价值生产是在各个资本家追求超额剩余价值的过程中实现的。为了追求超额剩余价值，各个资本家之间进行激烈竞争。少数企业不可能长期垄断先进生产条件，当先进技术得到普及以后，这个部门的平均劳动生产率将会提高，从而导致商品的社会价值下降，个别价值低于社会价值的差额便会消失，原来的超额剩余价值就不存在了。

但是，由于劳动生产率普遍提高，单位商品价值降低，劳动力价值也相应降低，必要劳动时间缩短，剩余劳动时间相应延长，从而生产出相对剩余价值。

因此，超额剩余价值虽然在个别资本家那里消失了，但所有资本家却都可以由于劳动生产率的普遍提高而得到相对剩余价值。

（二）剩余价值规律是资本主义的基本经济规律

剩余价值规律的内容，就是资本通过组织雇佣劳动进行生产，占有工人的剩余劳动，并不断提高对雇佣工人的剥削程度来达到获取剩余价值的目的。

第一，剩余价值规律体现着资本主义的生产目的。

资本主义生产的目的是获取剩余价值，对剩余价值的追求是资本主义生产发展的动力。正如马克思所说："生产剩余价值或赚钱，是这个生产方式的绝对规律。"

第二，剩余价值规律决定着资本主义生产的一切主要方面和主要过程，支配着资本主义的生产、分配、交换和消费的各个环节。

资本主义的生产是为了生产尽可能多的剩余价值。

资本主义的分配是资本家对剩余价值的瓜分。

资本主义的流通（即交换）既是为生产剩余价值做准备（购买生产资料和劳动力），又是为了实现剩余价值（销售商品）。

资本主义的消费也从属于剩余价值生产。资本家的消费来源于剩余价值，工人的消费为下一次剩余价值的生产准备条件。

第三，剩余价值规律决定着资本主义生产方式产生、发展和衰亡的全部过程。

资本主义生产方式的产生紧紧伴随着对剩余价值的盘剥。对剩余价值的追逐，推动着生产有无限扩大的趋势；由于要追求更多的剩余价值，就要加强对劳动者的剥削，又造成劳动人民有货币购买力的需求存在日益相对缩小的趋势。这两种对立的趋势导致生产和消费之间的尖锐矛盾，这个矛盾是资本主义基本矛盾的表现，从而充分暴露出资本主义生产方式的局限性。资本主义发展到最后阶段，将走向衰亡，最终必然要被社会主义制度代替。

剩余价值规律是资本主义的基本经济规律，它深刻表明了资本主义经济制度的本质及其发展的趋势。

三　资本积累

（一）资本积累的必然性及其实质

社会生产总是连续不断、周而复始地进行的。不断重复和不断更新的生产，就是再生产，包括简单再生产、扩大再生产。

在资本主义条件，简单再生产是资本家将剩余价值全部消费掉，生产在原来的规模上重复进行。

资本主义再生产的特点是扩大再生产。它是指资本家把生产出来的剩余价值中的一部分转化为资本，用来购买追加的生产资料和劳动力，使生产在扩大的规模上重复进行。

把剩余价值再转化为资本，或者说，剩余价值的资本化就叫作资本积累。剩余价值是资本积累的源泉，而资本积累是资本主义扩大再生产的重要源泉。

在资本主义制度下，资本积累具有客观必然性，这是由两方面原因决定的：

一方面，对剩余价值的无限追求是资本积累的内在动力；另一方面，竞争是资本积累的外在压力。

资本积累的实质就是，资本家用无偿占有工人创造的剩余价值，进行资本积累来增大资本的规模，以便继续占有更多的剩余价值，从而占有不断增大的资本来扩大对工人的剥削和统治。

（二）资本积累的后果

1. 资本有机构成的提高

从物质形态看，资本是由一定数量的生产资料和劳动力所构成，它们之间的比例是由生产技术水平决定的。反映生产技术水平的生产资料和劳动力之间的比例，叫作资本技术构成。

从价值形态看，资本是由一定数量的不变资本和可变资本构成的，它们之间的比例，叫作资本价值构成。

资本技术构成决定资本价值构成，而资本价值构成的变动通常反映资本技术构成的变动。

由资本技术构成决定并反映资本技术构成变化的资本的价值构成，叫作资本有机构成，用 c/v 来表示。

在资本积累过程中，追求更多剩余价值的内在动力和竞争的外在压力，会使资本家不断改进企业的生产技术装备，提高劳动生产率，企业中生产资料的增长要比劳动力相对快，结果在全部资本中，不变资本所占比重增加，可变资本所占比重缩小，从而导致资本有机构成的提高。

资本有机构成的不断提高，是资本主义经济发展的必然趋势。

2. 相对过剩人口的形成

相对过剩人口即失业人口。它的形成，同资本积累过程中资本有机构成的不断提高密切相关。

一方面，资本有机构成的不断提高，意味着在全部资本中，可变资本的比重日益减少，由于资本对劳动力的需求是由可变资本所决定的，因此，可变资本所占比重的减少，必然导致资本对劳动力的需求日益相对地，甚至绝对地减少。

另一方面，随着资本积累的进行，劳动力的供给却日益绝对地增加。这主要是因为：大量童工和妇女涌进工厂，大批破产农民和手工业者加入雇佣劳动队伍。同时，人口的绝对数量的增加会导致劳动者的人数也增加。

资本对劳动力的需求日益相对地有时甚至是绝对地减少；劳动力对资本的供给却日益绝对地增加。两种完全对立的现象，产生大量失业人口，形成相对人口过剩。

相对过剩人口，是指劳动力的供给相对于资本对劳动力的需求来说过剩，并不是人口的绝对过剩。

资本主义社会存在大量相对过剩人口，不仅是资本主义制度的必然产物，而且是资本主义生产方式存在和发展的必要条件。因为：

第一，相对过剩人口的存在，可以起到劳动力蓄水池的作用，以满足资本对劳动力时增时减的需要。

第二，相对过剩人口的存在，可以迫使在业工人接受较低的工资和较差的劳动条件，有利于资本家加强对工人的统治和剥削。

3. 严重的贫富两极分化

随着资本积累的进行，一方面，资本的规模不断扩大，社会财富越来越集中在少数资本家手中；另一方面，创造社会财富的广大工人阶级，却只拥有社会财富的极少部分。

资本主义积累的一般规律，就是财富在资产阶级一方积累，贫困在无产阶级一方积累，形成严重的贫富两极分化。

这个规律深刻地揭示了资本主义生产方式内在的对抗性矛盾，无产阶级所创造的财富虽然越来越多，但他们始终处于被剥削和贫困的境地，这是资本主义制度存在严重社会危机的深刻经济根源。

（三）资本积累的历史作用和历史趋势

1. 资本积累的历史作用

资本积累极大提高了生产社会化的水平，使社会生产力获得了空前迅猛的发展。列宁指出："资本主义的进步的历史作用，可以用两个简短的命题来概括，社会劳动生产力的提高及其社会化。"

2. 资本积累的历史趋势

生产社会化的发展，客观上要求由整个社会占有生产资料，这样，生产关系才能适应生产力的社会性质。

但是，资本主义是实行生产资料的私人占有制，这样就产生了资本主义的基本矛盾，即生产社会化和生产资料私人占有的矛盾。这是生产力和生产关系之间的矛盾在资本主义社会中的具体表现。

在资本积累过程中，资本主义的基本矛盾日益加剧，表明生产资料私有制严重束缚了社会化生产的发展，因此，用和生产社会化性质相适应的生产资料社会主义公有制代替资本主义私有制，就成为资本积累发展的必然历史趋势。

第三节　资本的流通过程和剩余价值的分配

> 资本作为自行增殖的价值……只能理解为运动，而不能理解为静止物。
> ——马克思
>
> 剩余价值……转化成它的具体形式——利润、利息、商业赢利、地租等。
> ——恩格斯

资本的流通过程即资本的运动过程，资本只有在不断流通运动的过程中，才能源源不断地生产出剩余价值。

资本流通包括单个资本的流通和社会资本的流通。

单个资本的流通即单个资本的循环和周转。考察单个资本的循环和周转，是对资本流通过程的微观分析。考察资本循环，重点是分析单个资本运动的连续性，揭示通过资本的循环运动如何连续不断地生产出剩余价值。考察资本周转，重点是分析资本运动的速度，从量的方面揭示单个资本的周转速度对生产的剩余价值的数量的影响。

社会资本的流通即社会资本再生产。考察社会资本再生产，是对资本流通过程的宏观分析，着重分析社会资本再生产的实现问题，阐明社会资本再生产的顺利进行在宏观方面所需要具备的基本比例关系，揭示社会资本正常流通所需要的基本条件及资本主义的经济危机。

考察剩余价值的分配，在于揭示资本主义社会中资本的各种具体形式和各个剥削集团如何共同瓜分剩余价值。

在分析产业资本（包括工业资本和农业资本）、商业资本、借贷资本等资本的各种具体形式的基础上，相应地考察作为剩余价值的各种具体形式的产业利润、商业利润、借贷利息、银行利润、农业地租，进一步揭示资本主义剥削关系的实质。

一　单个资本的循环和周转

能够发生价值增殖的资本是产业资本，包括工业、农业、运输业等各个物质生产部门的资本。

（一）单个资本的循环

独立发挥资本职能的资本就是单个资本。

1. 产业资本循环的三个阶段和三种职能形式

单个产业资本在其现实循环运动中，依次经过三个阶段，即购买阶段、生产阶段、销售阶段；与这三个阶段相适应，产业资本依次采取货币资本、生产资本、商品资本三种职能形式。

（1）产业资本循环的三个阶段。

第一阶段——购买阶段。用货币购买劳动力和生产资料，是从货币资本转化为生产资本阶段。

第二阶段——生产阶段。生产出包含剩余价值的一定数量的新的商品，是由生产资本转化为商品资本阶段。

第三阶段——销售阶段。把生产出的新商品销售出去，是从商品资本转化为货币资本的阶段。

第一阶段和第三阶段是资本的流通过程，第二阶段是资本的生产过程。所以，资本的循环过程是流通和生产的统一。产业资本循环过程中起决定作用的是生产过程，因为价值和剩余价值是在生产过程中创造出来的，流通过程并不发生价值的增殖（价值规律要求等价交换），只能使资本发生形态的变化。

（2）产业资本的三种职能形式。

产业资本的全部循环运动依次经过购买、生产、销售三个阶段，与这三个阶段相适应，产业资本依次采取三种不同的职能形式：货币资本、生产资本、商品资本。

这三种资本不是三种独立的资本形态，而是产业资本在循环运动中所采取的三种职能形态，即它们实质上都是产业资本。

它们分别具有不同的职能，起不同的作用。

货币资本的职能是购买劳动力和生产资料，为剩余价值的生产准备条件。

生产资本的职能是在生产过程中生产出包含有价值和剩余价值的新的商品。

商品资本的职能是通过商品的销售，使包含在商品中的价值和剩余价值得到实现。

产业资本依次经过三个阶段，采取三种职能形式，实现价值增殖，最后又回到原来出发点的全部运动过程，就是资本的循环。

（二）单个资本的周转

不断重复、周而复始的资本循环过程，就是资本周转。

1. 影响资本周转速度的因素

（1）资本周转时间的长短。

资本周转时间的长短包括生产时间和流通时间的长短。

生产时间和流通时间越短，资本周转速度就越快；反之相反。

产业资本家为了使一定数量的资本带来尽可能多的剩余价值，总是竭力缩短生产时间和流通时间，以加速资本的周转。

（2）生产资本的构成。

生产资本的构成即生产资本中固定资本和流动资本的比例，以及固定资本和流动资本自己的周转速度。

生产资本是产业资本在生产阶段采取的职能形式。依据价值周转方式的不同，将生产资本划分为固定资本、流动资本两个部分。

固定资本：以机器、设备、厂房、工具等劳动资料形式存在的生产资本。根据这部分资本价值周转方式是多次转移、多次收回的特点，把它称为固定资本。

流动资本：以原料、燃料、辅助材料等劳动对象和劳动力形式存在的生产资本。依据这部分资本价值周转方式是一次投入、一次收回的特点，把它称为流动资本。

注意区分流通资本和流动资本：

流通资本是处于流通领域中的资本，即货币资本和商品资本，它是同生产资本相对而言的资本；流动资本是生产资本的一个组成部分，它是与固定资本相对而言的资本。

生产资本的构成对资本的周转速度具有重大影响，主要有两个方面：

一是生产资本中固定资本和流动资本的比例。固定资本所占比重越大，预付资本的总周转速度就越慢；流动资本所占比重越大，预付资本的总周转速度就越快。

二是固定资本和流动资本自己的周转速度。在固定资本和流动资本比例一定的情况下，预付资本的总周转速度与固定资本和流动资本本身的周转速度成正比。

产业资本周转速度的快慢，影响到一定数量的预付资本在一定时期内（通常以"年"进行考察）所能带来的剩余价值量的多少。

在一年内资本周转的速度越快，带来的年剩余价值总量就越多，年剩余价值率也越高；反之相反。

年剩余价值率：一年内生产的剩余价值总量与一年内预付的可变资本总量的比率。

由于加速资本周转可以增加年剩余价值量和提高年剩余价值率，因此，产业资本家总是在生产经营中竭力加速其资本的周转速度。

二 社会资本的再生产

（一）社会资本再生产的实现

相互联系、相互交错的各个单个资本的总和，就是社会总资本，或者叫社会资本。

单个资本运动的总和，就是社会总资本的运动。

社会总资本的运动，在现实经济生活中表现为社会资本的再生产。

1. 考察社会资本再生产的核心问题

考察社会资本再生产，核心问题是要分析社会总产品的各个构成部分是如何实现的。

(1) 社会总产品的含义及构成。

社会总产品是社会各个物质生产部门在一定时期（年）内生产的全部物质资料的总和。

其构成包括两个方面：

一方面，社会总产品从实物形态上按最终用途，区分为两大类——生产资料、消费资料。与此相适应，整个社会生产就划分为两大部类——第一部类是制造生产资料的部类，第二部类是制造消费资料的部类。

另一方面，社会总产品从价值形态上，区分为三部分——不变资本价值（c）、可变资本价值（v）、剩余价值（m）。

(2) 社会总产品的实现。

社会总产品的实现，也就是社会总产品的补偿。它有两个方面：

一方面，是社会总产品的价值补偿，即社会总产品的各个构成部分的价值——c、v、m，如何通过销售由商品形式转化为货币形式，以便补偿预付资本的价值，并获得剩余价值。（简单说就是该卖的卖出去）

另一方面，是社会总产品的物质补偿，即社会总产品的各个构成部分的价值转化为货币形式以后，如何再转化为所需要的产品，包括生产资料和消费资料。（简单说就是该买的买得到）

只有使社会总产品既从价值上又从物质上得到补偿，才能保证整个社会资本再生产得以正常顺利地进行。

（二）社会总资本再生产的比例关系

社会总资本再生产的顺利实现，要求在社会总资本再生产过程中的两大部类之间保持一定的比例关系。这种比例关系有两个基本方面：

一是，第一部类所生产的全部生产资料，必须同第一部类和第二部类在生产过程中所需要的生产资料保持协调的比例关系（即生产资料的总供给与总需求保持平衡）。

二是，第二部类所生产的全部消费资料，必须同第一部类和第二部类在生产过程中所需要的消费资料保持协调的比例关系（即消费资料的总供给与总需求保持平衡）。

社会总资本再生产的顺利进行，要求两大部类之间必须保持一定的比例关系，但是，在资本主义制度下，资本主义基本矛盾及其他一系列内在矛盾，经常导致这种比例关系和社会总产品的实现条件遭到破坏，社会总产品的实现经常发生困难，甚至周期性爆发经济危机，使得资本主义再生产不可能持续顺利地进行。

三 剩余价值的分配

在资本主义社会，资本的具体形式有产业资本（包括工业资本、农业资本）、商业资本、借贷资本（包括银行资本）等。

与此相适应，剩余价值也采取了各种具体形式，包括产业利润（工业利润、农业利润）、商业利润、借贷利息、银行利润、农业地租等形式。

剩余价值的各种具体形式表明，资本主义社会所生产出来的全部剩余价值，要在工业资本家、农业资本家、商业资本家、借贷资本家（包括银行资本家）、土地所有者等各个剥削集团之间进行分配，由他们共同瓜分全社会劳动者所创造出来的全部剩余价值。

（一）剩余价值转化为利润

在资本和剩余价值的各种具体形式中，产业资本和产业利润是其他各种资本和剩余价值具体形式的基础。

剩余价值本来是由可变资本生产的，并不是由全部资本生产的，可变资本是剩余价值的唯一源泉。但是，从资本主义经济的表面现象来看，剩余价值表现为资本家全部预付资本的产物。

当剩余价值被看作全部预付资本的产物时，剩余价值就取得了利润的形态。

剩余价值转化为利润后，剩余价值被作为全部预付资本的产物，掩盖了剩余价值与雇佣工人的剩余劳动的相互联系，因此，也就掩盖了剩余价值的真实来源。

利润是剩余价值的转化形式，它表现为全部预付资本的产物，因此，剩余价值与预付总资本的比率就是利润率。利润率是剩余价值率的转化形式。

（二）利润转化平均利润

资本主义社会的各个生产部门的资本有机构成和资本周转速度存在差别，因此，在不同生产部门中，投入同样数量的资本，获得的利润率也不同。

随着资本主义的发展，出现了利润转化平均利润的趋势。

随着资本主义发展到较高阶段，商品经济有了较高程度的发展，市场竞争较为充分地展开，投资于不同生产部门的资本家，围绕取得有利投资场所和争夺较高利润率而展开竞争。竞争的手段是资本在不同生产部门之间的转移，即资本家把资本由利润率较低部门抽出，转投到利润率较高的部门。

资本在不同生产部门之间的转移，一直要继续到各个生产部门的利润率大体趋于平衡，即形成平均利润时，才会趋于停止。

所以，不同生产部门之间平均利润的形成，是部门之间竞争的结果。

平均利润率是全社会的剩余价值总量与社会总资本的比率。

平均利润率不是各个生产部门不同利润率的绝对平均，平均利润率形成后，并非各个生产部门的利润率毫无差别。

利润率的平均化是在部门之间的竞争过程中形成的一种总的发展趋势，具有客观必然性。所以，平均利润率规律是资本主义的客观经济规律。

平均利润本质上是全社会的剩余价值在各个生产部门资本家之间的重新分配，体现着整个资产阶级剥削整个工人阶级的经济关系。这就表明，整个工人阶级和整个资产阶级之间的利益是完全对立的。

平均利润进一步掩盖了资本主义剥削关系。当利润转化为平均利润以后，在各个生产部门投入等量资本都可以获得等量利润，利润的多少，似乎完全取决于预付资本的数量，资本似乎是利润的源泉，这样就使利润的本质和源泉，以及资本主义的剥削关系进一步被掩盖起来。

由于社会平均资本的有机构成会逐步提高，在剩余价值率不变的情况下，同量预付资本所获得的利润量会逐渐减少，从而导致平均利润率的下降。

从资本主义的较长发展时期来看，平均利润率存在下降的趋势。利润率趋向下降规律是资本主义的客观经济规律。

（三）商业资本和商业利润

商业资本是在资本主义社会的流通领域中发挥作用的职能资本（发挥实现价值和剩余价值的职能）。

商业资本家从事商业活动的目的，是取得商业利润。商业利润不能来源于纯粹的商品买卖。纯粹的商品买卖活动，不能创造价值和剩余价值。

商业资本家获得商业利润的具体途径是，商品的销售价格高于商品的购买价格，其间的差额就包含着商业利润。

商业利润是产业资本家让渡给商业资本家的一部分剩余价值，它的来源是产业部门的工人创造的剩余价值。

商业资本是一种与产业资本并列的独立的资本形式，因而也要和产业资本一样，获得平均利润。通过竞争，资本在商业部门和产业部门之间相互转移，最终形成统一的平均利润率，商业资本家因此也获得平均利润。

（四）借贷资本和利息、银行资本和银行利润

1. 借贷资本和利息

借贷资本是从职能资本（包括产业资本和商业资本）的运动中分离出来的特殊资本形式。

在资本主义再生产过程中，职能资本家手中暂时闲置的货币资本，成为借贷资本的主要来源。

从职能资本的运动过程中暂时闲置而游离出来的货币资本，为获取利息而借贷出去时，就转化为借贷资本。

借贷资本的本质是为了取得利息而暂时贷给职能资本家使用的货币资本。

借贷资本的产生，意味着资本的所有权和使用权发生了分离。利息是职能资本家使用借贷资本而让给借贷资本家的一部分剩余价值，是剩余价值的特殊转化形式。

职能资本家通过使用借到的货币资本从事生产经营活动，可以获得平均利润。但是，这个平均利润不能由职能资本家独占，而必须分割为两部分：一部分是借贷资本家获得

的利息；另一部分是职能资本家获得的企业利润（平均利润＝利息＋企业利润）。

2. 银行资本和银行利润

在资本主义社会，货币资本的借贷主要是通过银行进行的。资本主义银行是专门经营货币资本的企业。

银行资本由两部分构成：

一是银行资本家自有资本，只占银行资本的一小部分；二是银行吸收的存款，即借入资本，占银行资本的大部分。

银行所掌握的自有资本和借入资本的总和就是银行资本。

银行资本家向银行业投资，目的也是获得利润，而且所获得的利润也要相当于平均利润，不过这个平均利润是相对于银行资本家的自有资本来说的，即银行资本家所获得的银行利润与其自有资本的比率，应相当于平均利润率。

银行向外贷款所收取的贷款利息，大于吸收存款所支付的存款利息，两者的差额再减去经营银行的业务费用，就形成银行利润。

银行利润在数量上相当于银行资本家自有资本所获得的平均利润。

（五）农业资本和农业利润及地租

在资本主义农业生产中，曾长期存在三个阶级：大土地所有者、农业资本家、农业工人。

农业资本家租种土地所有者的土地，雇佣农业工人从事农业生产经营。

农业工人所创造的剩余价值划分为两部分：一部分以平均利润形式由农业资本家所占有；另一部分超额利润以地租形式由农业资本家缴纳给土地所有者（农业剩余价值＝平均利润＋地租）。

四 资本主义经济危机

（一）资本主义经济危机的实质和根源

资本主义经济危机是在资本主义经济发展过程中，周期性爆发的生产过剩危机。

经济危机爆发期间最根本的现象和典型特征是商品生产过剩。

经济危机的根本特点是商品生产过剩，但并不是绝对过剩，而是与劳动者的货币购买力相比的相对过剩。因此，资本主义经济危机的实质是生产相对过剩的危机。

经济危机产生的根源在于资本主义生产方式的基本矛盾——生产的社会化与生产资料私人占有形式之间的矛盾。当这个矛盾达到十分尖锐化的程度后，就会引起经济危机的爆发。资本主义基本矛盾是经济危机爆发的根源。

资本主义基本矛盾有两种主要表现形式：

一是个别企业内部生产的有组织性和整个社会生产无政府状态之间的矛盾。当这个矛盾发展到尖锐程度时，便会爆发经济危机。

二是资本主义生产无限扩大的趋势和劳动人民有支付能力的需求相对缩小之间的矛盾。当这个矛盾发展到尖锐程度时，便会爆发经济危机。

(二) 经济危机的周期性及其原因

资本主义经济危机是周期性爆发的，即每隔几年爆发一次。

经济危机周期性爆发的原因在于资本主义基本矛盾运动的阶段性。资本主义的基本矛盾并非始终处于尖锐激化程度，而是有时较为缓和，有时尖锐激化。资本主义经济危机总是周期性地、不断重复地爆发。

(三) 资本主义再生产周期的阶段

经济危机的周期爆发，使资本主义再生产也具有周期性。这个周期一般包括危机（再生产周期的决定性阶段）、萧条、复苏、高涨四个阶段。

第四节　资本主义的政治制度和意识形态

一　资本主义的政治制度及其本质

资本主义政治制度是资产阶级为实现其阶级专政而采取的统治方式和方法及各种相关制度的总和。主要包括资本主义的国家制度、政党制度、选举制度、三权分立制度、民主制度等，其中国家制度是资本主义政治制度的核心。

(一) 资本主义的国家制度

资本主义国家制度有国体和政体两个方面。

1. 资本主义国家的国体

资本主义国家的国体是资产阶级专政。无论是哪个资本主义国家，其国体都是相同的，都是实行资产阶级专政。

2. 资本主义国家的政体

资本主义国家的政体是指资本主义国家政权机构的构成形式。

各资本主义国家许多具体因素的差异，使得它们的政体不尽相同。

资本主义国家的政体主要有君主立宪制、民主共和制两种形式。

（1）君主立宪制。

君主立宪制是以君主为国家的世袭元首、其所掌握的国家最高权力受到国家宪法所制约的政权组织形式。

君主立宪制分为议会君主制、二元君主制两种类型。

议会君主制：议会在国家政权结构中处于主导地位，它既是立法机构，又是国家最高权力机构；君主作为国家元首，只具有象征意义，没有实际权力，所谓"临朝而不理政"。国家的实际行政权力控制在由议会产生的政府或内阁手中。

二元君主制：由君主和议会同掌国家政权，君主是国家的最高统治者，掌握国家的实际权力；议会有立法权，并享有宪法所赋予的职能。

（2）民主共和制。

民主共和制是由选举产生的政权机构和国家元首掌握权力，并有一定任期的政权组织形式。它是比较完备、成熟和典型的资本主义国家的政体形式。

民主共和制分为议会共和制、总统共和制两种基本类型。

议会共和制：又称内阁共和制，是以议会为国家最高权力机构，政府由议会产生。在议会中占有多数席位的政党或政党联盟组成内阁，并确定内阁总理。内阁掌握实际行政权力，并对议会负责，称为责任内阁。由选举产生的国家元首（一般称总统），属于"虚位元首"。

总统共和制：由选举产生的总统担任国家元首和政府首脑。议会是最高立法机关，总统掌握国家行政权力。

民主共和制除了议会共和制、总统共和制两种基本类型外，还有少数国家实行半总统制、委员会制。

半总统制：是介于议会制和总统制之间的一种政权组织形式，兼有两者的特征。实行半总统制的国家，形式上有两名政府首脑，一是总统，一是政府总理。它保留了政府内阁总理对议会负责的制度，因此，具有议会制的特点，但议会的权力被缩小；而由选举产生的总统掌握了很大的实际行政权力，从而又具有总统制的特点。

委员会制：也叫合议制，由议会选举产生的委员会集体行使最高行政权力。议会是最高立法机构，由议会选举产生的各位委员组成"委员会"即政府。国家不设总统和总理，而是由各委员轮流担任委员会主席，任期一年。委员会主席实际上就是国家元首兼政府首脑，但职权有限，一切重要事务都由委员会合议决定，集体负责。

（3）专制独裁制。

建立过这种政权组织形式的，主要是20世纪20至40年代的德国、意大利和日本等资本主义国家。它完全抛弃了资产阶级的议会制度，由主张独裁极权的政党头目担任政府首脑，集立法权和行政权于一身，实行个人独裁统治。随着"二战"的结束，德、意、日成为战败国，这种专制独裁政权目前在西方国家已经不存在。

资本主义国家实行的各种政体，本质上都是资产阶级所采取的最有利于实现其阶级专政、巩固其政权、保障其根本经济利益的政治统治形式。

（二）资本主义的政党制度

资本主义国家的资产阶级政党其主要政治目的是执掌资产阶级政权，维护资产阶级的利益和统治。

资产阶级政党作为资产阶级专政的重要工具，其主要职能在于：

一是主导资产阶级议会和国家领导人的选举，使选举结果有利于资产阶级或由本党所代表的某个资产阶级利益集团。

二是由本党代表资产阶级控制议会和政府，执掌或参加国家政权。

三是将本党的纲领和政见上升为议会制定的法律和政府的政策，并利用政权的力量加以推行。

资本主义国家的政党制度主要有三种类型：一党制、两党制、多党制。

1. 一党制

一党制是指一个国家中长期由一个资产阶级政党执掌国家政权的政党制度。

2. 两党制

两党制是由两个最主要的资产阶级政党轮流执政的政党制度。在议会或国家领导人的选举中获胜的政党就是执政党，失败的政党就成为在野党或反对党，但仍能监督和牵制执政党。其他政党仅是陪衬。

在两党制中，两个主要的政党其阶级本质完全相同，区别只在于维护资产阶级利益的方式方法不同，或者分别代表资产阶级内部不同的利益集团。

3. 多党制

多党制是指由两个以上的主要资产阶级政党联合执政或轮流执政的政党制度。多党制的本质仍是实行整个资产阶级统治的工具。

尽管资本主义国家的政党制度形式多样，但是，各个资产阶级政党在维护资产阶级的根本利益方面是完全一致的，各种政党制度的阶级本质都是资产阶级统治的工具，政党之间围绕争权夺利进行博弈是资本主义政党制度的显著特征。

（三）资本主义的普选制度

普选制度是指公民普遍具有选举权、被选举权的制度。

选举对象有议会议员、国家元首及其他官员；选举范围有全国性、地方性。

资产阶级在实行普选制过程中，通过各种途径、采取各种措施使劳动人民的选举权和被选举权受到种种限制。所以，资本主义的普选制度的平等权利具有虚伪性。从本质上看，普选制是资产阶级进行统治的工具，是实行资产阶级专政的一种手段。

（四）资本主义的"三权分立"制度

在实行民主共和制国家中，三权分立是其政权机构组织形式的显著特征。

三权分立是将资本主义国家的最高权力分为立法权、行政权、司法权三部分，分别由不同的国家机构行使。一般来说，议会掌握立法权、政府掌握行政权、法院掌握司法权。

议会，又称为国会或议院。议会一般是资本主义国家的最高立法机关。议会的主要职权是立法权（这是首要职权）、财政权、监督权。

政府（有的国家叫内阁），是资本主义国家的最高行政机关，属于资本主义国家权力机构体系中的执行机构。政府在议会制中由总理或首相负责领导，在总统制中由总统直接担任政府首脑。

法院，是资本主义国家的司法机关，是行使审判权的国家机关。

一般来说，资本主义国家的议会、政府、法院，三者地位平等，各司其职，同时又彼此制约，三权互相制衡，这就是"分权制衡"原则。

"三权分立"制的实质是资产阶级内部的权力分立。

（五）资本主义的民主制度

资产阶级民主制以议会制为核心和主要标志，以"三权分立"、普选制、两党或多党制及公民享有各种权利为主要内容。

民主从来就是一定阶级的民主，没有抽象的、超阶级的"一般民主"。资产阶级民主表面上以全民普遍民主的形式出现，但是，劳动人民实际上只是享有某些有限的权利。这是由资本主义私有制所决定的。

资产阶级民主制实质上是资产阶级国家的一种统治方法和手段，其阶级本质是在资产阶级内部实行民主，为资产阶级对无产阶级和劳动人民的专政服务。

二 资本主义的意识形态及其本质

资本主义意识形态是在资本主义社会中占统治地位的思想体系，具有鲜明的阶级性。

（一）资本主义意识形态的历史进步性和阶级局限性

资本主义意识形态在反对封建专制的斗争中，以及在资本主义生产方式产生与发展的上升时期，反映了社会进步的要求，具有历史进步意义。

但资本主义意识形态是建立在资本主义经济基础之上，为资本主义私有制和雇佣劳动制度服务的，因此，它本质上是维护资本主义剥削制度的思想体系。

即使在资本主义上升时期，其基本功能也是为资产阶级服务的。

而当资产阶级掌握了政权，资本主义制度确立后，特别是随着资产阶级和无产阶级之间斗争的展开，资本主义意识形态在整体上就逐渐丧失了其历史进步性。

（二）利己主义是资本主义意识形态的核心

利己主义是生产资料私有制的必然产物，是一切以私有制为基础的剥削阶级所共有的观念。"人不为己，天诛地灭"，是私有者的至理信条。

资本主义经济制度是私有制的最高和最后形态，因此，利己主义也发展到了顶峰，成为资本主义意识形态的核心。

资本主义利己主义的主要特征就是为一己私利而获取金钱。以获取金钱为特征的利己主义，是资产阶级一切思想和行动的出发点与最终归宿。

（三）资产阶级的人生观、价值观和道德观

利己主义作为资产阶级意识形态的核心，体现在资产阶级人生观、价值观、道德观，

以及思维方式和社会生活的各个方面。

1. 资产阶级的人生观

人生观是人们对于人生目的和意义的根本看法与态度。在阶级社会里，人生观具有阶级性。

资产阶级主张利己主义的人生观。"活着就是为了赚钱"，这是对资产阶级人生观的深刻写照。

2. 资产阶级的价值观

价值观是指对于人及其实践活动的价值（意义、作用）进行评价的根本观点。在阶级社会里，价值观同样具有鲜明的阶级性，不存在适用于一切时代和一切人的"普世价值观"。

资产阶级的价值观是立足于利己主义之上，是以自私自利的个人主义为原则的价值观。

资产阶级价值观的重要特征是以金钱作为判断价值的标准。"金钱确定人的价值"，这是对资产阶级价值观的深刻写照。

3. 资产阶级的道德观

道德观是指有关人们共同生活及其行为准则的观念体系。在阶级社会里，道德也有阶级性。

利己主义是资本主义道德的基本原则。

在资本主义社会生活中，也保留和存在一些好的社会风尚，这是人类精神文明的共同财富，是人类社会文明进步的积极成果，不能与资产阶级道德观混为一谈。

要点荟萃

一 资本主义制度的形成

（一）商品经济

商品是资本主义的经济细胞。

1. 商品经济及其产生

商品是为市场交换而生产的有用产品。

商品经济是以商品生产和商品交换为内容，直接以交换为目的而进行生产的经济形式。商品经济是商品生产和商品交换的总称。

商品经济产生和存在的两个基本经济条件：第一个条件是社会分工的产生和存在（一般条件和基础）；第二个也是决定性的条件是，生产资料和劳动产品属于不同的所有者。

商品经济成为占统治地位的、最普遍的经济形式的社会是资本主义社会。

2. 商品的二因素——使用价值和价值

使用价值是物品的有用性。使用价值是商品的自然属性。

价值是无差别的一般人类劳动的凝结。价值反映商品生产者之间的关系，是商品的社会属性。

商品必须同时具有使用价值和价值两个因素。

商品的最本质因素是价值。

3. 生产商品的劳动二重性——具体劳动和抽象劳动

具体劳动是生产一定使用价值，具有特定性质、目的、形式的劳动。

抽象劳动是撇开一切具体形式的、无差别的一般人类劳动。

具体劳动和抽象劳动是商品生产者的同一劳动过程的不可以分割的两个方面，不是两次劳动，也不是独立存在的两种劳动。劳动二重性决定商品二因素。具体劳动创造商品的使用价值，是劳动的自然属性；抽象劳动创造商品的价值，是劳动的社会属性。

4. 商品价值的构成与创造

构成：一是生产这种商品时所消耗掉的生产资料的原有价值转移而来的新价值；二是在生产这种商品时新创造的价值。

创造：由活劳动，即活的抽象劳动实现。价值的唯一源泉是活劳动。

5. 商品的价值量

（1）社会必要劳动时间决定商品的价值量。

社会必要劳动时间是：在现有的社会正常的生产条件下，在社会平均的劳动熟练程度和劳动强度下制造某种使用价值所需要的劳动时间。

商品交换按照其社会价值进行。个别劳动时间少于社会必要劳动时间，个别价值小于社会价值，但交换时仍以社会价值进行，就获利更多；反之相反。

（2）商品价值量同简单劳动和复杂劳动的关系。

形成商品价值的劳动，以简单劳动为尺度。复杂劳动可以还原为倍加的简单劳动。

（3）商品价值量同劳动生产率的关系。

劳动生产率和商品的使用价值量（商品数量）成正比，同商品的价值量成反比。

6. 货币的本质和职能

（1）货币的产生和货币的本质。

货币的产生和起源是商品交换长期发展的产物，并不是聪明人的发明，也不是人们协商的结果。

货币的本质是固定充当一般等价物的商品。

（2）货币的职能。

货币的职能有价值尺度（给商品定价）、流通手段（充当商品交换的媒介）、贮藏手段、支付手段（到期偿还货款、清偿债务、缴纳赋税、收取租金、发放工资）和世界货币五种职能。其中，价值尺度、流通手段是货币最基本的职能。

（二）以私有制为基础的商品经济的基本矛盾——私人劳动和社会劳动的矛盾

私人劳动和社会劳动双重属性形成的条件是：社会分工和生产资料私有制。

社会分工决定劳动的社会性；生产资料私有制决定劳动的私人性。

私人劳动和社会劳动的矛盾是以私有制为基础的商品经济的基本矛盾。因为，它决定着以私有制为基础的商品生产者的命运。私人劳动能够很好地转化为社会劳动，就成功；反之，则失败。

（三）商品经济的基本规律及其作用

商品经济的基本经济规律是价值规律。

价值规律的基本内容和要求是商品的价值由生产商品的社会必要劳动时间所决定；商品交换以价值为基础，实行等价交换。

价值规律作用的表现形式是价格围绕价值上下波动。它没有违背价值规律。

在以私有制为基础的商品经济中，价值规律对社会经济的发展所起的作用：①自发地调节生产资料和劳动力在社会生产各部门之间的分配比例，即调节社会资源的配置；②自发地促进社会生产力的发展；③引起和促进商品生产者的分化。

（四）资本主义生产关系的产生和资本主义经济制度的形成

1. 资本主义生产关系的产生和形成

产生：封建社会末期小商品生产者两极分化。

促进：商业的发展。

加速：资本原始积累。

2. 资本主义制度的确立

资产阶级政治革命的胜利初步确立了资本主义制度；产业革命使资本主义制度完全确立。

二　资本主义经济制度的本质特征

（一）资本主义经济制度的本质

资本主义生产的实质是生产剩余价值。

1. 货币转化为资本和劳动力成为商品

（1）货币转化为资本。

当货币在运动中带来了剩余价值时，就转化为资本。

货币转化为资本的前提是劳动力成为商品。

资本是能够带来剩余价值的价值。

（2）劳动力成为商品。

劳动力成为商品必须具备两个基本条件：劳动者有人身自由；劳动者丧失了一切生

产资料和生活资料。

劳动力这种商品的价值包括三部分生活资料的价值：养活自己必需的生活资料的价值，繁育后代必需的生活资料的价值，教育和训练的支出。劳动力的价值决定因素还包括历史和道德的因素。

劳动力这种商品的使用价值的特殊性在于：它不仅能创造出价值，而且能够创造出比劳动力自身的价值更大的价值，从而能为它的购买者带来剩余价值。

2. 资本主义的生产过程

资本主义生产过程是劳动过程和价值增殖过程的统一。

剩余价值是由雇佣工人创造的、被资本家无偿占有的、超过劳动力价值的价值。

工人的劳动时间分为两部分：一是必要劳动时间，用以再生产劳动力的价值；二是剩余劳动时间，为资本家生产剩余价值。

3. 资本的本质及不变资本和可变资本

（1）资本的本质。

在资本主义制度下，资本的本质不是物，而是体现在物上的资本主义生产关系。

（2）不变资本和可变资本。

划分根据：在剩余价值生产中所起的作用不同。

不变资本：以生产资料形式存在的资本。

可变资本：以劳动力形式存在资本。

区分的意义：进一步揭露了剩余价值的源泉和资本主义的剥削实质；为揭示资本家对工人的剥削程度提供了科学依据。

正确地表明资本主义剥削程度的是剩余价值率。

（3）剩余价值率。

含义：剩余价值与可变资本的比率。

表示方法：剩余价值/可变资本；剩余劳动时间/必要劳动时间。

（二）生产剩余价值是资本主义生产方式的基本规律

1. 剩余价值生产的基本方法——绝对剩余价值生产、相对剩余价值生产

绝对剩余价值是在雇佣工人的必要劳动时间不变的情况下，由于工作日的绝对延长而生产的剩余价值。生产方法：延长工作日；提高劳动强度。

相对剩余价值是在工作日长度不变的条件下，由于缩短必要劳动时间，相应地延长剩余劳动时间而生产的剩余价值。条件：社会劳动生产率提高。

在现实生活中，劳动生产率的提高，从个别企业开始。个别企业率先采用先进的生产设备和技术，提高了劳动生产率，可以获得超额剩余价值。

超额剩余价值是商品的个别价值低于社会价值的差额。

相对剩余价值生产是在各个资本家追求超额剩余价值的过程中实现的。

2. 剩余价值规律是资本主义的基本经济规律

第一,剩余价值规律体现着资本主义的生产目的。

第二,剩余价值规律决定着资本主义生产的一切主要方面和主要过程,支配着资本主义的生产、分配、交换和消费的各个环节。

第三,剩余价值规律决定着资本主义生产方式产生、发展和衰亡的全部过程。

(三) 资本积累

1. 资本积累的必然性及其实质

资本主义再生产的特点是扩大再生产。

资本积累是剩余价值的资本化。

剩余价值是资本积累的源泉,资本积累是资本主义扩大再生产的重要源泉。

资本积累的客观必然性是追求剩余价值的内在动力、竞争的外在压力。

资本积累的实质是:资本家用无偿占有工人创造的剩余价值,进行资本积累来增大资本的规模,以便继续占有更多的剩余价值,从而占有不断增大的资本来扩大对工人的剥削和统治。

2. 资本积累的后果

资本积累的后果包括:资本有机构成的提高,相对过剩余人口的形成,严重的贫富两极分化。

(1) 资本有机构成的提高。

资本技术构成是反映生产技术水平的生产资料和劳动力之间的比例。

资本价值构成是不变资本和可变资本的比例。

资本有机构成是由资本技术构成决定并反映资本技术构成变化的资本的价值构成。

资本有机构成的不断提高,是资本主义经济发展的必然趋势。

(2) 相对过剩余人口的形成。

相对过剩人口即失业人口,是指劳动力的供给相对于资本对劳动力的需求来说过剩,并不是人口的绝对过剩。

(3) 严重的贫富两极分化。

3. 资本积累的历史作用和历史趋势

历史作用:提高了生产社会化的水平,使社会生产力获得了迅猛的发展。

历史趋势:社会主义公有制代替资本主义私有制。

三 资本的流通过程和剩余价值的分配

(一) 单个资本的循环和周转

能够发生价值增殖的资本是产业资本。

1. 单个资本的循环

循环运动中,依次经过三个阶段——购买阶段、生产阶段(决定性阶段)、销售阶段。

依次采取三种职能形式——货币资本（购买阶段，为剩余价值的生产准备条件）、生产资本（生产阶段，生产出剩余价值）、商品资本（销售阶段，实现剩余价值）。

资本的循环过程是流通和生产的统一（购买、生产、销售三个阶段的统一，购买和销售处在流通阶段）。产业资本循环过程中起决定作用的是生产阶段。

2. 单个资本的周转

（1）影响资本周转速度的因素。

一是资本周转时间的长短，包括生产时间和流通时间的长短；二是生产资本的构成，即生产资本中固定资本和流动资本的比例，以及固定资本和流动资本自己的周转速度。

（2）固定资本和流动资本。

划分依据：价值周转方式的不同。

固定资本是以机器、设备、厂房、工具等劳动资料形式存在的生产资本。

流动资本是以原料、燃料、辅助材料等劳动对象和劳动力形式存在的生产资本。注意区分流通资本和流动资本。

（3）生产资本的构成对资本周转速度的影响。

一是固定资本和流动资本的比例。固定资本多，流动资本少，速度就慢；反之就快。

二是固定资本和流动资本自己的周转速度。

（4）产业资本周转速度对剩余价值生产的影响。

在一年内资本周转的速度越快，带来的年剩余价值总量就越多，年剩余价值率也越高；反之相反。

年剩余价值率是：一年内生产的剩余价值总量与一年内预付的可变资本总量的比率。

（二）社会资本的再生产

1. 考察社会资本再生产的核心问题——社会总产品的各个构成部分是如何实现的

（1）社会总产品的含义是：社会各个物质生产部门在一定时期（年）内生产的全部物质资料的总和。

（2）社会总产品的构成。

从实物形态上按其最终用途，区分为两大类——生产资料和消费资料。与此相适应，整个社会生产划分为两大部类——第一部类是制造生产资料的部类，第二部类是制造消费资料的部类。

从价值形态上，区分为三部分——不变资本价值、可变资本价值、剩余价值。

（3）社会总产品的实现。

社会总产品的实现也就是社会总产品的补偿，包括价值补偿（该卖的卖出去）和物质补偿（该买的买得到）。

2. 社会总资本再生产的比例关系

第一部类的生产资料的总供给与总需求保持平衡；第二部类的消费资料的总供给与

总需求保持平衡。

（三）剩余价值的分配

1. 剩余价值转化为利润

剩余价值被看作全部预付资本的产物时，就取得了利润的形态。所以，利润是剩余价值的转化形式，它们在数量上是相等的。

剩余价值与预付总资本的比率就是利润率。利润率是剩余价值率的转化形式。

2. 利润转化平均利润

不同生产部门之间平均利润的形成，是部门之间竞争的结果。

平均利润率形成后，并非各个生产部门的利润率毫无差别。利润率的平均化是在部门之间的竞争过程中形成的一种总的发展趋势。

平均利润本质上是全社会的剩余价值在各个生产部门资本家之间的重新分配，体现着整个资产阶级剥削整个工人阶级的经济关系。

3. 商业资本和商业利润

商业资本是在资本主义社会的流通领域中发挥作用的职能资本。

商业利润不能来源于纯粹的商品买卖。

商业利润的来源是产业部门的工人创造的剩余价值。

商业资本也要和产业资本一样，获得平均利润。

4. 借贷资本和利息、银行资本和银行利润

（1）借贷资本和利息。

借贷资本是从职能资本（包括产业资本和商业资本）的运动中分离出来的特殊资本形式。

借贷资本的主要来源是职能资本家手中暂时闲置的货币资本。

借贷资本的本质是为了取得利息而暂时贷给职能资本家使用的货币资本。

利息的本质是剩余价值的特殊转化形式。

（2）银行资本和银行利润。

银行资本的构成：自有资本；吸收的存款，即借入资本。

银行利润相当于银行资本家自有资本所获得的平均利润。

5. 农业资本和农业利润及地租

农业工人所创造的剩余价值划分为两部分：

一部分以平均利润形式由农业资本家所占有；另一部分超额利润以地租形式由农业资本家缴纳给土地所有者。

（四）资本主义经济危机

1. 资本主义经济危机的实质和根源

资本主义经济危机是在资本主义经济发展过程中，周期性爆发的生产过剩危机。

资本主义经济危机的典型现象和根本特征是生产过剩。

资本主义经济危机的实质是生产相对过剩的危机。

经济危机产生的根源是资本主义生产方式的基本矛盾，即生产的社会化与生产资料私人占有形式之间的矛盾。经济危机爆发的根源是资本主义基本矛盾。

2. 经济危机的周期性及其原因

资本主义经济危机是周期性爆发的，即每隔几年爆发一次。

周期性爆发的原因是：资本主义基本矛盾运动的阶段性，即时而缓和，时而激化。

资本主义再生产周期的阶段包括：危机阶段（决定性阶段）、萧条阶段、复苏阶段、高涨阶段。

四 资本主义的政治制度和意识形态

（一）资本主义的政治制度及其本质

资本主义政治制度主要包括资本主义的国家制度、政党制度、选举制度、三权分立制度、民主制度等。

资本主义政治制度的核心是国家制度。

1. 资本主义的国家制度

（1）资本主义国家的国体是资产阶级专政。

（2）资本主义国家的政体，主要有君主立宪制、民主共和制两种形式。

君主立宪制分为议会君主制、二元君主制两种类型。

民主共和制分为议会共和制、总统共和制两种基本类型。

资本主义国家政体还有半总统制、委员会制、专制独裁制等。

2. 资本主义的政党制度

资本主义的政党制度主要有：一党制、两党制、多党制。

3. 资本主义的普选制度

4. 资本主义的"三权分立"制度

"三权"即立法权（议会掌握）、行政权（政府掌握）、司法权（法院掌握）。

资本主义国家的最高立法机关是议会。

资本主义国家的最高行政机关是政府（内阁）。

资本主义国家行使审判权的机关是法院（司法机关）。

5. 资本主义的民主制度

资产阶级民主制的核心和主要标志是议会制。

资产阶级民主制的主要内容包括:"三权分立"、普选制、两党或多党制,以及公民享有各种权利。

(二) 资本主义的意识形态及其本质

1. 资本主义意识形态的历史进步性和阶级局限性

资本主义意识形态既具有历史进步性,又具有阶级局限性。

2. 资本主义意识形态的核心——利己主义

利己主义的主要特征是获取金钱。

3. 资产阶级的人生观、价值观和道德观

(1) 资产阶级的人生观。

资产阶级主张利己主义的人生观。

(2) 资产阶级的价值观。

资产阶级的价值观是立足于利己主义之上,以自私自利的个人主义为原则的价值观。"金钱确定人的价值",这是对资产阶级价值观的深刻写照。

(3) 资产阶级的道德观。

资本主义道德的基本原则是利己主义。

能力检测

一、单项选择题(每小题列出的备选项中只有一项是最符合题目要求的,请将其选出)

1. 下列各项正确表述商品含义的是(   )。
   A. 具有使用价值的物品   B. 具有稀缺性的物品
   C. 为自己而生产的有用物品   D. 为交换而生产的有用物品

2. 商品经济是(   )。
   A. 以自给自足为特征的经济形式   B. 为他人而生产的经济形式
   C. 直接以交换为目的的经济形式   D. 以获取剩余价值为目的的经济形式

3. 关于社会分工的产生,下列表述中正确的是(   )。
   A. 社会分工是私有制的产物   B. 社会分工是商品经济的产物
   C. 社会分工是资本主义的产物   D. 社会分工是生产力发展的产物

4. 商品经济产生和存在的决定性条件是(   )。
   A. 社会分工的出现和发展
   B. 商品交换场所的建立
   C. 劳动力成为商品
   D. 生产资料和劳动产品属于不同的所有者

5. 商品经济成为最普遍的、占统治地位的经济形式的社会形态是(   )。

A. 原始社会 B. 奴隶社会
C. 封建社会 D. 资本主义社会

6. 商品的使用价值反映的是（ ）。
   A. 人与人的关系 B. 人与自然的关系
   C. 生产关系 D. 交换关系

7. 商品的最本质因素是（ ）。
   A. 使用价值 B. 价值
   C. 交换价值 D. 剩余价值

8. 两种商品相互交换的量的关系或比例就是商品的（ ）。
   A. 价值 B. 价格
   C. 使用价值 D. 交换价值

9. 具体劳动（ ）。
   A. 反映社会生产关系 B. 是劳动的社会属性
   C. 反映人与自然的关系 D. 定商品的价值

10. 具体劳动和抽象劳动是指（ ）。
    A. 两种独立存在的劳动
    B. 同一劳动过程中先后出现的两种不同劳动
    C. 同一劳动过程的两个方面
    D. 不同劳动过程的不同劳动形式

11. 决定商品价值量的是（ ）。
    A. 社会必要劳动时间 B. 最多劳动时间
    C. 个别劳动时间 D. 最少劳动时间

12. 商品生产者要实现更多的收益必须使（ ）。
    A. 个别劳动时间等于社会必要劳动时间
    B. 个别劳动时间大于社会必要劳动时间
    C. 个别劳动时间小于社会必要劳动时间
    D. 个别劳动时间等于倍加的社会必要劳动时间

13. 社会必要劳动时间是以（ ）。
    A. 具体劳动为尺度 B. 简单劳动为尺度
    C. 复杂劳动为尺度 D. 个别劳动为尺度

14. 单位商品价值量与劳动生产率的关系是（ ）。
    A. 两者成正比 B. 两者成反比
    C. 两者总按相同比例变化 D. 两者总按不同比例变化

15. 货币的本质是（ ）。
    A. 固定充当一般等价物的商品 B. 偶尔充当一般等价物的商品

C. 固定充当特殊等价物的商品　　　　D. 偶尔充当特殊等价物的商品

16. 货币的五种职能中最基本的是（　　）。
A. 世界货币和贮藏手段　　　　　　　B. 贮藏手段和支付手段
C. 价值尺度和流通手段　　　　　　　D. 价值尺度和价格标准

17. 支付工资的货币执行的是货币的（　　）。
A. 价值尺度职能　　　　　　　　　　B. 流通手段职能
C. 支付手段职能　　　　　　　　　　D. 贮藏手段职能

18. 以私有制为基础的商品经济的基本矛盾是（　　）。
A. 使用价值和价值的矛盾　　　　　　B. 具体劳动和抽象劳动的矛盾
C. 价值和交换价值的矛盾　　　　　　D. 私人劳动和社会劳动的矛盾

19. 私人劳动和社会劳动形成的条件是（　　）。
A. 技术进步和生产资料公有制　　　　B. 技术进步和生产资料私有制
C. 社会分工和生产资料公有制　　　　D. 社会分工和生产资料私有制

20. 价值规律是（　　）。
A. 自然经济的基本规律　　　　　　　B. 商品经济的基本规律
C. 资本主义经济的基本规律　　　　　D. 社会主义经济的基本规律

21. 构成商品价格基础的是（　　）。
A. 使用价值　　　　　　　　　　　　B. 价值
C. 商品供给　　　　　　　　　　　　D. 商品需求

22. 价值规律作用的表现形式是（　　）。
A. 商品价格围绕价值波动　　　　　　B. 商品价格经常低于价值
C. 价值围绕商品价格波动　　　　　　D. 商品价格往往高于价值

23. 货币转化为资本的前提是（　　）。
A. 劳动成为商品　　　　　　　　　　B. 劳动力成为商品
C. 劳动者有人身自由　　　　　　　　D. 劳动者丧失了一切生活和生产资料

24. 在资本主义社会，决定劳动力价值的因素中一般不包括（　　）。
A. 生存资料的价值　　　　　　　　　B. 生产资料的价值
C. 延续和养育后代所需的费用　　　　D. 必要的教育培训费用

25. 劳动力价值决定的一个重要特点是（　　）。
A. 它由其生产的剩余价值决定　　　　B. 它由其使用价值决定
C. 它包含历史和道德因素　　　　　　D. 它包含习惯和法律因素

26. 资本主义生产过程是（　　）。
A. 劳动过程和价值形成过程的统一
B. 劳动过程和价值增殖过程的统一
C. 劳动过程和劳动力价值创造过程的统一

D. 劳动过程和旧价值转移过程的统一

27. 根据资本不同部分在剩余价值生产中的不同作用,可以把全部资本划分为（　　）。
   A. 生产资本与商业资本　　　　　B. 职能资本与货币资本
   C. 不变资本和可变资本　　　　　D. 固定资本和流动资本

28. 以生产资料形式存在的资本是（　　）。
   A. 可变资本　　　　　　　　　　B. 不变资本
   C. 货币资本　　　　　　　　　　D. 商品资本

29. 以劳动力形式存在的那部分资本是（　　）。
   A. 不变资本　　　　　　　　　　B. 可变资本
   C. 固定资本　　　　　　　　　　D. 流通资本

30. 剩余价值率反映的是（　　）。
   A. 不变资本的增殖程度　　　　　B. 资本家对工人的剥削程度
   C. 固定资本的增殖程度　　　　　D. 流动资本的增殖程度

31. 在必要劳动时间不变的情况下,将工作日延长所生产出的剩余价值是（　　）。
   A. 绝对剩余价值　　　　　　　　B. 相对剩余价值
   C. 超额剩余价值　　　　　　　　D. 平均剩余价值

32. 由于提高劳动强度而生产的剩余价值属于（　　）。
   A. 绝对剩余价值　　　　　　　　B. 超额剩余价值
   C. 相对剩余价值　　　　　　　　D. 超额利润

33. 相对剩余价值的获得是（　　）。
   A. 延长工作日、增加剩余劳动时间的结果
   B. 工作日不变、增加必要劳动时间的结果
   C. 个别企业提高劳动生产率的结果
   D. 全社会劳动生产率普遍提高的结果

34. 资本家提高劳动生产率的直接目的是（　　）。
   A. 生产绝对剩余价值　　　　　　B. 获取超额剩余价值
   C. 生产相对剩余价值　　　　　　D. 降低劳动力价值

35. 资本主义的基本经济规律是（　　）。
   A. 价值规律　　　　　　　　　　B. 剩余价值规律
   C. 资本主义积累规律　　　　　　D. 平均利润率规律

36. 资本主义再生产的特征是（　　）。
   A. 简单再生产　　　　　　　　　B. 扩大再生产
   C. 粗放型再生产　　　　　　　　D. 集约型再生产

37. 资本积累的源泉是（　　）。
   A. 使用价值　　　　　　　　　　B. 剩余价值

C. 价值 D. 交换价值

38. 生产资料和劳动力实物构成上的比例是（　　）。
A. 资本的有机构成 B. 资本的价值构成
C. 资本的技术构成 D. 资本的数量构成

39. 不变资本和可变资本数量构成上的比例是资本的（　　）。
A. 有机构成 B. 价值构成
C. 技术构成 D. 数量构成

40. 资本有机构成的提高一般是以（　　）。
A. 社会总资本的增大为前提 B. 生产资料的增大为前提
C. 流通资本的增大为前提 D. 单个资本的增大为前提

41. 资本主义相对过剩人口是指（　　）。
A. 劳动力供给超过资本对劳动力的需求而出现的过剩人口
B. 人口增长超过生活资料的增长而出现的过剩人口
C. 人口增长超过生产资料的增长而出现的过剩人口
D. 人口增长超过资本的增长而出现的过剩人口

42. 以下不属于产业资本在其循环过程中经历的阶段是（　　）。
A. 购买阶段 B. 生产阶段
C. 运输阶段 D. 销售阶段

43. 产业资本循环中为生产剩余价值准备条件的阶段是（　　）。
A. 购买阶段 B. 生产阶段
C. 销售阶段 D. 流通阶段

44. 产业资本循环中生产剩余价值的阶段是（　　）。
A. 购买阶段 B. 生产阶段
C. 销售阶段 D. 流通阶段

45. 资本循环中实现价值增殖的阶段是（　　）。
A. 购买阶段 B. 生产阶段
C. 销售阶段 D. 运输阶段

46. 产业资本的循环运动（　　）。
A. 只包括流通阶段而不包括生产阶段
B. 只包括生产阶段而不包括流通阶段
C. 是购买生产销售三个阶段的统一
D. 是购买商品和销售商品两个阶段的统一

47. 产业资本循环采取的职能形式是（　　）。
A. 生产资本、流通资本和银行资本
B. 生产资本、商业资本和银行资本

C. 货币资本、生产资本和商品资本
D. 货币资本、生产资本和商业资本

48. 从资本周转的角度来考察资本的构成，划分为固定资本和流动资本的是（　　）。
    A. 生产资本　　　　　　　　　　B. 货币资本
    C. 商品资本　　　　　　　　　　D. 流通资本

49. 资本家加速资本周转的目的是（　　）。
    A. 提高平均利润率　　　　　　　B. 提高剩余价值率
    C. 提高资本积累率　　　　　　　D. 提高年剩余价值率

50. 考察社会资本再生产，其核心问题是分析（　　）。
    A. 社会总产品的各个构成部分是如何实现的
    B. 剩余价值是如何转化为平均利润的
    C. 资本循环与资本周转的区别
    D. 剩余价值是怎样生产出来的

51. 社会总产品是社会各个物质生产部门在一定时期（通常是一年）内生产的（　　）。
    A. 全部剩余价值的总和　　　　　B. 全部生产资料的总和
    C. 全部物质资料的总和　　　　　D. 全部消费资料的总和

52. 社会总产品的两大部类是指（　　）。
    A. 生产资料部类和消费资料部类　B. 劳动资料部类和劳动对象部类
    C. 可变资本部类和不变资本部类　D. 固定资本部类和流动资本部类

53. 社会资本再生产的核心问题是社会总产品的实现问题，包括（　　）。
    A. 价值补偿和实物补偿　　　　　B. 物质补偿和精神补偿
    C. 有形补偿和无形补偿　　　　　D. 商品补偿和货币补偿

54. 资本主义简单再生产实现的条件下，第一部类生产的全部产品的总价值应等于（　　）。
    A. 第一部类消耗的生产资料的价值总和
    B. 第二部类消耗的生产资料的价值总和
    C. 两大部类消耗的生产资料的价值总和
    D. 两大部类消耗的生活资料的价值总和

55. 剩余价值转化为利润，是由于把剩余价值看作（　　）。
    A. 不变资本的产物　　　　　　　B. 可变资本的产物
    C. 全部预付资本的产物　　　　　D. 全部所费资本的产物

56. 剩余价值与利润从数量上看（　　）。
    A. 前者总是大于后者　　　　　　B. 前者总是小于后者
    C. 两者总是相等　　　　　　　　D. 两者的大小无法判断

57. 平均利润的形成是（　　）。
   A. 部门之间竞争的结果　　　　　　　B. 部门内部竞争的结果
   C. 剩余价值率平均化的结果　　　　　D. 资本家追逐超额利润的结果

58. 平均利润率是（　　）。
   A. 社会利润总量与社会预付可变资本的比率
   B. 社会利润总量与不变资本的比率
   C. 社会的剩余价值总量与社会预付可变资本的比率
   D. 社会的剩余价值总量与社会预付总资本的比率

59. 商业资本所获得的利润相当于（　　）。
   A. 平均利润　　　　　　　　　　　　B. 超额利润
   C. 垄断利润　　　　　　　　　　　　D. 企业利润

60. 借贷资本是（　　）。
   A. 与产业资本、商业资本相同的职能资本
   B. 与商业资本、银行资本相同的流通资本
   C. 从职能资本运动中分离出来的特殊资本形式
   D. 与其他职能资本家获得同样利润的资本形式

61. 利息的本质是（　　）。
   A. 剩余价值的特殊转化形式　　　　　B. 平均利润的特殊转化形式
   C. 使用借贷资本支付的报酬　　　　　D. 使用产业资本支付的报酬

62. 决定银行利润量的因素是（　　）。
   A. 银行自有资本总额和平均利润率
   B. 银行自有资本总额和利息率
   C. 借贷资本总额和平均利润率
   D. 借贷资本总额和利息率

63. 在资本主义社会中，银行资本家所获得的利润率水平（　　）。
   A. 大体与借贷资本家获得的利息率水平相同
   B. 大体与职能资本家获得的平均利润率水平相同
   C. 大大高于职能资本家获得的平均利润水平
   D. 大大低于职能资本家获得的平均利润水平

64. 资本主义经济中，农业资本家获得的剩余价值是（　　）。
   A. 级差地租　　　　　　　　　　　　B. 绝对地租
   C. 平均利润　　　　　　　　　　　　D. 利息

65. 资本主义经济危机中最典型的现象是（　　）。
   A. 生产过剩　　　　　　　　　　　　B. 商品短缺
   C. 长期萧条　　　　　　　　　　　　D. 持续高涨

66. 资本主义经济危机从实质上说就是（   ）。

   A. 生产绝对过剩的危机　　　　　　B. 生产相对过剩的危机

   C. 生产不足的危机　　　　　　　　D. 买卖脱节的危机

67. 产生资本主义经济危机的根源是（   ）。

   A. 生产相对过剩　　　　　　　　　B. 需求绝对减少

   C. 资本主义基本矛盾　　　　　　　D. 生产和消费的矛盾

68. 资本主义再生产周期四个阶段的顺序一般为（   ）。

   A. 萧条—危机—复苏—高涨　　　　B. 复苏—高涨—危机—萧条

   C. 危机—萧条—复苏—高涨　　　　D. 高涨—萧条—危机—复苏

69. 资本主义政治制度的核心是（   ）。

   A. 政党制度　　　　　　　　　　　B. 三权分立制度

   C. 国家制度　　　　　　　　　　　D. 选举制度

70. 资本主义国家的政体主要有（   ）。

   A. 两党制和多党制两种

   B. 君主立宪制和民主共和制两种

   C. 一党制、两党制和多党制三种

   D. 君主立宪制、民主共和制和专制独裁制三种

71. 资本主义民主共和制国家中掌握立法权的是（   ）。

   A. 国家元首　　　　　　　　　　　B. 政府

   C. 法院　　　　　　　　　　　　　D. 议会

72. 资本主义民主制的核心和主要标志是（   ）。

   A. 普选制　　　　　　　　　　　　B. 三权分立制

   C. 议会制　　　　　　　　　　　　D. 民主共和制

73. 资本主义国家的民主制度存在形式上平等而事实上不平等的矛盾，根本原因在于（   ）。

   A. 宪法是由资产阶级制定的

   B. 民主的原则是与实践相脱节的

   C. 劳动人民不能参与国家政权的管理

   D. 民主权利的实现受到资本主义生产资料私有制的限制

74. 马克思主义认为，资本主义意识形态（   ）。

   A. 只具有历史进步性

   B. 既有历史进步性，又有阶级局限性

   C. 只具有阶级局限性

   D. 既无历史进步性，又无阶级局限性

75. 资本主义意识形态的核心是（   ）。

A. 实用主义	B. 享乐主义
C. 功利主义	D. 利己主义

76. 资产阶级道德观的基本原则是（　　）。

A. 利己主义	B. 拜金主义
C. 自由主义	D. 享乐主义

二、简答题

1. 简述商品经济产生和存在的条件。
2. 如何理解生产商品的劳动二重性？
3. 简述货币的本质及职能。
4. 简述以私有制为基础的商品经济的基本矛盾。
5. 劳动力商品与一般商品在使用价值方面有什么不同？
6. 为什么说资本主义生产过程是劳动过程与价值增殖过程的统一？
7. 简述划分不变资本和可变资本的意义。
8. 超额剩余价值是怎样产生的？单个企业能够稳定长期获得吗？
9. 简述影响资本周转速度的因素。
10. 资本主义经济危机的实质和根源是什么？
11. 简述资本主义意识形态的核心及其主要特征。

三、论述题

1. 试述商品价值量的决定及其同劳动生产率的关系。
2. 试述价值规律的内容及其对社会经济发展的作用。
3. 试述劳动力商品的价值和使用价值。
4. 试述相对剩余价值的生产过程。
5. 试述资本积累的客观必然性、实质及其后果。
6. 试述平均利润的形成及本质。
7. 试述资本主义意识形态的历史进步性和阶级局限性。

第五章 资本主义的发展及其趋势

知识框架

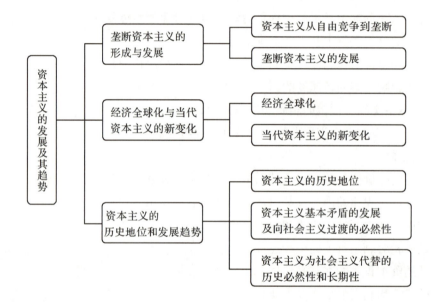

内容精要

第一节 垄断资本主义的形成与发展

一 资本主义从自由竞争到垄断

（一）资本主义的发展阶段

迄今为止，资本主义社会的发展，大体分为两个大的阶段：自由竞争资本主义和垄断资本主义。

这两个阶段资本主义社会经济的基本制度没有改变，无产阶级和资产阶级之间的基本经济关系也没有改变，但在生产力、生产关系、市场经济体制、政治和法律制度及资本主义国际经济政治关系等方面，出现了许多不同的特点。

1. 自由竞争资本主义阶段

从资本主义经济制度产生到 19 世纪末 20 世纪初垄断资本主义形成之前，资本主义发展处于自由竞争阶段。

在这个阶段，资本主义以自由竞争为特征的市场经济体制建立和发展了起来，自由竞争成为市场经济运行的基本原则和基本规律。

自由竞争是这个时期资本主义的一个重要特征。

2. 垄断资本主义阶段

19 世纪末 20 世纪初，资本主义发展进入垄断阶段。垄断资本主义又分为一般垄断或叫私人垄断资本主义和国家垄断资本主义两个阶段。

（1）一般垄断或私人垄断阶段。

列宁在《帝国主义是资本主义的最高阶段》中，把垄断资本主义的基本经济特征概括为 5 点：垄断在经济生活中占统治地位；金融资本和金融寡头的统治；资本输出在经济生活中占重要地位；国际垄断同盟在经济上瓜分世界；垄断资本主义列强瓜分和重新瓜分世界。

（2）国家垄断资本主义阶段。

第二次世界大战后出现了国家垄断资本主义，国家或者说政权的力量日益深入地介入社会经济生活的各个领域，国家垄断取代私人垄断成为主要资本主义国家的新形式、新特征。

（二）垄断的形成

资本主义促进了生产力发展和生产社会化程度的提高，这种社会化生产力的发展又从客观上要求生产和资本不断扩大规模、日益集中。这是生产力发展的内在要求，也是垄断产生的物质条件和基础。

1. 自由竞争引起生产集中和资本集中

资本主义企业在自由竞争中，会不断通过资本积聚和资本集中来扩大规模，从而引起生产和资本的不断集中。即自由竞争必然引起生产集中和资本集中。

同时，信用制度的发展、股份公司和联合制企业的出现，在经济危机中企业破产和商品生产者之间两极分化的加剧，都进一步促进了生产和资本的集中。

2. 生产和资本集中发展到一定程度，就会自然而然地走向垄断

当一个部门的大部分生产或流通为一个或几个大企业所控制时，竞争的格局就会发生变化，因为竞争对手之间势力强大或势均力敌，继续竞争可能会导致两败俱伤，不如放弃竞争，通过协商达成协议，形成垄断，并可坐享因垄断而带来的高额利润。这样，垄断就出现了。

当社会经济生活中，垄断成为一种较为普遍的现象时，资本主义社会就由自由竞争阶段发展到了垄断阶段。

（三）垄断组织的形成和发展

大资本对社会经济生活的垄断主要是通过一定的垄断组织实现的。

1. 垄断组织的含义

垄断组织是指若干资本主义大企业，联合起来操纵和控制某一部门或几个部门绝大多数产品的生产和销售及原料市场，以保证获得高额垄断利润的组织。

2. 垄断组织的主要形式

（1）20世纪上半期垄断组织的主要形式。

卡特尔——生产或经营同类产品、在生产或流通的某个或某些环节实现垄断的组织形式。

辛迪加——把一些在法律上和生产上还是独立的大垄断企业在流通环节上统一起来，进行垄断经营的组织形式。

托拉斯——垄断了某种商品生产和经营全过程的独立的大型垄断企业。

康采恩——由一两个特大型垄断企业为核心，联合了各方面各领域一大批企业所形成的超大型垄断集团。

（2）20世纪后半叶垄断组织的形式。

20世纪后半叶垄断组织的主要形式是混合联合公司（混合联合企业）。

混合联合公司进行跨行业跨部门混合联合生产与经营，既可以最大限度地提高公司的利润率，又可以规避风险，并稳定、持久地保持垄断地位和获得高额垄断利润。

无论是何种垄断组织形式，其实质都是垄断资本家通过垄断生产和市场，更多榨取劳动者的血汗，以获取高额利润的工具。

（3）第二次世界大战后，生产和资本进一步集中，垄断统治进一步加强。

主要表现在四个方面：

第一，企业兼并速度加快，混合兼并占主导地位。

第二，企业规模扩大，垄断程度提高。

第三，垄断组织的生产经营多样化，混合联合企业大量涌现。

第四，垄断组织向国际化方向发展，跨国公司迅速增加。跨国公司是新的垄断组织形式和垄断资本国际经济组织的载体。

（四）金融资本和金融寡头的形成及其统治

1. 银行由普通的中介人变为万能的垄断者

在生产领域中的生产与资本集中不断增强，垄断逐渐形成时，在金融领域里，银行业的集中也在同步进行。

当银行业的集中发展到一定程度时，也会走向垄断。

当商品经济还不很发达的时候，银行只是一个简单的借贷中介人。但是，随着生产规模的扩大和生产社会化程度的提高、商品经济的发展、借贷数额的不断增大及借贷关系的复杂化，银行，特别是大银行的作用就日益重要，甚至到了可以左右生产企业命运的程度。

这样，垄断的银行资本就由普通的借贷关系中介人变为社会经济生活中万能的垄断者。

2. 金融资本

金融资本是由垄断的工业资本和银行资本，通过金融联系、资本参与、人事参与，融合或混合生长构成的一种新的资本形式，是垄断资本主义国家中社会经济生活各个方面实际上的统治者。

3. 金融寡头的统治

金融寡头是掌握了金融资本，操纵国民经济命脉，并在实际上控制国家政权的少数垄断资本家或垄断资本家集团。

金融寡头支配了大量的社会财富，控制了整个国家的经济命脉和上层建筑，是垄断资本主义国家事实上的主宰者。

金融寡头在经济上的统治主要是通过实行"参与制"来实现的。参与制，即资本参与，是通过控制一定数量的股票（股票控制额）从而层层控制许多企业的经济上的统治方式。（经济领域的统治）

金融寡头在政治上的统治，主要是通过"个人联合"的方式实现的。一方面，通过竞选让自己或代理人掌握政治力量为自己的垄断统治服务；另一方面，把政府官员和议员拉下水，让他们在其政治活动中为金融寡头的利益服务。（政治上层建筑领域的统治）

此外，金融寡头还通过建立政策研究咨询机构等方式来对政府的政策施加影响，通过掌握舆论工具、新闻媒介来对社会生活施加影响，从而实现对社会经济生活的统治。（观念上层建筑即意识形态领域的统治）

4. 战后发达资本主义国家银行业的集中和垄断的新发展

主要表现为：

第一，银行规模不断扩大，银行资本积累和资本集中的速度也在加快。

第二，银行的集中和垄断程度在不断提高。

第三，各大银行的分支机构迅速增长。

5. 垄断财团增强

主要表现在：

第一，垄断财团实力迅速增长。在各资本主义国家，金融资本和金融寡头多以垄断财团（财阀）的形式存在。

第二，垄断财团的经营向多样化方向发展。

第三，垄断财团的经营日益国际化，大财团同时就是跨国公司。

第四，大财团的资本结构日益社会化。一方面是大财团之间的资本相互渗透；另一方面是股权的分散，使大财团原有的家族色彩淡薄，日益成为社会化的资本形式。

（五）垄断和竞争

1. 垄断没有消除竞争

自由竞争引起生产集中，生产集中发展到一定程度就会自然而然地走向垄断。但垄断没有消除竞争。

首先，垄断没有消除产生竞争的经济条件。

竞争是商品经济存在和发展的基本条件和核心机制，有商品经济就必然存在竞争。资本主义经济是发达的商品经济和市场经济，竞争当然不会消失。

其次，经济主体多样。

从现实经济主体看，除了垄断组织外，还有大量的非垄断企业，它们之间必然存在竞争；就是垄断企业之间也存在竞争。

因此，垄断资本主义阶段不但存在竞争，而且竞争的主体、形式、内容和激烈程度都比自由竞争阶段有新的发展。

2. 垄断阶段的竞争类型

从竞争的范围来说，大体有垄断组织之间的竞争、垄断同非垄断企业之间的竞争、垄断组织内部的竞争、非垄断企业之间的自由竞争。

3. 垄断阶段同自由竞争阶段竞争的不同点

垄断阶段同自由竞争阶段竞争的不同点主要表现在这几个方面：

（1）竞争的目的不同。

垄断时期竞争的目的是获取高额垄断利润。

（2）竞争的手段有了新的变化。

以前的各种竞争手段在继续使用，各种凭借垄断地位采取的新的竞争手段层出不穷、花样翻新。

（3）竞争的激烈程度和破坏性后果不同。

由于垄断组织的实力及其所采用的手段与自由竞争阶段的企业不可同日而语，因此，竞争的激烈和持久及其造成的破坏，也大大超过了自由竞争阶段。

（4）竞争的范围不同。

垄断阶段的竞争不仅存在于国内，而且扩展到了国外，除了经济领域的竞争外，还在政治、军事、文化等领域展开激烈的竞争。

（六）垄断利润及其来源

垄断资本在经济乃至政治上统治的目的，归根到底是获取高额垄断利润。

1. 垄断利润

垄断利润是指垄断资本凭借其垄断地位而获得的大大超过平均利润的高额利润。

2. 垄断利润的来源

垄断利润是垄断统治在经济上的实现形式。但是，垄断本身不能创造价值和剩余价值，垄断利润归根到底来自工人阶级和劳动人民所创造的剩余价值。

垄断利润的来源主要有：

（1）对本国无产阶级和其他劳动人民的剥削。

（2）以垄断高价或垄断低价获得一些其他企业特别是非垄断企业的利润。

（3）对其他国家劳动人民的剥削和掠夺而获取的海外利润。

（4）通过资本主义国家政权进行有利于垄断资本的再分配，从而将劳动人民创造的国民收入的一部分变成垄断资本的收入。

3. 垄断价格

垄断利润主要是通过垄断组织制定的垄断价格来实现的。

（1）垄断价格及其形式。

垄断价格是垄断组织凭借其垄断地位规定的、旨在保证获取最大限度利润的市场价格。

垄断价格包括垄断低价和垄断高价两种基本形式。

垄断高价是指，垄断资本在出售自己产品时规定的垄断价格。

垄断低价是指，垄断资本在购买生产资料时规定的垄断价格。

（2）垄断价格没有否定价值规律。

垄断价格的出现，并没有否定价值规律的作用，垄断本身并不能创造一个价值原子。

首先，垄断价格的制定不能完全脱离价值。

价值是价格的基础，即使是垄断价格也不例外。

其次，垄断的形成并不能增加价值总量。

全社会商品价格总额仍然只能等于商品价值总额。垄断价格对价值的偏离，必然和另外一些非垄断企业或小生产者生产的商品价格对价值的反向偏离相对应。

最后，通过垄断价格所获得的垄断利润，归根到底是雇佣工人创造的剩余价值和其他劳动者创造的一部分价值。

所以说，垄断价格和垄断利润的出现，并没有否定价值规律；相反，它们的出现是价值规律在垄断资本主义阶段作用的具体体现。

二 垄断资本主义的发展

（一）国家垄断资本主义的产生和发展

1. 国家垄断资本主义的产生

国家垄断资本主义是垄断资本同国家政权相结合的资本主义。

第二次世界大战后，国家垄断资本主义在主要发达资本主义国家有很大发展，成为社会经济生活中一个非常重要的现象。

同一般垄断或私人垄断相比，国家垄断资本主义有很多新的特点。因此，可以把垄断资本主义阶段以第二次世界大战结束为界，再划分为私人垄断（一般垄断）与国家垄断两个发展阶段。

国家垄断资本主义是垄断资本主义发展的一个新阶段。

国家垄断资本主义的产生，归根到底是社会生产力发展的要求和结果。

社会化大生产本质上要求按照生产力发展的客观规律，在全社会范围内组织各种社会经济活动，但私人垄断资本仍然是从其私利的角度做出决策，进行社会经济活动的，这就必然会与社会化大生产的本质要求发生激烈的冲突。

在这种条件下，必须由国家出面，利用政权的力量来协调各方面的关系，维持资本主义经济的运行。于是就出现了国家政权与垄断资本相结合的国家垄断资本主义。

在第二次世界大战前的一些时期和一些资本主义国家中，已经存在国家出面干预经济的现象，但那时国家垄断资本主义的产生和发展还刚刚开始，许多时候是作为应付经济危机或战时经济而采取的临时措施。

到了第二次世界大战后，特别是20世纪60年代以来，第三次工业和科技革命以后，主要发达资本主义国家的生产社会化程度提高很快，国家垄断资本主义得到广泛的发展。

由私人垄断资本主义发展到国家垄断资本主义，说到底，是私人垄断资本不能适应生产社会化程度进一步提高的要求，必须利用国家垄断资本主义这样的形式来驾驭日益发展的社会化大生产，从而使得资本主义制度得以继续维持和发展下去。

2. 战后国家垄断资本主义大发展的具体原因

战后国家垄断资本主义大发展的原因，具体来说有六个方面：

第一，仅靠私人垄断资本的力量，无法满足大规模经济建设所需要的巨额资金。

第二，在一些大规模公共设施的建设上，私人垄断资本无能为力或不愿进行投资建设。

第三，一些大型、基础性、前导性的科研项目，也是私人垄断资本不愿涉足的领域。

第四，日益严重的生产过剩问题仅靠私人垄断资本难以解决。

第五，社会化大生产的发展要求国家出面进行某些宏观经济调控。

第六，在经济利益关系的调整方面，国家的再分配功能也越来越重要。

国家垄断资本主义的出现，归根到底是生产力的发展，特别是生产社会化程度的提高，要求资本主义国家介入社会经济生活中，起到私人资本不能起的一些作用，以维持资本主义社会的存在和发展，维护垄断资本的利益和统治。

国家垄断资本主义是以"理想的总资本家"的形式出现的、为资产阶级特别是垄断资产阶级利益服务的。

3. 国家垄断资本主义的基本形式

国家垄断资本主义，即资本主义的国家与垄断资本相结合的资本主义。

国家垄断资本主义基本的、主要的、具体的形式可以归纳为三种：

第一，国家直接掌握的垄断资本，也就是资本主义国家中的国有经济、国有企业。

大型企业的投资，公共设施的建设，私人资本无力或不愿承担，这时就要由国家来兴建这些企业和设施，国有经济就产生和发展了起来。

国有经济可以通过国家投资建立起来，也可以通过国有化的方式，将一些私人企业变成国有企业。

国有经济、国有企业主要是一些大型超大型新兴产业、支柱产业、公共产品的生产、基础设施的建设、高新技术开发研制的企业、军工企业，等等。都是为垄断资本的根本利益服务的。

第二，国家与私人资本在企业内部的结合，也就是资本主义国家中的国有资本与私人资本结合在一个企业中的经济形式。

这种国有经济和私人经济的结合，既可以是国家和私人资本共同投资于一个新的企业，也可以是国家通过出售一部分国有企业的股份，从而形成国家和私人资本共有的企业，还可以通过国家收购一部分私有企业的股份而形成国家与私人资本相结合的企业。

股份制企业为国家与私人资本在一个企业内部的结合提供了可行的方式。

第三，国家和私人资本在企业外部的结合，也就是国家垄断资本主义在资本主义私人企业的外部起作用，通过种种方式来促进、诱导私人企业向既定的方向发展，从而实现国家对经济的管理和调节。主要是微观规范和管制，宏观管理与调节。

资本主义经济制度是以私有制为基础的，对资本主义私人企业的内部决策，政府无权直接干预。但国家可以通过法律手段来规范私人企业的市场行为。可以用经济手段来间接调节私人企业的经济活动，诱导私人企业向国家希望的方向发展。

在现实的资本主义国家中，国有资本及国家和私人资本共有的经济成分所占的比重不是很大，占主体地位的还是私人资本，国家垄断资本主义正是主要通过这种在私人企业外部的规范管理、调节控制，实现其经济职能的。

4. 国家垄断资本主义条件下的宏观经济调控

（1）国家干预经济的必要性。

实践上源于自由市场经济的严重缺陷所导致的一系列严重经济危机的爆发；理论上源于主张国家干预经济的凯恩斯主义；市场经济运行条件上源于一些私有制市场经济主体所不愿或不能承担的社会经济任务，必须由国家来完成。

按照马克思主义的观点来考察资本主义国家干预经济的问题，归根到底是社会生产力的发展，使得资本主义国家必须在一定程度上承担起管理与调节社会经济生活的任务。

（2）资本主义国家宏观经济管理与调节的任务、目标。

资本主义国家宏观经济管理与调节的总任务是：促进市场总供给和总需求的平衡。

社会资本再生产的顺利进行，需要生产资料、消费资料的总供给和总需求保持平衡。

从市场经济体制的角度看，维持和保证总供给和总需求的大体平衡，也是市场经济正常运行的必要条件。

资本主义国家宏观经济管理与调节的主要目标是：保持经济稳定和适度增长，保持币值和物价稳定，实现充分就业，保持国际国内收支平衡等（保增长、稳物价、保就业、保平衡）。

（3）资本主义国家对经济的调控方式与手段。

调控方式：

一是国家对国民经济直接调节、控制和介入，如对国有企业和国私合营企业的经营、管理和调控，它所占比重不大。

二是国家对国民经济间接调节与控制。主要是运用经济手段，间接地引导私人资本按照国家垄断资本主义所希望的方向发展。它是主要调控方式。

调控手段：主要是经济手段和法律手段，尤其是经济手段，有时会使用行政手段。

调控的对象既包括各个微观经济主体，也包括国民经济宏观全局。

国家垄断资本主义宏观经济管理和调控目标的实现，主要是通过国家调节市场、市场引导企业这样一种经济调节机制实现的，这也是国家对经济的管理和调控以经济手段为主的具体体现。

发达市场经济中国家调节的主要是四大市场——商品市场、资本市场、劳动力市场和外汇市场。

（4）国家垄断资本主义宏观经济调控的主要政策。

主要是通过财政政策、货币政策及在一定程度上实行国民经济计划化（计划管理）来进行调控。

第一，财政政策。

财政是国家进行国民收入再分配的工具。通过财政把一部分国民收入集中起来进行分配，从而对生产资源的使用、个人收入的分配，以及整个宏观经济运行都有巨大的影响。财政政策主要包括财政收入政策和财政支出政策。

第二，货币政策。

币值的稳定是市场经济正常运行的必要条件。金融信贷业务的发达，更能促进市场经济的加速发展。因此，货币金融政策一直是国家垄断资本主义宏观调控的一项重要政策。同无偿向社会收取贡赋的财政不同，货币金融借贷关系是有借有还，且要还本付息的，因此，与财政政策相比，货币政策更具有经济手段、利益诱导的特征。

在货币资本运动中实现宏观经济调节：一是对利率的调节；二是对货币流通量的调节。

其一，利率调节。

主要是通过利率高低和差别利率来实现某些宏观经济目标。在经济过热时，适当提高利率，给经济降温；相反，在需要刺激经济发展、走出萧条与不景气时，则适当降低利率来刺激投资与消费。对国家支持的产业或企业给予优惠的信贷条件，鼓励其发展；

相反，对国家要控制的经济活动则用较苛刻的信贷条件来制约。

利率调节与财政政策一样，是逆经济方向的政策调节。

其二，货币量调控。

必要性：流通中所需要的货币量是由客观规律决定的。在纸币流通的情况下，如果不顾客观规律的要求，过多增发货币，必然会引起通货膨胀和物价上涨。过高的通货膨胀率不仅会造成经济的不稳定，还会从根本上破坏市场经济的运行机制，甚至导致整个国民经济的崩溃。

发达市场经济国家在调控货币量方面，主要是运用所谓的三大手段或三个法宝：

一是公开市场业务。

中央银行在货币资本市场上公开大量收购有价证券，则意味着一般商业银行手中的货币就有所增加，因而流通中的货币量就多了；反之相反。

二是最低准备金率政策。

法定准备金是指商业银行要把一定比例的资金存入中央银行。这个法定准备金率若是提高了，商业银行必须向中央银行缴上更多的货币资金，则流通中的货币就会减少；反之相反。

三是再贴现利率政策。

商业银行可以把手中的未到期的有价证券拿到中央银行去再贴现，如果再贴现利率低，商业银行就会拿出更多的有价证券去贴现，这样流通中的货币就会增加；反之相反。

第三，计划管理。

许多资本主义国家通过实行一定程度的国民经济计划化，力求在资本主义制度内解决一些经济社会矛盾和问题。

5. 国家垄断资本主义的实质

国家垄断资本主义的实质是为了资本主义社会经济制度的存在和发展。

通过对国家垄断资本主义的三种具体形式所起作用的简要分析，就可以清楚地看出它的本质。

第一，从国有资本的作用看。

资本主义的国有资本，特别是国有企业，仍然是垄断资本主义性质的企业，是为整个资产阶级服务、为资本主义国家的生产发展服务的。

从资本主义国有企业的经营宗旨来看，追求高额利润并不是它的主要目标，其宗旨在于促进私人垄断资本的发展、协调社会总资本的正常运行。

第二，从国有资本与私人资本相结合的各种资本的作用看。

如果国有资本处于控制地位，资本主义国家就可以用较少的资本控制较多的私人垄断资本的经营活动，这有利于国家从资产阶级整体利益来考虑宏观经济调控和经济结构调整；反之，若是私人资本占控制地位，则私人资本家一方面可以利用国家资本来增强自己的经济实力，另一方面又可以得到政府的各种优惠，使垄断资本家获得更多的利润。

所以，这些形式的国家垄断资本主义同样是为垄断资产阶级利益服务的工具。

第三，从国家与私人资本在企业外部的结合看。

无论是国家的加工订货、提供补贴、财政支持和再分配，还是国民经济计划化，都是为垄断资本主义经济的稳定均衡发展、资本主义社会的存在和长治久安、缓和各种经济社会矛盾服务的，其根本目的仍然是维护资产阶级的利益。

因此，无论是哪种形式的国家垄断资本主义，其实质都是私人垄断资本利用国家机器来为其利益服务的手段，是代表垄断资产阶级总体利益并凌驾于个别垄断资本之上，对社会经济进行调节的一种形式。

（二）垄断资本在世界范围的扩展

1. 资本输出

垄断资本主义经济侵略的重要手段之一是资本输出。

在自由竞争资本主义阶段，资本主义国家对外经济联系的主要方式是以商品输出为主。

到垄断资本主义阶段，资本输出成为这一时期资本主义经济关系，特别是对外经济关系中的一个重要特征。

这可以从垄断资本主义阶段资本输出的必要性和可能性两方面来看。

（1）垄断阶段资本输出的必要性。

在于大量所谓"过剩资本"的出现，这是资本输出的财力基础。

（2）资本输出的可能性。

一是输入国商品经济发展，对资本有需求；二是输入国有充足而低廉的劳动力供给；三是输入国基础设施的发展；四是输出国信用制度的发展和交通通信设备的现代化。

（3）资本输出的形式。

① 从资本形态看，有借贷资本输出、生产资本输出两种基本形式。

借贷资本输出，就是输出国的政府或私人银行和企业，贷款给输入国的政府、银行或企业，它也叫间接投资。

生产资本输出，就是输出国的政府或私人银行和企业，在国外直接投资创办企业，也叫直接投资。

② 从资本输出的主体看，分为私人资本输出和国家资本输出两种类型。

对外资本输出，是垄断资本主义国家确立和巩固金融资本对世界统治的重要工具，是国际垄断的基础。

（4）资本输出的作用和后果。

① 从资本输出国即垄断资本主义国家这方面看，资本输出的作用和后果有这样四个方面：

第一，为"过剩资本"找到了出路，并由此获得了大量来自海外的高额利润和利息。

第二，资本输出是输出国控制输入国的重要手段。

第三，资本输出是输出国扩大商品出口的重要手段。

第四，资本输出强化了金融资本在世界上的统治地位。

② 从经济比较落后的资本输入国看，大量国外资本的输入，有两重作用：

一方面，在一定程度上促进了它们民族经济的发展和整个国民经济水平的提高。

另一方面，国外资本主义势力的侵入，也给这些国家带来了一系列经济和社会问题。比如遭受发达国家资本的盘剥，经济社会片面、畸形发展和对资本输出国在资本技术上的依赖，乃至最终在政治上从属于垄断资本主义国家，造成资源、生态、环境的破坏，本国民族工业发展缓慢，外债负担沉重，容易受国际经济波动的影响等。

资本输出会造成资本主义国家之间激烈争夺有利的海外投资场所的斗争，加深资本主义国家之间的矛盾，甚至引发战争。

(5)"二战"后资本输出的新特点。

资本流向的变化：从原来的主要是发达国家向经济落后国家输出，发展到当代的多方向输出，特别是发达国家之间相互投资的大幅增加；

资本输出主体的变化：在私人资本输出增长的同时，国家资本输出也在增长，并日益成为占重要地位的资本输出形式；

输出方式的变化：发达资本主义国家向发展中国家的资本输出，多采取所谓"援助"的方式进行。

2. 国际垄断组织的产生和发展

垄断资本主义国家在世界经济领域中的竞争发展到一定程度，也会形成垄断，即国际垄断。

早期的国际垄断组织，主要是国际卡特尔。

当代国际垄断组织的形式以跨国公司、国际垄断同盟为主。

国际垄断同盟在经济上瓜分世界，就是各垄断资本主义国家和垄断组织，在世界市场上和国际经济关系中划分势力范围，形成国际垄断局面。这种瓜分又是以经济实力为后盾和基础的。

当各国和各垄断组织的实力地位发生变化时，这种瓜分就会重新进行。在当代，各国的垄断组织主要是通过自己的跨国公司来进行经济上重新划分势力范围的斗争。

3. 帝国主义列强瓜分和重新瓜分世界

帝国主义列强瓜分和重新瓜分世界就是从领土上瓜分世界，把经济落后的国家变为殖民地、半殖民地或附属国。

第二次世界大战后，旧殖民主义体系已经瓦解，旧殖民主义转为新殖民主义。过去那种对别国进行赤裸裸的军事侵略和武装占领，疯狂奴役、剥削和掠夺殖民地的方式有所改变。

当代垄断资本主义国家多是采取比较缓和与隐蔽的新殖民主义手法，打着所谓"援助"的旗号实现对发展中国家的剥削和控制。

第二节　经济全球化与当代资本主义的新变化

20世纪90年代以来，冷战结束，世界政治经济格局发生新的变化，最主要的一点就是经济全球化的发展，它使当代资本主义产生了一些新变化。

一　经济全球化

经济全球化，是指世界各国、各地区的经济活动越来越超出一国和地区的范围而相互联系、相互依赖的过程。

（一）经济全球化的发展及其原因

经济全球化是在国际分工不断深化，生产国际化与资本国际化不断发展的条件下的必然产物。

1. 国际分工、生产国际化与资本国际化的发展

第一，国际分工和生产国际化的发展。

（1）16—19世纪，随着资本主义生产的不断发展，国际分工也同时出现并发展起来。

18世纪第一次工业革命，资本主义经济制度确立和机器大工业发展起来后，在全世界逐步形成了所谓的"工业欧美、原料亚非拉"的国际分工体系。它使先进的工业国和落后的农业国的生产成为国际性的，也是世界城市和世界农村分工体系的开始。

19世纪后半期发生的第二次工业革命对资本主义国际分工体系的最后形成起了十分重要的作用。促进这一时期国际分工体系和世界市场最终形成的原因，一方面是交通运输工具的飞跃发展，另一方面是资本输出有力地推动了生产和交换的国际化。这个时期世界生产和经济实力的格局是："工业欧美、原料亚非拉"的国际分工格局最终形成；工业国、强国、富国和农业国、弱国、穷国的分化最终完成。

同时，帝国主义列强从经济和领土上瓜分世界，以宗主国和殖民地为主要内容的资本主义世界体系最终形成。

（2）第二次世界大战以后，发生了第三次工业和科技革命，国际分工进一步深化，生产日益具有国际化的趋势，资本主义世界经济体系也有了新发展。表现在：科技进步和生产发展日益成为国际性的；企业内部和部门内部的分工发展为国际专业化分工；以自然资源为基础的传统国际分工发展为以产品专业化、零部件专业化和工艺专业化为基础的新的国际分工；发展中国家日益被卷入世界工业分工体系中。

随着社会生产力的发展，生产和流通过程日益社会化、国际化，国际分工和生产国际化是资本主义市场经济发展的必然趋势。

第二，资本国际化的发展。

生产国际化必然伴随资本国际化。

在自由竞争资本主义阶段，资本国际化主要表现为商业资本国际化。

一般（私人）垄断资本主义阶段，借贷资本的国际化占有越来越重要的地位。

国家垄断资本主义阶段，产业资本国际化的进程大大加快。

从商业资本、借贷资本到产业资本的国际化，表明资本国际化的发展促使国际经济关系逐步向深度和广度扩展。

生产和资本国际化导致经济全球化的到来。

2. 经济全球化的进程

经济全球化的萌芽可以追溯到 19 世纪中叶。

到了 19 世纪末 20 世纪初，经济全球化上了一个新台阶。

第二次世界大战后，曾一度出现资本主义各国实行贸易保护主义和限制资本转移的政策，从而放慢了经济全球化的步伐。

20 世纪 80 年代以来，经济全球化的进程明显加快，其原因主要有：

第一，新科技，特别是计算机、通信技术日新月异的进步和在社会经济生活中的广泛应用，加强了国际经济联系。

第二，国际贸易的自由程度大大提高，因而加快了经济全球化的步伐。

第三，国际资本流动的大幅增加。

（二）经济全球化的主要内容

经济全球化本质上是资源配置的国际化，其主要内容有：

1. 生产的全球化

生产的全球化是指，随着科技的发展、一系列高精尖产品的出现，生产领域的国际分工和协作的加强，各国在生产上密切配合的趋势。

早期资本主义世界经济体系中的国际分工，主要是所谓垂直型分工，即发达国家从事工业生产，落后国家从事农业和原材料、初级产品生产。

第二次世界大战后，出现了工业国之间的水平型国际分工。

2. 贸易的全球化

贸易全球化迅猛发展的主要原因是：

首先，各国间交流产品的必要性大大增加。

其次，高效率、大批量生产，要求开拓市场、扩大国际贸易规模。

再次，生活水平的提高，对产品的需求增加，促进贸易的全球化。

最后，新的、便捷而灵活的贸易方式，以及国际协调对贸易限制的减少，也促进了贸易的全球化。

3. 资本全球化

一方面，资本在国际间的流动以前所未有的速度在增加，形成了资本全球化的趋势；

另一方面，各国之间金融方面的联系日益紧密。

（三）2008年国际金融危机以来资本主义的矛盾与冲突

第一是经济发展"失调"。具体表现为：复苏缓慢、增长乏力、虚拟经济与实体经济失衡、福利风险增加和债务负担沉重等。

第二是政治体制"失灵"。具体表现为：在选举方面，西式民主往往难以选贤。政党利益凌驾于国家利益之上，形成政党恶斗；在国家治理方面，政府决策短期化；极端主义、民粹主义思潮泛滥。

第三是社会融合机制"失效"。具体表现为：社会极端思潮抬头；社会流动性退化，贫富差距不断扩大，中产阶层萎缩，社会各阶层之间的健康流动"凝固化"；社会矛盾激化，"群体性事件"频发。

（四）经济全球化的影响

就世界而言，经济全球化使社会分工得以在更大范围内进行，各种生产要素在国际间流动和优化配置，由此可带来巨大的分工收益，推动世界生产力的发展。

就发达国家而言，由于发达资本主义国家在经济全球化进程中占据优势地位，在制定贸易和竞争规则方面具有更大的发言权，并控制一些国际组织，所以发达资本主义国家是经济全球化的实际主导者和主要受益者。

就发展中国家而言，经济全球化对广大发展中国家也有一定积极影响：它们可以在经济全球化进程中引进国外的先进技术、资金和管理经验，调整与优化国民经济结构，增强自身的经济实力，缩短与发达国家的差距，增加国内的就业，促进国内的消费，加强同世界各国的联系与交流。

但是，经济全球化也有消极的影响，表现为：

其一，发达国家与发展中国家的差距在扩大。

其二，在经济增长中忽视社会进步，环境恶化与经济全球化有可能同时发生。

其三，国家内部和国际社会都出现不同程度的治理危机。

其四，爆发全球性经济危机的风险不断增大。

当然，经济全球化深入发展的大趋势没有变。

各国政府有责任继续推动经济全球化朝着均衡、普惠、共赢的方向发展，推动解决世界财富分配失衡、资源拥有和消耗失衡问题，促进经济全球化健康发展，使世界经济增长惠及各国人民。

要反对和抵制各种形式的保护主义，维护公正、自由、开放的全球贸易和投资体系。

要推动经济全球化成为世界各国共赢的经济全球化、世界各国平等的经济全球化、世界各国公平的经济全球化和世界各国共存的经济全球化。

二 当代资本主义的新变化

（一）当代资本主义新变化的主要表现

从生产力、生产关系、上层建筑三个方面看当代资本主义的新变化。

1. 从生产力方面看

第二次世界大战后的发达资本主义国家，生产力得到了长足的发展，劳动生产率大幅提高，社会财富迅猛增长，经济保持了较长时期的相对稳定发展。

在产业结构上，出现了转向信息化、服务化和高科技化的趋势。第三产业迅速崛起，第一、二产业的比重大幅下降。

在生产力要素上，第一，就劳动者来说，脑力劳动者比例攀升，工人素质明显提高；第二，就劳动工具来说，由"三机系统"发展为"四机系统"，生产工具的智能化趋势日益加强；第三，就劳动对象来说，新变化层出不穷：人工合成材料的问世、新资源的开发利用，尤其是信息这一非物质资源的广泛运用，从根本上改变了劳动对象的物质范围；第四，就生产管理来说，由于计算机、信息技术、控制论、系统工程等的运用，也获得了新的手段和工具。

2. 从生产关系方面看

在所有制关系上，出现了所谓资本社会化的趋势，建立和发展了一定比重的国有经济；私人企业的股权分散化，法人资本所有制崛起，成为一种新的资本所有制形式。法人资本所有制大体分为企业法人和机构法人资本所有制两种类型，性质是一种垄断资本主义集体所有制，它体现的依然是资本剥削雇佣劳动的关系。

在劳资关系上，采取包括建立所谓劳资共决、职工参与决策、终身雇佣、职工持股等制度，改善了劳资关系，缓和了阶级矛盾。

在分配关系上，对收入分配政策进行了某些调整，如实行社会福利政策，通过再分配手段在一定程度上缓和了社会矛盾。

当代资本主义国家干预、管理和调节整个社会经济生活的各个方面的状况已呈常态。

随着经济全球化的发展，当代资本主义生产关系表现出很多国际垄断资本主义的特征。生产和资本的国际化程度日益提高，国际贸易空间不断拓展，生产经营和资本流动国际化不断发展。随着经济全球化的全面展开，资本的增殖与周转在全球范围内进行，形成了资本的国际循环，资本主义的世界体系最终形成。

3. 从上层建筑方面看

主要表现在：

政治制度与法制的有效结合；国家管理经济和社会的职能强化；民主形式进一步扩大，公民权利的内涵和外延有新的拓展，公民在法制范围内较广泛地影响国家政策的制定和执行，以谋求自身利益；意识形态中左翼和右翼的分歧逐渐减弱，多元化的价值取向更加鲜明。

这一切表明，资本主义发展到国家垄断资本主义阶段，已经建立起比较成熟的政治和法律制度。

此外，资本主义政治统治形式还有两个重要变化：一是对国家权力机构的监督和制约的内外因素大大加强；二是国家权力重心由议会转向政府。

（二）当代资本主义新变化的原因

1. 生产力方面的原因

当代资本主义经济之所以能在一定程度上快速发展，有生产力自身发展规律，特别是科技自身发展规律作用的原因。

2. 生产关系方面的原因

在所有制关系上，资本主义国家在其自身范围内进行不断调整，以适应生产力发展的要求。资本主义内部的自我调节，表现在对生产关系调整和经济运行调控上，主要表现在三个方面：

一是进行了社会改良。

推行了许多在客观上有利于提高工人生活水平的改革，从而在一定程度上改善了劳动者的生存环境。

二是对经济实行政府干预和宏观调控。

国家对经济的干预和调控，使资本主义变得不是完全"无计划""无政府"。

三是加强了对科技创新和新兴产业的扶持。

西方主要发达国家比较充分地利用新科技革命的机遇，使科技革命的成果直接作用于资本主义财富的创造。

3. 上层建筑方面的原因

上层建筑必须适应经济基础即生产关系的要求。当代资本主义国家上层建筑的新变化，归根到底是经济基础发展变化所要求的。

（三）当代资本主义新变化的实质

当代资本主义虽然发生了许多新变化，但它的经济基础仍然是资本主义的私人占有制。资本主义生产社会化与生产资料私人占有的基本矛盾依然存在，导致经济危机的根源也就依然存在。工人的社会福利和生活水平虽然有了一定的提高，但是他们受剥削的雇佣劳动者的地位并没有改变。

资本主义的自我调节与完善，都是在资本主义制度所允许的范围内进行的。

从另一角度看，当代资本主义借鉴社会主义所进行的某些社会改良，虽然没有改变资本主义生产关系的根本性质，但在客观上是在资本主义社会的胎胞里孕育和生长着的"新的社会因素"。

目前发达资本主义国家的新变化，说明它在总的量变过程中，已经发生了某些阶段性部分质变。资本主义的国有经济、计划调节、福利主义、工人参与管理等，都是非爆发式质变的开端，也是阶段性部分质变的表现。但资本主义的本质、它的根本性质还没有改变。

第三节 资本主义的历史地位和发展趋势

一 资本主义的历史地位

资本主义社会经济形态代替封建社会经济形态，是人类历史的一大进步，有其历史必然性。

但是，随着资本主义发展，它自己又会逐步演变为不适应生产力的制度，资本主义社会经济形态迟早要为更新更先进的社会主义经济形态所代替，这同样是历史发展的必然。

生产的高度社会化，要求突破和否定资本主义私有制，这是历史发展的必然趋势和本质要求。

在资本主义社会中，特别是在垄断资本主义阶段已经出现了许多资本主义生产关系"自我扬弃"的现象。19世纪后期，股份公司的出现和股份资本的发展，使资本的形式由单个私人资本变为股份公司的联合资本，这种联合资本已带有社会资本的性质。它是资本主义生产关系在其自身范围内的局部调整，是资本主义生产关系的一次自我"扬弃"。由于它突破了单个私人资本的局限性，缓解了生产社会化的发展日益受到的单个私人资本的限制和束缚，因此，在一定程度上适应了生产力发展的要求。

19世纪后期的工业和科技革命，推动了资本主义生产社会化程度的提高，同时也使资本主义基本矛盾进一步深化，它促成了垄断的产生。

第二次世界大战后，国家垄断资本主义迅速发展。国家垄断资本主义是资本社会化的更高形式，生产、资本和管理社会化达到了更高程度，为转向社会主义提供了更充分的条件。列宁指出："国家垄断资本主义是社会主义的最充分的物质准备，是社会主义的前阶。"

二 资本主义基本矛盾的发展及向社会主义过渡的必然性

资本主义生产方式决定了它的历史过渡性质。向社会主义过渡的历史必然性，是由资本主义的基本矛盾和资本主义的历史局限性决定的。

只要资本主义基本矛盾存在，就有导向社会主义阶段的客观要求与趋势；同时，资本主义还造就了置自身于死地的社会力量——无产阶级。

社会主义必然取代资本主义，是生产关系一定要适合生产力状况这一经济规律的客观要求。资本主义条件下生产社会化的全面发展，推动了资本关系的日益社会化，为向社会主义转变准备了日益完备的社会经济基础。

资本的社会化是在资本主义社会的生产力和生产关系的矛盾运动中发展的。最初的资本主义私有制形式主要是资本家的个人所有制，随着生产的发展，股份公司产生了。股份资本是资本家的集体所有制，是资本社会化的一种形式。后来，又出现了私人垄断和国家垄断资本主义。国家垄断资本主义的产生和发展，为全社会占有生产资料和共同组织社会化生产准备了最充分的物质条件和经济条件。

三 资本主义为社会主义代替的历史必然性和长期性

资本主义社会中生产力的发展和生产社会化程度的提高，为社会主义制度的建立准备了完备的物质基础，但这并不意味着资本主义社会将自行消亡，资本主义向社会主义的过渡必然是一个复杂、曲折、长期的历史过程。

每个资本主义国家的具体情况不同、自我调节能力不同、社会革命力量的积聚程度不同等，决定了从世界范围来看，资本主义向社会主义过渡，必将是一个从个别国家逐步向更多国家扩展的相当长的历史过程。

社会主义制度建立、巩固和发展，社会主义全面战胜资本主义，要经过长期反复的较量和斗争。这决定了从资本主义向社会主义过渡的长期性。

总之，资本主义在全世界被社会主义所取代将是一个相当长的历史过程。尽管这个过程可能出现这样那样的曲折，但从资本主义向社会主义过渡的总趋势则是必然的历史走向。

马克思指出："发展社会劳动生产力，是资本主义的历史任务和存在理由。资本正是以此不自觉地为一个更高级的生产形式创造物质条件。"这是对资本主义历史过渡性最精辟而辩证的论述。

认识资本主义的历史过渡性，并不是要对资本主义采取一概否定的态度。社会主义要否定的是资本主义剥削、压迫的经济制度，同时又要借鉴、继承和发展资本主义社会中那些反映人类文明进步的方面。

要点荟萃

一 垄断资本主义的形成和发展

（一）资本主义从自由竞争到垄断

1. 资本主义的发展阶段

两个大的阶段——自由竞争资本主义、垄断资本主义（垄断资本主义又包括一般垄断或叫私人垄断资本主义、国家垄断资本主义两个阶段）。

从资本主义经济制度产生到 19 世纪末 20 世纪初垄断资本主义形成之前，资本主义发展处于自由竞争阶段。

19 世纪末 20 世纪初，资本主义发展进入垄断阶段。

列宁把（一般）垄断资本主义的基本经济特征概括为 5 点：垄断在经济生活中占统治地位；金融资本和金融寡头的统治；资本输出在经济生活中占重要地位；国际垄断同盟在经济上瓜分世界；垄断资本主义列强瓜分和重新瓜分世界。（教材第一节主要就是讲这 5 点内容）

第二次世界大战后，一般垄断或叫私人垄断资本主义，发展到国家垄断资本主义，国家垄断取代私人垄断成为主要资本主义国家的新形式、新特征。

2. 垄断的形成

垄断产生的物质条件和基础是社会化生产力的发展。

垄断是从自由竞争中产生的。自由竞争必然引起生产集中和资本集中，生产和资本集中发展到一定程度，就会自然而然地走向垄断。

3. 垄断组织的形成和发展

20 世纪上半期垄断组织的主要形式有：卡特尔、辛迪加、托拉斯、康采恩。

20 世纪后半叶垄断组织的形式是：混合联合公司（混合联合企业）。

在经济全球化的过程中形成的新的垄断组织形式和垄断资本国际经济组织的载体是：跨国公司。

4. 金融资本和金融寡头的形成及其统治

垄断阶段：垄断的银行资本由普通的借贷关系中介人变为社会经济生活中万能的垄断者。

金融资本：由垄断的工业资本和银行资本，通过金融联系、资本参与、人事参与，融合或混合生长构成的一种新的资本形式。

金融寡头：掌握了金融资本，操纵国民经济命脉，并在实际上控制国家政权的少数垄断资本家或垄断资本家集团。

垄断资本主义国家事实上的主宰者是金融寡头。

金融寡头在经济上的统治，主要是通过实行"参与制"来实现的。

金融寡头在政治上的统治，主要是通过"个人联合"的方式实现的。

在各资本主义国家，金融资本和金融寡头多以垄断财团（财阀）的形式存在。

5. 垄断和竞争

垄断虽然限制了竞争，但没有也不能消除竞争，而是与竞争并存，因为垄断没有消除竞争的经济条件。

从竞争的范围来说，大体有垄断组织之间的竞争，垄断同非垄断企业之间的竞争，垄断组织内部的竞争，非垄断企业之间的自由竞争。

垄断阶段同自由竞争阶段竞争的不同点，主要表现在这几个方面：竞争的目的不同；竞争的手段有了新的变化；竞争的激烈程度和破坏性后果不同；竞争的范围不同。

6. 垄断利润及其来源

（1）垄断利润——垄断资本凭借垄断地位而获得的大大超过平均利润的高额利润。

垄断利润是垄断统治在经济上的实现形式。

（2）垄断利润的来源。

垄断本身不能创造价值和剩余价值，垄断利润归根到底来自工人阶级和劳动人民所创造的剩余价值。

垄断利润的来源主要有：第一，对本国无产阶级和其他劳动人民的剥削；第二，以垄断高价或垄断低价获得一些其他企业特别是非垄断企业的利润；第三，对其他国家劳动人民的剥削和掠夺而获取的海外利润；第四，通过资本主义国家政权进行有利于垄断资本的再分配，从而将劳动人民创造的国民收入的一部分变成垄断资本的收入。

（3）垄断价格。

垄断利润主要是通过垄断组织制定的垄断价格来实现的。

垄断价格是垄断组织凭借垄断地位规定的、旨在保证获取最大限度利润的市场价格。包括垄断低价、垄断高价两种基本形式。

垄断资本在出售自己产品时采用垄断高价；

在购买生产资料时采用垄断低价。

垄断价格的出现，并没有否定价值规律的作用，垄断本身并不能创造一个价值原子。

（二）垄断资本主义的发展

1. 国家垄断资本主义的产生和发展

（1）含义。

国家垄断资本主义是国家政权与垄断资本相结合的资本主义。

（2）产生和发展的原因。

国家垄断资本主义的产生，归根到底是社会生产力发展的要求和结果。由私人垄断资本主义发展到国家垄断资本主义，说到底，是私人垄断资本不能适应生产社会化程度进一步提高的要求，必须利用国家垄断资本主义这样的形式来驾驭日益发展的社会化大生产，从而使得资本主义制度得以继续维持和发展下去。

第二次世界大战后国家垄断资本主义大发展的原因，具体说来有6个方面：满足巨额建设资金的需要；大规模公共设施建设的需要；推动大型、基础性、前导性科研项目的需要；解决生产过剩问题的需要；进行宏观经济调控的需要；发挥再分配功能的需要。

国家垄断资本主义的出现，归根到底是生产力的发展，特别是生产社会化程度的提高，要求资本主义国家介入社会经济生活中，起到私人资本不能起的一些作用，以维持资本主义社会的存在和发展，维护垄断资本的利益和统治。

（3）基本形式（主要形式、具体形式）。

——国家直接掌握的垄断资本（国有经济、国有企业）；

——国家与私人资本在企业内部的结合（国私共有、合营企业）；

——国家和私人资本在企业外部的结合（国家通过经济、行政、法律等手段在私人企业外部起作用）。

（4）国家垄断资本主义条件下的宏观经济调控。

① 调控的任务、目标、方式、手段、对象、机制等。

宏观经济管理与调节的总任务是：促进市场总供给和总需求的平衡。

宏观经济管理与调节的主要目标有：保持经济稳定和适度增长，保持币值和物价稳定，实现充分就业，保持国际国内收支平衡等（保增长、稳物价、保就业、保平衡）。

调控方式包括：直接调控、间接调控。主要调控方式是——间接调控。

调控手段：主要是经济手段和法律手段，尤其是经济手段，有时会使用行政手段。

调控的对象有：微观经济主体、经济宏观全局。

调控以经济手段为主的具体体现是：国家调节市场、市场引导企业的机制。

调节的四大市场包括：商品市场、资本市场、劳动力市场和外汇市场。

② 宏观经济调控的主要政策包括：财政政策、货币政策、计划管理（国民经济计划化）。

财政政策：主要包括财政收入政策、财政支出政策。

货币政策：一是对利率的调节，二是对货币流通量的调节。利率调节的方法主要是实行高低利率、差别利率。发达市场经济国家在调控货币量方面，主要是运用所谓的三大手段或三个法宝，即公开市场业务、最低准备金率政策、再贴现利率政策。

财政政策和货币政策都是逆经济方向的政策调节。

计划管理：实行一定程度的国民经济计划化。

（5）国家垄断资本主义的实质

为了资本主义社会经济制度的存在和发展、为垄断资产阶级利益服务的工具、代表垄断资产阶级总体利益。

2. 垄断资本在世界范围的扩展

（1）资本输出。

垄断资本主义经济侵略的重要手段之一是资本输出。

自由竞争资本主义阶段主要是商品输出。

垄断资本主义阶段主要是资本输出。

① 资本输出的必要性和可能性。

资本输出的必要性：为"过剩资本"寻找获得高额利润的出路。

资本输出的财力基础："过剩资本"的存在。

资本输出的可能性：输入国有资本需求；输入国有充足而低廉的劳动力供给；输入国基础设施的发展；输出国信用制度的发展和交通通信设备的现代化。

② 资本输出的形式。

从资本形态看，有借贷资本输出（间接投资）、生产资本输出（直接投资）；从资本输出的主体看，分为私人资本输出、国家资本输出。

③ 资本输出的作用和后果。

第一，从资本输出国即垄断资本主义国家这方面看，为"过剩资本"找到了出路，并由此获得了大量来自海外的高额利润和利息；资本输出是输出国控制输入国的重要手段；资本输出是输出国扩大商品出口的重要手段；强化了金融资本在世界上的统治地位。

第二，从经济比较落后的资本输入国看，一方面，资本输入在一定程度上促进了它们民族经济的发展和整个国民经济水平的提高；国外资本主义势力的侵入，也给这些国家带来了一系列经济和社会问题。

第三，从资本输出国即垄断资本主义国家之间的关系看，资本输出会造成资本主义国家之间激烈争夺有利的海外投资场所的斗争，加深资本主义国家之间的矛盾，甚至引发战争。

④ 第二次世界大战后资本输出新的特点。

资本流向的变化：从发达国家向经济落后国家单向输出，发展到当代的多方向输出，特别是发达国家之间相互投资的大幅增加。

资本输出主体的变化：在私人资本输出增长的同时，国家资本输出也在增长，并日益成为占重要地位的资本输出形式。

输出方式的变化：发达资本主义国家向发展中国家的资本输出，多采取所谓"援助"的方式进行。

（2）国际垄断组织的产生和发展。

建立国际垄断同盟的目的是在经济上瓜分世界。

早期的国际垄断组织是国际卡特尔。

当代国际垄断组织形式有：跨国公司、国际垄断同盟。

在当代，各国的垄断组织主要是通过自己的跨国公司来进行经济上重新划分势力范围的斗争。

（3）帝国主义列强瓜分和重新瓜分世界。

就是从领土上瓜分世界，把经济落后的国家变为殖民地、半殖民地或附属国。

19世纪末20世纪初，垄断资本主义国家即帝国主义列强把世界领土瓜分完毕后，形成的世界格局：

一方面是垄断资本主义国家和宗主国，它们统治着本国和殖民地、半殖民地和附属国；另一方面是广大经济落后的不发达国家，它们处于帝国主义国家的压迫和奴役之下。这就是垄断资本主义的殖民体系。

第二次世界大战后，旧殖民主义转为新殖民主义。新殖民主义打着所谓"援助"的旗号实现对发展中国家的剥削和控制。

二 经济全球化与当代资本主义的新变化

20世纪90年代以来，冷战结束，世界政治经济格局发生新的变化，最主要的一点就是经济全球化的发展。

（一）经济全球化

1. 经济全球化的发展及其原因

经济全球化是在国际分工不断深化，生产国际化与资本国际化不断发展的条件下的必然产物。

（1）生产和资本国际化。

国际分工和生产国际化是资本主义市场经济发展的必然趋势。生产国际化必然伴随资本国际化。

自由竞争资本主义阶段主要是商业资本国际化。

一般（私人）垄断资本主义阶段主要是借贷资本的国际化。

国家垄断资本主义阶段主要是产业资本国际化。

生产和资本国际化导致经济全球化的到来。

（2）经济全球化。

20世纪80年代以来，经济全球化的进程明显加快，其原因主要有新科技，特别是计算机、通信技术日新月异的进步和在社会经济生活中的广泛应用，加强了国际经济联系；国际贸易的自由程度大大提高；国际资本流动的大幅增加。

2. 经济全球化的主要内容

经济全球化本质上是资源配置的国际化。

经济全球化的主要内容包括：生产全球化、贸易全球化和资本全球化。

3. 2008年国际金融危机以来资本主义的矛盾与冲突

主要表现为：经济发展"失调"、政治体制"失灵"、社会融合机制"失效"。

4. 经济全球化的影响

经济全球化推动了世界生产力的发展，发达资本主义国家是经济全球化的实际主导者和主要受益者，经济全球化对广大发展中国家有一定积极影响。

经济全球化的消极的影响有：发达国家与发展中国家的差距在扩大；忽视社会进步，环境恶化与经济全球化有可能同时发生；国家内部和国际社会都出现不同程度的治理危机；爆发全球性经济危机的风险不断增大。

但经济全球化深入发展的大趋势没有变。

（二）当代资本主义的新变化

1. 当代资本主义新变化的主要表现

第一，生产力方面。生产力得到了长足的发展；在产业结构上，第三产业迅速崛起；

在生产力要素上，脑力劳动者比例攀升，生产工具的智能化趋势加强，新的劳动对象层出不穷，生产管理有了新的手段和工具。

第二，生产关系方面。

在所有制关系上，出现了所谓资本社会化的趋势。法人资本所有制崛起，成为一种新的资本所有制形式。其性质是一种垄断资本主义集体所有制。

在劳资关系上，改善了劳资关系，缓和了阶级矛盾。

在分配关系上，实行社会福利政策。

（生产关系体系包括所有制关系、人们在生产中的地位和相互关系、产品分配关系三方面内容。参看第三章的内容）。

国家垄断、国际垄断不断发展。

第三，上层建筑方面。

已经建立起比较成熟的政治和法律制度。资本主义政治统治形式还有两个重要变化：对国家权力机构的监督和制约的内外因素大大加强；国家权力重心由议会转向政府。

2. 当代资本主义新变化的原因

第一，生产力方面。当代资本主义经济之所以能在一定程度上快速发展，有生产力自身发展规律、特别是科技自身发展规律作用的原因。

第二，生产关系方面。在所有制关系上，资本主义国家在其自身范围内进行不断调整，以适应生产力发展的要求。资本主义内部的自我调节，表现在对生产关系调整和经济运行调控上，主要表现在三个方面：进行了社会改良；对经济实行政府干预和宏观调控；加强了对科技创新和新兴产业的扶持。

第三，上层建筑方面。当代资本主义国家上层建筑的新变化，归根到底是经济基础发展变化所要求的。

3. 当代资本主义新变化的实质

当代资本主义新变化的实质是：在总的量变过程中，发生了某些阶段性部分质变。它的根本性质没有改变。

三 资本主义的历史地位和发展趋势

（一）资本主义的历史地位

资本主义社会经济形态代替封建社会经济形态，是人类历史的一大进步，有其历史必然性。资本主义社会经济形态迟早要为更新更先进的社会主义经济形态所代替，这同样是历史发展的必然。

垄断资本主义进入了资本主义整个历史发展过程的后期。

社会主义最充分的物质准备、社会主义的前阶是国家垄断资本主义。

（二）资本主义基本矛盾的发展及向社会主义过渡的必然性

向社会主义过渡的历史必然性，是由资本主义的基本矛盾和资本主义的历史局限性决定的。

社会主义必然取代资本主义，是生产关系一定要适合生产力状况这一经济规律的客观要求。

国家垄断资本主义的产生和发展，为全社会占有生产资料和共同组织社会化生产准备了最充分的物质条件和经济条件。

（三）资本主义为社会主义代替的历史必然性和长期性

1. 历史必然性

资本主义社会生产力的发展和生产社会化程度的提高，为社会主义制度的建立准备了完备的物质基础。

2. 长期性

从资本主义角度看，每个资本主义国家的具体情况不同，以及自我调节能力不同，每个资本主义国家中社会革命力量的积聚程度不同，决定了从世界范围来看，资本主义向社会主义过渡，必将是一个从个别国家逐步向更多国家扩展的相当长的历史过程。

从社会主义角度看，社会主义制度建立、巩固和发展，社会主义全面战胜资本主义，要经过长期反复的较量和斗争。

以上两个方面决定了从资本主义向社会主义过渡的长期性。但从资本主义向社会主义过渡的总趋势是必然的历史走向。

能力检测

一、单项选择题（每小题列出的备选项中只有一项是最符合题目要求的，请将其选出）

1. 资本主义社会的发展大体分为（　　）。
   A. 分工、协作和机器大工业三个阶段
   B. 自由竞争和垄断两个阶段
   C. 私人垄断、国家垄断和国际垄断三个阶段
   D. 私人垄断和国家垄断两个阶段

2. 第一次工业革命时期，英美等主要资本主义国家处于（　　）。
   A. 自由竞争资本主义阶段　　B. 私人垄断资本主义阶段
   C. 一般垄断资本主义阶段　　D. 国家垄断资本主义阶段

3. 垄断产生的物质基础是（　　）。
   A. 社会分工的发展　　B. 商品生产者的分化
   C. 市场机制的完善　　D. 社会化生产力的发展

4. 自由竞争和生产集中的关系是（　　）。
   A. 自由竞争引起生产集中　　B. 自由竞争阻碍生产集中

C. 生产集中引起自由竞争　　　　　D. 生产集中根除自由竞争

5. 把在法律和生产上独立的企业在流通环节统一起来，进行垄断经营的企业组织形式是（　　）。

  A. 卡特尔　　　　　　　　　　　B. 辛迪加
  C. 托拉斯　　　　　　　　　　　D. 康采恩

6. 20 世纪后半叶兴起的垄断组织形式主要是（　　）。

  A. 卡特尔　　　　　　　　　　　B. 辛迪加
  C. 混合联合企业　　　　　　　　D. 康采恩

7. 垄断资本主义时期社会经济生活中的万能垄断者是（　　）。

  A. 处于垄断地位的工业企业
  B. 处于垄断地位的大银行
  C. 处于垄断地位的商业企业
  D. 处于垄断地位的非银行金融机构

8. 垄断资本主义国家的金融资本是指（　　）。

  A. 资本主义国家中处于垄断地位的银行资本
  B. 资本主义国家金融领域中流通的所有资本的总和
  C. 资本主义国家银行和非银行金融机构资本的总和
  D. 垄断的工业资本和银行资本融合形成的资本

9. 垄断资本主义国家事实上的主宰者是（　　）。

  A. 产业资本家　　　　　　　　　B. 商业资本家
  C. 大土地所有者　　　　　　　　D. 金融寡头

10. 金融寡头在经济上的统治主要是通过（　　）。

  A. "参与制"实现的　　　　　　　B. "个人联合"实现的
  C. 竞争机制实现的　　　　　　　D. 价格机制实现的

11. 金融寡头在政治上的统治主要通过（　　）。

  A. "参与制"来实现　　　　　　　B. "个人联合"来实现
  C. 资本输出来实现　　　　　　　D. 工业资本与银行资本的融合来实现

12. 垄断利润就其本质而言，来源于（　　）。

  A. 劳动者创造的剩余价值　　　　B. 垄断组织的垄断地位
  C. 垄断组织的海外掠夺　　　　　D. 垄断组织的垄断资本的实力

13. 垄断利润的水平一般会（　　）。

  A. 低于平均利润　　　　　　　　B. 高于平均利润
  C. 等于平均利润　　　　　　　　D. 等于成本价格

14. 为获取高额垄断利润，垄断组织在采购原材料时大多采取（　　）。

  A. 垄断高价　　　　　　　　　　B. 垄断低价

C. 浮动价格　　　　　　　　　　D. 固定价格

15. 在资本主义社会，垄断组织销售产品时多采取（　　）。

A. 垄断高价　　　　　　　　　　B. 垄断低价

C. 社会生产价格　　　　　　　　D. 市场价格

16. 实行垄断价格的根本目的是（　　）。

A. 最大限度占领市场　　　　　　B. 最大限度降低成本

C. 获取高额垄断利润　　　　　　D. 获取行业控制权力

17. 垄断利润和垄断价格的出现（　　）。

A. 使价值规律在某些领域不起作用

B. 使价值规律作用的形式发生变化

C. 否定了价值规律

D. 改变了价值规律的内涵

18. 垄断资本主义的发展阶段可进一步分为（　　）。

A. 私人垄断和国家垄断两个阶段　B. 私人垄断和一般垄断两个阶段

C. 自由竞争和国家垄断两个阶段　D. 国际垄断和国际垄断两个阶段

19. 第二次世界大战后，主要资本主义国家的经济发展进入（　　）。

A. 自由竞争资本主义阶段　　　　B. 垄断竞争资本主义阶段

C. 私人垄断资本主义阶段　　　　D. 国家垄断资本主义阶段

20. 当代主要发达资本主义国家处于资本主义发展中的（　　）。

A. 自由竞争资本主义阶段　　　　B. 私人垄断资本主义阶段

C. 一般垄断资本主义阶段　　　　D. 国家垄断资本主义阶段

21. 在国家垄断资本主义阶段之前，资本主义处于（　　）。

A. 自由竞争资本主义阶段　　　　B. 私人垄断资本主义阶段

C. 垄断竞争资本主义阶段　　　　D. 金融垄断资本主义阶段

22. 在经济危机和萧条阶段，资本主义国家向私人企业注入一部分国有资金以维持其生存的经济行为属于（　　）。

A. 建立资本主义国有经济和国有企业的一种方式

B. 国家和私人资本在企业内部结合的一种方式

C. 国家和私人资本在企业外部结合的一种方式

D. 资本主义国家实行经济计划的一种方式

23. 资本主义国家宏观管理与调节的总任务是（　　）。

A. 促进市场总生产价格与总价值的平衡

B. 促进市场总供给与总需求的平衡

C. 促进经济增长与充分就业

D. 促进币值稳定与收支平衡

24. 资本主义国家对国民经济的管理和调节，主要依靠（   ）。
   A. 经济手段   B. 法律手段
   C. 行政手段   D. 计划手段

25. 资本主义国家对私人企业进行规范和管制的主要手段是（   ）。
   A. 财政手段   B. 货币手段
   C. 法律手段   D. 行政手段

26. 资本主义经济中的计划管理（   ）。
   A. 消除了资本主义的生产无政府状态
   B. 能够自觉保持社会再生产的比例关系
   C. 阻碍了生产的发展和经济结构的优化
   D. 可以对经济周期进行一定的调节与控制

27. 国家垄断资本主义管理和调控经济的主要机制是（   ）。
   A. 国家调节市场，市场引导企业
   B. 国家管理企业，企业引领市场
   C. 国家宏观调控，企业微观规制
   D. 国家政策引导，市场自由竞争

28. 当代资本主义国家中，政府对国民经济进行宏观管理和调控（   ）。
   A. 能在一定程度上缓解社会矛盾
   B. 能够杜绝经济危机的发生
   C. 会使其经济发展长盛不衰
   D. 可以消除资本主义基本矛盾

29. 资本主义的国有资本和国有经济一般不参与（   ）。
   A. 基础设施的建设   B. 战略性科学研究
   C. 普通消费品生产   D. 公共产品生产

30. 从作用上看，国家垄断资本主义对国民经济的调节和管理维护了（   ）。
   A. 全社会的利益
   B. 全体资本家的利益
   C. 垄断资产阶级的整体利益
   D. 全体私有者的利益

31. "过剩资本"的出现是（   ）。
   A. 资本积累的前提条件   B. 资本循环的物质基础
   C. 资本输出的财力基础   D. 引进资本的必然结果

32. 从资本形态来看，资本输出的形式主要是（   ）。
   A. 借贷资本输出和商业资本输出   B. 借贷资本输出和生产资本输出
   C. 商业资本输出和生产资本输出   D. 借贷资本输出和职能资本输出

33. 在对外经济侵略中，新殖民主义不同于老殖民主义的手法是（　　）。

A. 高价出售工业产品

B. 低价收购原料和初级产品

C. 向外输出"过剩资本"获取高额海外利润

D. 打着"援助"旗号剥削和控制发展中国家

34. 当代国际垄断组织保证其垄断统治和垄断利益的最主要形式是（　　）。

A. 卡特尔和托拉斯　　　　　　　B. 辛迪加和托拉斯

C. 跨国公司和国际垄断同盟　　　　D. 跨国公司和托拉斯

35. 当代国际垄断组织的最主要形式是（　　）。

A. 国际卡塔尔　　　　　　　　　B. 国际辛迪加

C. 国际托拉斯　　　　　　　　　D. 跨国公司

36. 资本国际化进程大体是（　　）。

A. 从货币资本、生产资本到商品资本的国际化

B. 从借贷资本、产业资本到商业资本的国际化

C. 从商业资本、借贷资本到产业资本的国际化

D. 从商品资本、货币资本到生产资本的国际化

37. 经济全球化本质上是（　　）。

A. 生产全球化　　　　　　　　　B. 贸易全球化

C. 资本全球化　　　　　　　　　D. 资源配置全球化

38. 一般而言，经济全球化的主要内容不包括（　　）。

A. 生产全球化　　　　　　　　　B. 贸易全球化

C. 资本全球化　　　　　　　　　D. 劳动力流动全球化

39. 下列选项中不属于当代资本主义生产力方面新变化的是（　　）。

A. 生产者中脑力劳动者的比重增加

B. 机器生产由"三机系统"发展为"四机系统"

C. 生产管理中增加了计算机信息技术等新手段和工具

D. 在生产资料所有制上出现了法人所有制等新形式

40. 下列选项中不属于当代资本主义生产关系方面新变化的是（　　）。

A. 在生产管理方面，出现了一系列运用电子计算机等新技术的管理手段和工具

B. 在所有制方面，出现了资本社会化，股权分散化趋势，法人所有制崛起

C. 在劳资关系方面，建立了劳资共决，职工参与管理和持股，终身雇佣等制度

D. 在收入分配方面，推行社会福利政策，通过再分配手段缓和社会矛盾

41. 当代资本主义国家经济关系的一系列新变化表明（　　）。

A. 其社会性质已发生本质改变

B. 其基本矛盾已得到彻底解决

C. 其社会发生了阶段性的部分质变

D. 其社会主要矛盾得到了根本缓解

42. 被列宁称为"社会主义的最充分的物质准备""社会主义的前阶"的是（　　）。

　　A. 自由竞争资本主义　　　　　　B. 私人垄断资本主义

　　C. 国家垄断资本主义　　　　　　D. 国际垄断资本主义

43. 下列关于股份资本的表述中不正确的是（　　）。

　　A. 它使资本的形式由单个资本变为联合资本

　　B. 它带有社会资本的性质

　　C. 它是资本主义生产关系的一次自我"扬弃"

　　D. 它没有突破单个私人资本的局限性

44. 垄断资本主义的历史作用是（　　）。

　　A. 为一个更高级的生产形式创造物质条件

　　B. 建立完善的市场体系和市场机制

　　C. 实现生产社会化和经济全球化

　　D. 不断发展社会的民主与法制

45. 资本主义经济的发展为向更高级的生产方式过渡创造了物质条件，这主要表现在（　　）。

　　A. 无产阶级队伍的壮大　　　　　B. 科学技术水平的不断提高

　　C. 社会化大生产的发展　　　　　D. 市场经济体制的不断完善

二、简答题

1. 简述私人垄断资本主义的基本经济特征。
2. 简述垄断的形成与垄断组织的主要形式。
3. 简述垄断阶段竞争依然存在的原因。
4. 简述垄断利润的主要来源。
5. 简述第二次世界大战后国家垄断资本主义大发展的原因。
6. 简述国家垄断资本主义的基本形式。
7. 国家垄断资本主义调控经济的主要手段有哪些？主要机制是什么？
8. 资本主义国家如何通过利率进行经济调控？
9. 简述市场经济下调控货币流通量的必要性及主要手段。
10. 经济全球化是如何发展起来的？
11. 简述经济全球化的消极影响。
12. 简述当代资本主义的新变化及其实质。

三、论述题

1. 垄断资本主义的基本经济特征有哪些？其当代发展的新特点、新形式是什么？
2. 试述当代资本主义国家的财政政策和货币政策的主要内容与作用。

3. 如何认识国家垄断资本主义的实质？

4. 试述资本主义国家对外输出资本的必要性、可能性及其对经济落后的资本输入国的影响。

5. 经济全球化的本质和主要内容是什么？试述经济全球化在 20 世纪 80 年代明显加快的原因。

6. 当代资本主义经济关系有哪些新变化？如何认识其实质？

7. 试述当代资本主义新变化的原因及实质。

第六章 社会主义的发展及其规律

知识框架

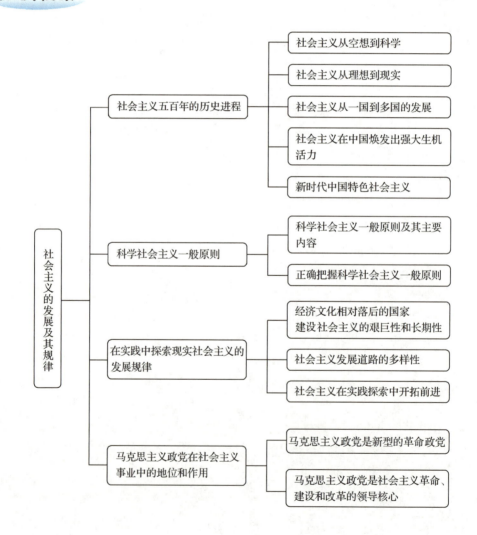

内容精要

第一节　社会主义五百年的历史进程

> 为了使社会主义变为科学，就必须首先把它置于现实的基础之上。
> ——恩格斯

一　社会主义从空想到科学

（一）社会主义从空想到科学的发展

1. 空想社会主义

最早的空想社会主义思想出现于16—17世纪的资本主义原始积累和初期发展阶段。从那时算起，社会主义已有五百年的发展历程。

早期空想社会主义的代表作是英国人莫尔的《乌托邦》和意大利人康帕内拉的《太阳城》。他们在自己的著作中批判了资本主义的种种罪恶，但他们提出和描绘的理想社会充满了空想性质。

19世纪初期欧洲的三大空想社会主义者，有法国的圣西门、傅立叶和英国的欧文。他们的空想社会主义思想，成为马克思主义科学社会主义的直接理论来源。

他们的思想中有合理的成分：对资本主义罪恶进行了较为深刻的揭露；认为资本主义制度必须为一种更好的社会制度所取代；提出新社会要消灭私有制、建立公有制的思想，以及新社会要实现按劳分配或按需分配的思想萌芽；等等。

空想社会主义为科学社会主义的诞生提供了丰富的资料和启示，包含着科学社会主义的萌芽。

但空想社会主义也存在明显的历史局限性：空想社会主义者论证了资本主义灭亡的必然性，但因为他们的唯心史观，没有正确认识社会历史发展的必然规律，因此，不能揭示出资本主义必然灭亡的经济根源和客观必然性；他们要求埋葬资本主义，却找不到埋葬资本主义的力量；他们憧憬社会主义的理想社会，却找不到通往理想社会的现实道路。

2. 科学社会主义

马克思和恩格斯在工人运动的实践中，总结、吸收前人优秀思想成果，逐步形成了科学社会主义理论。

1847年年底，他们受世界上第一个无产阶级政党"共产主义者同盟"的委托，于1848年2月发表的《共产党宣言》，是社会主义思想史上的第一个纲领性文件，它标志着科学社会主义理论的公开面世。

《共产党宣言》是一部科学洞见人类社会发展规律的经典著作，是一部充满斗争精神、批判精神、革命精神的经典著作，是一部秉持人民立场、为人民大众谋利益、为全人类谋解放的经典著作。

《共产党宣言》阐述了人类社会发展进步的客观规律，指出资本主义制度必然为社会主义制度取代的历史发展趋势，并对未来社会的发展方向做了科学论述和预言。

科学社会主义理论与辩证唯物主义和历史唯物主义（即马克思主义哲学）、马克思主义政治经济学一起，构成马克思主义理论的三个组成部分。

（二）无产阶级革命与社会主义制度的建立

社会主义从理论到实践的发展，是通过无产阶级革命实现的。

1. 无产阶级革命是迄今为止人类历史上最广泛、最彻底、最深刻的革命，是不同于以往一切革命的最新类型的革命

这是因为：

第一，无产阶级革命是要消灭私有制、建立公有制的社会革命。

这同以往不同私有制之间相互取代所发生的革命根本不同。

第二，无产阶级革命是最终要彻底消灭一切阶级剥削和阶级统治的革命。

以往的革命，是以一个阶级的剥削与统治代替另一个阶级的剥削与统治。而无产阶级革命、社会主义运动的目的，则是要消灭一切阶级剥削并最终消灭阶级和阶级统治。

第三，无产阶级革命是为绝大多数人谋利益的运动。

以往的革命，是为少数剥削阶级谋利益的。

无产阶级的阶级利益与广大劳动者的利益是完全一致的。因此，无产阶级革命必然是为广大人民群众谋利益的最广泛的革命。

第四，无产阶级革命是不断前进的历史进程。

无产阶级通过革命夺取政权并不是目的，迈向共产主义，这才是无产阶级和社会主义、共产主义事业的远景和方向。

2. 无产阶级革命的形式

从理论上说，无产阶级革命有两种形式——暴力革命和非暴力革命（即和平形式）。

在迄今为止的实践中，暴力革命是主要的基本形式。因为，革命的根本问题是国家政权问题。要夺取政权，无产阶级就必须以武装的革命反抗统治阶级的镇压。正所谓"暴力是每一个孕育着新社会的旧社会的助产婆"。从无产阶级运动的历史看，无论是巴黎公社、十月革命，还是中国等社会主义国家政权的取得，都是通过暴力革命的方式实现的。

马克思、列宁都曾谈到过以和平方式实现社会主义的问题。马克思在 1870 年，曾根据英国和美国的特殊情况设想，有可能以和平方式实现社会主义。列宁在 1917 年二月革命后，出现两个政权并存时，也曾设想革命有和平发展的可能。

但是实践中的情况是，英、美并没有发生社会主义革命，而俄国最终是以武装起义、暴力革命的方式建立起苏维埃政权。第二次世界大战后建立起来的其他的社会主义国家，也都是通过革命战争、武装起义等暴力革命的方式夺取政权，建立起社会主义政权的。

在今后的社会发展中，社会主义革命将采取什么样的形式，只能由各国无产阶级政党和人民根据马克思主义基本原理同自己的国情相结合，做出决定。

3. 马克思恩格斯的"同时胜利论"和列宁的"首先胜利论"

（1）马克思恩格斯的"同时胜利论"。

马克思恩格斯的"同时胜利论"的基本观点是，社会主义革命即使不是在全世界同时进行，也要在几个主要的资本主义国家内同时发生才可能成功。这一观点是基于自由竞争阶段的现实条件和实际情况，以生产力的普遍发展和与此相联系的世界交往为前提的。

当然，"同时胜利论"，不是说社会主义革命必须在全世界或者主要资本主义国家同一时刻地同步进行。同时胜利是指，主要资本主义国家在革命时机成熟时，在一个时期内相继爆发无产阶级革命，形成一个相互支持和相互促进的革命高涨的局面。因为，革命的发生归根到底是由生产力发展水平决定的。

"同时胜利论"也同当时工人运动实践，特别是 1871 年的巴黎公社实践紧密相关。巴黎公社是在一个国家乃至一个城市单独爆发的无产阶级革命，这个建立无产阶级专政的政权的第一次尝试，在国际资产阶级的联合镇压下很快就失败了。

马克思、恩格斯总结了巴黎公社的经验，认为资本主义在当时已发展成一种国际力量，它们联合起来共同镇压巴黎公社，这说明资产阶级是不愿在任何一个国家失去政权的，若出现一国的无产阶级革命，必然招来资本主义国家的联合镇压。从这个意义上说，无产阶级革命必须在同一历史时期爆发才有胜利的可能。

（2）列宁的"首先胜利论"。

19 世纪末 20 世纪初，资本主义由自由竞争阶段发展到垄断阶段即帝国主义阶段，出现了一些新变化、新特征。最重要的一点就是垄断资本主义即帝国主义国家之间经济政治发展不平衡。列宁指出"经济和政治发展的不平衡是资本主义的绝对规律"。列宁立足于资本主义发展不平衡规律，提出了社会主义革命可以首先在一国或数国取得胜利的理论。

在列宁这一思想的指引下，在俄国布尔什维克党的领导下，俄国无产阶级于 1917 年 11 月 7 日（俄历 10 月 25 日）举行了名为"十月革命"的武装起义，建立了世界上第一个社会主义国家——苏维埃俄国，这是列宁"首先胜利论"的成功实践。

十月革命实现了社会主义从理想到现实的伟大飞跃，开辟了人类历史的新纪元。

二 社会主义从理想到现实

从资本主义社会到社会主义社会，必须经过一个过渡阶段。

无产阶级革命胜利以后，如何经过过渡时期真正进入社会主义社会，需要进行史无前例的开创性探索。

（一）列宁领导下的苏维埃俄国对社会主义的探索

1. 探索阶段

在列宁领导下，苏俄对社会主义道路的探索，大体分为三个阶段：

第一阶段：进一步巩固苏维埃政权时期。

这一时期，进行了对大资本的剥夺和改造，实现了银行和大工业的国有化，使无产阶级掌握了国家的经济命脉；同时，与德国签署布列斯特和约，使战争暂时停止，为无产阶级政权赢得了喘息的机会。

这一时期，列宁发表了《苏维埃政权的当前任务》等一系列著作，提出了向社会主义过渡的计划，以及具体进行社会主义改造的方法和措施等。

第二阶段：战时共产主义时期。

从1918年春夏之交起，到1921年春，俄国爆发了内战。在列宁领导下，苏维埃政权实行了两年多的战时共产主义政策。

战时共产主义在经济上的主要特征是：取消商品货币关系，生产和流通由国家政权统一集中管理，生产资料和粮食等主要生活资料由国家统一调配。这是一种在非常时期采取的非常措施，是一种为应付战争而实行的临时政策。

第三阶段：新经济政策时期。

1921年春，苏维埃俄国击退外国武装干涉者，平息了国内叛乱，开始了和平建设时期。列宁果断地结束了战时共产主义，转而实行以发展商品经济为主要特征的新经济政策。

首先是改变战时共产主义时期废除商品货币关系、变成实物经济的做法，恢复和发展商品经济。包括在城市积极发展商品经济，在农村以粮食税取代余粮征集制。

新经济政策在列宁领导下取得了显著成果。

2. 列宁关于社会主义建设的理论

列宁对社会主义建设问题进行了多方面的探索，发展了马克思主义关于社会主义的理论，其主要贡献是：

首先，把社会主义建设作为一个长期探索、不断实践的过程。

其次，把大力发展生产力、提高劳动生产率放在首位。

再次，认识到在社会主义建设中，特别是在过渡时期不能人为取消商品经济，而要利用商品货币关系发展经济。

最后，提出利用资本主义，建设社会主义。他提出了"国家资本主义"的概念，即新生的无产阶级专政的国家政权可以利用并能控制其发展方向的资本主义经济。

3. 列宁晚年对社会主义建设的新构想

列宁在《论合作制》《论我国革命》《宁可少些，但要好些》等著作中，对社会主义建设提出的新构想主要包括：

——用合作化方式引导农民走向社会主义。

——发展工业，实现国家的工业化和电气化。

——学习资本主义一切可以利用的有价值的东西，为发展社会主义服务。

——进行文化革命，发展社会主义文化教育事业。

——进行党和国家机构改革，建立新型的社会主义政治制度，提高干部的素质和能力。

——加强社会主义民主法制建设、反对官僚主义。

——加强党的建设、维护党的团结，特别是党中央领导核心的团结等。

这些思想对后来的社会主义国家各方面的建设都有很重要的指导意义。

列宁晚年还进一步提出，社会主义最终胜利的根本保证是创造出比资本主义更高的劳动生产率，无产阶级夺取政权后要尽快实现工业化，实现工作重心从革命到建设的转变，合作社是把个人利益和国家利益结合起来的最好形式，必须加强国家政权建设和执政党建设等。

（二）斯大林领导下的苏联对社会主义的探索

苏联在斯大林领导下，逐步建成了以生产资料公有制为基础的社会主义计划经济制度，形成了后来所称的建设社会主义的苏联模式。

从1924年列宁逝世到1936年苏联宣布建成社会主义，苏联仍然处于从资本主义向社会主义的过渡时期。

在斯大林领导下，俄国逐步变为一个社会主义工业大国，一个实行计划经济配置资源的新型国家。

首先，是生产资料所有制的变革。

到1936年，苏联在所有制上的特点是，社会主义公有制占了绝对优势，基本上是：在城市和工业中，全民所有制（采取国家所有制形式）为主；在农村和农业中，集体所有制为主。

这样一种两种公有制并存的格局，构成了苏联社会主义计划经济制度的所有制基础。

其次，是计划经济体制的建立和发展。

苏联在斯大林领导下，走了一条建立集中的计划经济体制的道路。

在苏联模式中，商品经济依然存在，价值规律仍然在起作用，但计划是主导，忽视甚至排斥市场调节作用，各种资源主要是通过计划而不是市场配置的。这种经济体制下的信息传导机制，主要是通过计划体系自上而下和自下而上的纵向传达，部门和企业间的横向信息交流较少。

苏联社会主义建设中的动力机制是，物质鼓励和精神鼓励相结合。

最后，是政治思想文化等各项事业的建设与发展。

苏联的政治制度和文化事业，在斯大林领导下逐步建立和发展起来。巩固了共产党对各项事业的领导，建立了与计划经济体制相适应的行政管理制度，各种反映社会主义意识形态的思想文化教育事业也取得了很大进步。

1936年12月，在苏维埃第八次非常代表大会上通过的苏维埃宪法宣布：苏联已建成社会主义社会。

在斯大林的领导下，社会主义制度的优越性得到了多方面的体现。

他开创的社会主义计划经济模式，有其历史功绩，也存在集中过多、管得过死等许多弊端。

三 社会主义从一国到多国的发展

第二次世界大战以后，社会主义事业从一国向多国发展壮大。

（一）东欧社会主义国家的建立和发展

东欧8个社会主义国家中，有的是这些国家的共产党、工人党在苏联的支持下建立起新生的社会主义政权；也有些国家主要是靠自己的力量反抗纳粹、获得解放的，如阿尔巴尼亚和南斯拉夫。

（二）中国等亚洲、中美洲社会主义国家的建立和发展

中国走了一条以农村包围城市、最后夺取城市、获得全国政权的独特的社会主义成功之路。

中华人民共和国成立以后，1953年在党的过渡时期总路线的指引下，开始系统地进行社会主义改造，最终于1956年建立起全民所有制和集体所有制并存的社会主义公有制经济，确立了社会主义基本制度。

越南、朝鲜、老挝和蒙古等国建立社会主义制度的情况，与中国有同有异，都是在特定的历史条件下走上了社会主义道路。

处于中美洲的古巴也是在战后民族独立风起云涌的时代，在古巴共产党及其领袖卡斯特罗的领导下，独立地走上社会主义道路。

（三）社会主义从一国到多国发展的历史贡献与经验教训

1. 社会主义从一国到多国发展的历史贡献（社会主义制度对人类社会历史发展的贡献）

首先，社会主义作为一种现实存在的社会制度出现在世界上，推动了人类历史的发展和社会制度的演进。

其次，社会主义国家的存在改变了世界格局，在一定程度上遏制了资本主义和霸权

主义在世界上的扩张。

再次，社会主义力量坚定地支持被压迫民族和被压迫人民，推动着世界和平与发展的时代潮流。

最后，社会主义引导着世界人民的前进方向。

2. 东欧剧变、苏联解体的教训及其启示

东欧剧变、苏联解体最深刻的教训是：放弃了社会主义道路；放弃了无产阶级专政；放弃了共产党的领导地位；放弃了马克思列宁主义。

总结这些历史经验和教训，我们认识到：

第一，要正视经济社会发展较为落后的国家在特定历史条件下进入社会主义的特殊性，要把科学社会主义理论与各国的实践相结合，探索符合本国国情的社会主义发展道路。要勇于创新。

第二，社会主义的社会经济体制并非只有一种模式，尤其在资源配置方式和经济体制上，要解放思想、勇于探索。市场经济体制是迄今为止较为有效的资源配置方式，它不但可以为资本主义所用，也能成为社会主义的一种经济体制。

第三，要坚持共产党的领导，不断发展社会主义民主政治。还要重视意识形态领域的斗争和思想教育，要抵制各种资本主义思潮的侵袭和腐蚀。

第四，要善于吸收人类文明的优秀成果。

四 社会主义在中国焕发出强大生机活力

1921年，中国共产党成立，并成为中国社会主义运动的领导力量。党领导的中国社会主义事业，经过了从新民主主义革命到社会主义革命、建设、改革的发展历程，在百年的奋斗中不断发展壮大，在21世纪焕发出勃勃生机。

1. 毛泽东领导党和人民对社会主义建设道路的探索

从"以苏为师"到"以苏为鉴"，毛泽东提出要独立探索适合中国国情的社会主义建设道路。

以《论十大关系》《关于正确处理人民内部矛盾的问题》为主要标志，中国共产党对怎样建设社会主义有了自己的新认识。

然而，囿于认识和实践的局限，我们在建设社会主义的过程中也出现了这样那样的失误，甚至经历了"文化大革命"那样的严重挫折。

但中华人民共和国前30年的探索取得了多方面的巨大成就，并为新时期开创中国特色社会主义提供了宝贵经验、理论准备和物质基础。

2. 邓小平领导党和人民开创了社会主义建设新时期

1978年党的十一届三中全会重新确立了解放思想、实事求是的思想路线，彻底否定了"以阶级斗争为纲"的错误理论和实践，做出了进行改革开放的重大决策，开创了社会主义建设新时期。

邓小平明确提出必须搞清楚"什么是社会主义、怎样建设社会主义"这个重大理论和实践问题，提出"建设有中国特色的社会主义"的重大命题。

经过实践探索，我们党提出了社会主义初级阶段理论，确立了党在社会主义初级阶段的基本路线，第一次比较系统地初步回答了在中国这样经济文化比较落后的国家，如何建设社会主义、如何巩固和发展社会主义的一系列基本问题，把对社会主义的认识提高到新的科学水平，翻开了中国社会主义发展的崭新一页。

1992年，新一轮思想解放和改革开放的高潮兴起，在邓小平南方谈话和党的十四大精神指引下，我国开始建立社会主义市场经济体制。

3. 江泽民领导党和人民成功把中国特色社会主义推向21世纪

以江泽民为核心的党中央团结带领全党全国人民，战胜了来自国内和国际的，以及经济、社会和自然的多方面挑战，承前启后、继往开来，成功把中国特色社会主义推向21世纪。

4. 胡锦涛领导党和人民开启了全面建设小康社会的新征程

2002年党的十六大以后，以胡锦涛为总书记的党中央，牢牢把握新世纪新阶段国内外形势的新变化，带领全国人民紧紧抓住重要战略机遇期，全面推进中国特色社会主义经济、政治、文化、社会和生态文明建设，加强党的执政能力建设和先进性建设，构建社会主义和谐社会，在新的历史起点上，开始了全面建设小康社会的新征程。

五 新时代中国特色社会主义

（一）中国特色社会主义进入新时代

2012年党的十八大以来，以习近平同志为核心的党中央，团结带领全国人民统筹推进"五位一体"总体布局，协调推进"四个全面"战略布局，推动当代中国取得了历史性成就，发生了历史性变革。党的面貌、国家的面貌、人民的面貌、军队的面貌、中华民族的面貌发生了前所未有的变化。中国特色社会主义进入新时代，中华民族高举中国特色社会主义旗帜，以崭新姿态屹立于世界东方。

（二）习近平新时代中国特色社会主义思想

2017年党的十九大，习近平总书记首次提出"新时代中国特色社会主义思想"。

习近平新时代中国特色社会主义思想是马克思主义中国化的最新成果，是党和人民实践经验和集体智慧的结晶，是党的十八大以来党和国家事业取得历史性成就、发生历史性变革的根本的理论指引。

习近平新时代中国特色社会主义思想的内容丰富。党的十九大报告阐述了新时代中国特色社会主义思想的"八个明确"和"十四个基本方略"（"十四个坚持"）。

1. "八个明确"

八个明确是在指导思想层面的表述，具体是指：

第一，明确坚持和发展中国特色社会主义，总任务是实现社会主义现代化和中华民族伟大复兴，在全面建成小康社会的基础上，分两步走，在21世纪中叶建成富强民主文明和谐美丽的社会主义现代化强国。

第二，明确新时代我国社会主要矛盾是人民日益增长的美好生活需要和不平衡不充分的发展之间的矛盾，必须坚持以人民为中心的发展思想，不断促进人的全面发展、全体人民共同富裕。

第三，明确中国特色社会主义事业总体布局是"五位一体"、战略布局是"四个全面"，强调坚定道路自信、理论自信、制度自信、文化自信。

第四，明确全面深化改革总目标是完善和发展中国特色社会主义制度、推进国家治理体系和治理能力现代化。

第五，明确全面推进依法治国总目标是建设中国特色社会主义法治体系、建设社会主义法治国家。

第六，明确党在新时代的强军目标是建设一支听党指挥、能打胜仗、作风优良的人民军队，把人民军队建设成为世界一流军队。

第七，明确中国特色大国外交要推动构建新型国际关系，推动构建人类命运共同体。

第八，明确中国特色社会主义最本质的特征是中国共产党领导，中国特色社会主义制度的最大优势是中国共产党领导，党是最高政治领导力量，提出新时代党的建设总要求，突出政治建设在党的建设中的重要地位。

2. "十四个坚持"

十四个基本方略是在实践层面、行动纲领层面的展开，其主要内容是"十四个坚持"，具体是指：

坚持党对一切工作的领导。坚持以人民为中心。坚持全面深化改革。坚持新发展理念。坚持人民当家做主。坚持全面依法治国。坚持社会主义核心价值体系。坚持在发展中保障和改善民生。坚持人与自然和谐共生。坚持总体国家安全观。坚持党对人民军队的绝对领导。坚持"一国两制"和推进祖国统一。坚持推动构建人类命运共同体。坚持全面从严治党。

以上十四条，构成了坚持和发展中国特色社会主义的基本方略。

（三）中国特色社会主义进入新时代的意义

中国特色社会主义进入新时代：

意味着近代以来久经磨难的中华民族迎来了从站起来、富起来到强起来的伟大飞跃，迎来了实现中华民族伟大复兴的光明前景；

意味着科学社会主义在21世纪的中国焕发出强大生机活力，在世界上高高举起了中国特色社会主义伟大旗帜；

意味着中国特色社会主义道路、理论、制度、文化不断发展，拓展了发展中国家走向现代化的途径，给世界上那些既希望加快发展又希望保持自身独立性的国家和民族提供了全新选择，为解决人类问题贡献了中国智慧和中国方案。

第二节　科学社会主义一般原则

> 科学社会主义基本原则不能丢，丢了就不是社会主义。
> ——习近平

一　科学社会主义一般原则及其主要内容

科学社会主义一般原则是社会主义事业发展规律的集中体现，是马克思主义政党领导人民进行社会主义革命、建设、改革的基本遵循。

它主要包括以下几方面内容：

（1）人类社会发展规律和资本主义基本矛盾是资本主义必然灭亡、社会主义必然胜利的根本依据。

（2）无产阶级是最先进最革命的阶级，肩负着推翻资本主义旧世界、建立社会主义和共产主义新世界的历史使命。

（3）无产阶级革命是无产阶级进行斗争的最高形式，以建立无产阶级专政的国家为目的。

在资本主义条件下，无产阶级反抗资产阶级的斗争主要有经济斗争、政治斗争和思想斗争三种形式。

经济斗争是指无产阶级为改善劳动和生活条件而进行的斗争，它是无产阶级最熟悉、最普遍采取的斗争形式。

政治斗争是指无产阶级以夺取政权为目的的斗争，它是无产阶级反对整个资产阶级的斗争形式。

思想斗争是指无产阶级在意识形态领域里同反马克思主义进行的斗争，它是政治斗争和经济斗争的灵魂。

无产阶级反对资产阶级斗争的经济根源在于资本主义生产方式的基本矛盾。

无产阶级革命的根本问题是政权问题，无产阶级通过革命斗争夺取国家政权，使自己成为统治阶级，并打碎资产阶级的国家机器，建立无产阶级专政的国家政权。

（4）社会主义社会要在生产资料公有制的基础上组织生产，以满足全体社会成员的需要为生产的根本目的。

生产资料公有制是社会主义经济制度的根基。但要在实践中，根据具体国情和生产力状况，选择适当的公有制的实现形式。

社会主义生产的目的，是满足人民群众的需要。建立在社会主义公有制基础上的社会是以人民为主体的社会，实现好、维护好、发展好人民群众的利益，是社会主义的本质要求。

（5）社会主义社会要对社会生产进行有计划的指导和调节，实行按劳分配原则。

在马克思、恩格斯的著作中没有"计划经济"一词，而是讲社会主义经济要有计划调节，至于这种计划调节采取何种具体形式，则要在社会主义经济实践中探索。

马克思认为，在共产主义社会的第一阶段或低级阶段（即社会主义阶段），个人消费品的分配应当实行按劳分配原则。

（6）社会主义要合乎自然规律地改造和利用自然，努力实现人与自然的和谐共生。

马克思、恩格斯科学阐述了人和自然的辩证关系。在社会主义社会，应该自觉地把实现人与自然的和谐共生作为社会发展的重要目标，以合乎自然发展规律、合乎人类幸福生活和追求美丽环境的方式来改造和利用自然，保持人与自然之间的动态平衡。

（7）社会主义必须坚持科学的理论指导，大力发展社会主义先进文化。

在社会主义国家，马克思主义是立党立国的根本指导思想，任何时候都必须坚持马克思主义在意识形态领域的指导地位不动摇，否则就会迷失方向。

社会主义国家必须大力发展以马克思主义为指导的社会主义先进文化，满足人民群众日益增长的精神文化需要。

社会主义先进文化是社会主义国家凝聚和激励人民的重要力量，是社会主义综合国力的重要标志。

（8）无产阶级政党是无产阶级的先锋队，社会主义事业必须始终坚持无产阶级政党的领导。

（9）社会主义社会要大力解放和发展生产力，逐步消灭剥削和消除两极分化，实现共同富裕和社会全面进步，并最终向共产主义社会过渡。

社会主义社会必须大力发展生产力，创造出比资本主义更高的劳动生产率。只有不断解放和发展生产力，并推动社会全面进步，社会主义才能体现出自己的本质，显示出自己的优越性，并为最终向共产主义社会过渡创造条件。

要发展生产力，就要解放生产力；要解放生产力，就要坚持改革。改革是社会主义制度的自我完善和发展，是社会主义社会发展的强大动力。

随着生产力的巨大发展和社会各项事业的不断推进，社会主义将逐步消灭剥削，消除两极分化，实现全体人民共同富裕，实现社会全面进步和人的全面发展，并最终向共产主义社会迈进。

二 正确把握科学社会主义一般原则

科学社会主义一般原则，随时随地都要以当时的历史条件为转移。

（1）必须始终坚持科学社会主义一般原则，反对任何背离这些原则的错误倾向。

列宁强调指出，马克思主义必须随着时代的发展而发展，但发展必须以坚持社会主义一般原则为前提，否则就会投入资产阶级的怀抱。

从世界社会主义五百年的大视野来看，我们仍处在马克思所指明的历史时代，处在资本主义向社会主义转变的历史进程中，科学社会主义理论并没有过时，仍然有强大生命力，必须始终坚持，不能动摇。

（2）要善于把科学社会主义一般原则与本国实际相结合，创造性回答和解决革命、建设、改革中的重大问题。

马克思主义理论不是教条而是行动的指南，必须把坚持社会主义一般原则运用于社会主义革命、建设、改革的实践，发挥这些原则指导实践的巨大威力。

也只有在理论与实践相结合的过程中，才能真正认识和把握社会主义的真谛。

只有把科学社会主义一般原则与本国国情相结合，才能创造性地回答和解决本国的实际问题。

（3）要紧跟时代和实践的发展，在不断总结新鲜经验中进一步丰富和发展科学社会主义一般原则。

理论来源于实践，又随着实践的发展而发展。科学社会主义一般原则不是一成不变的教条，而是随着社会主义实践而不断丰富和发展的学说。

如今，中国特色社会主义进入新时代，中国共产党人要根据时代变化和实践发展，不断深化认识，总结经验，在理论创新和实践创新的良性互动中推进21世纪中国的马克思主义。

第三节　在实践中探索现实社会主义的发展规律

一 经济文化相对落后的国家建设社会主义的艰巨性和长期性

（一）社会主义首先在经济文化相对落后的国家取得胜利的原因

第一，这些国家已具备了一定程度的社会化生产力，这是发生社会主义革命、建立社会主义社会的物质基础。

以社会主义取代资本主义最根本的物质根源，在于生产的社会化要求改变束缚其发展的生产资料私有制。

第二，这些国家发生社会主义革命时的客观形势和主观条件，使它们在特定的历史条件下能够获得革命的成功。

经济文化相对落后的国家率先进入社会主义，是特定历史条件下的客观现实，有其深刻的内外原因，并没有违反历史发展的规律，不是什么"反常现象"和不该出生的"早产儿"。

（二）必须充分认识经济文化相对落后的国家社会主义建设的艰巨性和长期性

第一，在这些国家里大力发展生产力，赶上和超过发达国家是一个长期而艰巨的历史任务。

第二，在这些国家里建设社会主义精神文明、发展社会主义民主与完善社会主义法制，充分显示社会主义制度的优越性，也将是一个长期而艰巨的历史任务。

第三，这些国家的建设和发展是在与资本主义国家并存的环境下，在资本主义发达国家主导的世界政治经济秩序中曲折前进的，面临着国际环境的严峻挑战。

第四，这些国家的执政党和广大人民对社会主义发展道路的探索和完善，对社会主义建设客观规律的认识和利用，需要一个长期的艰苦的过程。

二 社会主义发展道路的多样性

（一）社会主义发展道路多样性的原因

第一，各国在社会主义革命时，其生产力状况和社会发展阶段是不同的，由此决定，不同社会主义国家的发展道路具有不同的特点。

第二，各国的历史传统、文化习俗和具体国情各不相同，这是各国的发展道路不同的另一个原因。

第三，在社会主义的实践中，各国都在探索适合本国国情的发展道路。时代在前进，实践在发展，社会主义的发展道路因此而更具有多样性。

（二）努力探索适合本国国情的社会主义发展道路

第一，探索社会主义发展道路要以马克思主义理论为指导。

第二，探索社会主义发展道路要从本国国情出发，把马克思主义基本原理同本国的社会主义建设实践结合起来。

第三，探索社会主义发展道路要吸收人类一切文明成果。

三 社会主义在实践探索中开拓前进

（一）社会主义在开拓中前进的客观性

社会主义在曲折中前进，主要是由以下三方面因素决定的：

第一，同一切新生事物一样，社会主义作为一种崭新的社会经济政治制度，其成长过程必然不会一帆风顺。

第二，认识社会主义基本矛盾和主要矛盾，认识社会主义建设规律，认识共产党执政规律，不可能一蹴而就。

第三，世界经济政治形势错综复杂的发展变化，国际经济政治秩序和格局的变动演化，也是决定社会主义曲折发展的一个影响因素。

（二）社会主义在自我发展和完善中走向辉煌

社会主义的发展道路是曲折的，但前途是光明的。

1. 社会主义在曲折中前进，在开拓中发展的原因

社会主义制度能从根本上克服资本主义的基本矛盾，顺应社会化大生产的进一步发展，为社会生产力的更大提升提供广阔的前景。

社会主义事业是广大人民的事业，它的发展方向与人民群众的愿望和要求是一致的，会得到人民群众的广泛支持和拥护。

社会主义基本矛盾是非对抗性的，能够通过自身的改革与发展克服前进中的困难，会在自我发展和完善中走向辉煌。

2. 我国改革开放实践经验的启示

总结我国改革开放的实践经验，可以得到如下启示：

第一，要坚持正确的理论指导。

要把坚持马克思主义基本原理同推进马克思主义中国化结合起来，以实践基础上的理论创新为改革开放提供理论指导。中国改革开放取得伟大成功，关键是既坚持马克思主义基本原理，又根据当代中国实践和时代发展要求不断推进马克思主义中国化，赋予当代中国马克思主义勃勃生机。

第二，要坚持改革的正确方向。

改革是社会主义制度的自我完善和发展，必须把坚持四项基本原则同坚持改革开放结合起来，以经济建设为中心，保持改革开放的正确方向，决不走封闭僵化的老路，也决不走改旗易帜的邪路，而是坚定不移地走中国特色社会主义道路。

第三，要选择正确的改革方式与步骤，因地制宜，循序渐进。

第四，要妥善处理改革、发展和稳定的关系。改革是动力，发展是目的，稳定是保证。（第三章社会主义社会的改革部分的表述是：改革是动力，发展是关键，稳定是前提）

第四节 马克思主义政党在社会主义事业中的地位和作用

一 马克思主义政党是新型的革命政党

（一）马克思主义政党是科学社会主义与工人运动相结合的产物

马克思主义政党产生的两个条件：一是工人运动的发展；二是科学社会主义理论的传播。

工人运动的发展是马克思主义政党产生的阶级基础。

但仅有工人运动的发展没有科学社会主义理论的指导是不行的。

科学社会主义理论与工人运动结合起来，就产生了马克思主义政党。

1847年，共产主义者同盟成立，这是马克思恩格斯把科学社会主义理论同工人运动相结合，建立的第一个国际性的党组织。

1869年成立的德国社会民主工党，是最早在一个国家里建立的马克思主义政党。

1898年，列宁把马克思主义同俄国工人运动相结合，创立了俄国社会民主工党（布尔什维克）。

1921年，中国共产党成立，它是马克思主义理论与中国工人运动相结合的产物。

（二）马克思主义政党是工人阶级先锋队

马克思主义政党的性质是工人阶级先锋队，这是马克思主义政党性质最简要最明确的表述。它表明了马克思主义政党的阶级性和先进性。

工人阶级代表最先进的社会生产力，是最先进最革命的阶级。

工人阶级的历史使命是由其历史地位决定的。

第一，工人阶级是社会化大生产的产物，与先进的生产方式相联系，是先进生产力的代表，是最有前途的阶级。

第二，工人阶级在资本主义社会中与资产阶级直接对立，具有革命彻底性，只有他们能肩负起推翻资产阶级统治、建立社会主义新社会的任务。

第三，工人阶级会在斗争中不断成熟，从自在的阶级走向自为的阶级。

工人阶级的先进性决定了马克思主义政党的先进性。马克思主义政党以工人阶级为阶级基础，但不等同于工人阶级本身，与工人阶级的群众性组织也有明显的区别。不能把党与阶级混淆起来，也不能忽视党和阶级之间的联系。

马克思主义政党由工人阶级中有共产主义觉悟的先进分子所组成，但来自其他阶级和阶层的、认同党的纲领、愿为党的事业奋斗的先进分子也可以加入党组织。

（三）马克思主义政党是为实现共产主义而奋斗的党

马克思主义政党的最高纲领和最终奋斗目标是实现共产主义。

党的最高纲领即建立共产主义社会和为此而奋斗，是马克思主义政党区别于其他政党的重要标志。

马克思主义政党是最高纲领和最低纲领的统一论者。马克思主义政党要根据具体的国情和当前的任务，制定出近期的奋斗目标和战略、策略，制定出党在一定时期的最低纲领。在社会主义革命和社会主义建设事业中，能够既牢记最高纲领，又把马克思主义基本原理与本国具体实践结合起来，制定出适宜的最低纲领，并推动本国社会主义实践向前发展，是马克思主义政党成熟的标志。

（四）马克思主义政党是为人民群众谋利益的党

马克思主义政党的根本宗旨是为人民群众谋利益。

（五）马克思主义政党是按照民主集中制原则组织起来的团结统一的党

民主集中制是马克思主义政党的组织原则。民主集中制是民主基础上的集中和集中指导下的民主相结合，是民主与集中的统一。

马克思主义政党是团结统一的党。团结统一的坚实基础是共同的指导思想、共同的阶级基础、共同的奋斗目标。

马克思主义政党还是有严格纪律和战斗精神的党。有严格的组织纪律，这是党团结统一和步调一致的重要条件。

二 马克思主义政党是社会主义革命、建设和改革的领导核心

（一）马克思主义政党是社会主义革命的领导核心

在社会主义革命中，马克思主义政党的坚强领导主要体现在：

第一，思想领导方面。

社会主义革命要有正确思想的指导。革命要进行广泛的思想动员，要用科学社会主义的理论武装群众，这些任务要由马克思主义政党来承担。

第二，政治领导方面。

为工人阶级和劳动群众指出明确的革命方向，只有马克思主义政党才能承担和胜任。

第三，组织领导方面。

在革命中只有党组织把广大工人阶级和革命群众动员和组织起来，形成一支宏大的革命队伍，才能同资产阶级的统治进行有效的抗争。

（二）马克思主义政党是社会主义建设和改革的领导核心

1. 马克思主义政党在社会主义建设中的领导核心作用

主要体现在：

第一,思想领导方面。

马克思主义是社会主义国家的指导思想。为社会主义事业指明方向,发挥社会主义文化的引领作用,牢牢掌握意识形态的领导权、话语权,抵制各种非马克思主义思潮,以及腐朽没落阶级思想意识的侵袭,需要马克思主义政党在思想方面、意识形态领域的坚强领导。

第二,政治领导方面。

党要起到总揽全局、协调各方的政治领导核心作用,保证社会主义建设沿着正确的方向前进。

第三,组织领导方面。

党领导人民,通过各种组织形式,把党的路线、方针、政策贯彻到社会实践的各个方面,上升到法律地位,以实现党对社会主义建设的组织领导。

2. 马克思主义政党在改革中的领导核心作用

社会主义建设和改革是联系在一起的。社会主义是一个不断改革的社会,改革是建设事业不断前进的强大动力。

只有坚持党的正确路线,不断改革,社会主义各项建设事业才能不断发展。

改革是社会主义制度的自我完善和发展,而不是改弦更张,必须坚持马克思主义政党的领导。

只有坚持党的领导,才能坚持改革的社会主义方向,有计划有步骤地推进改革事业。

(三)坚持和改善马克思主义政党的领导

坚持党的领导不能只讲政治方面,经济建设、文化建设、社会建设、生态文明建设等都需要坚持党的领导。

要在坚持党的领导核心地位的同时,不断加强党的建设,改进和完善党的领导。

坚持党的领导是社会主义最本质的特征和民主政治的首要内容。社会主义民主高于资本主义民主,它不但是形式上的民主,也是实质上的民主;不但是政治民主,更是经济和社会全面权利上的民主。社会主义民主离不开马克思主义政党的领导,放弃党的领导,社会主义民主也就无从谈起。因此,坚持社会主义就必须坚持马克思主义政党的领导核心地位。

坚持党的领导必须不断改善党的领导。

加强和改善党的领导,必须加强马克思主义政党的先进性建设。先进性是马克思主义政党的本质属性,是马克思主义政党的生命所系,力量所在。保持和发展党的先进性是马克思主义政党自身建设的根本任务和永恒课题。

中国共产党在改革开放实践中对这一任务和课题进行了一系列的探索和总结。加强党的先进性,必须把建设学习型政党作为战略任务;必须准确把握时代脉搏,保证党始终与时代发展同步伐;必须把广大人民群众的根本利益作为党全部工作的出发点和落脚点,保证党始终与人民群众共命运;必须使党的理论和路线方针政策不断与时俱进,保证党的全部工作始终符合实际和社会发展规律；必须围绕党的中心任务来加强自身建设，保证党始终引领中国社会发展进步；必须坚持党要管党、从严治党，提高管党治党水平。

努力把党建设成为立党为公、执政为民、求真务实、改革创新、艰苦奋斗、清正廉洁、富有活力、团结和谐的马克思主义执政党，建设成为学习型、服务型、创新型的马克思主义执政党。

要点荟萃

一 社会主义五百年的历史进程

（一）社会主义从空想到科学

1. 社会主义从空想到科学的发展

最早的空想社会主义思想出现于16—17世纪的资本主义原始积累和初期发展阶段。从那时算起，社会主义已有五百年的发展历程。

早期空想社会主义的代表作是英国人莫尔的《乌托邦》、意大利人康帕内拉的《太阳城》。

19世纪初期欧洲的三大空想社会主义者是法国的圣西门、傅立叶和英国的欧文。

马克思主义科学社会主义的直接理论来源是19世纪初期欧洲的空想社会主义思想。

世界上第一个无产阶级政党是"共产主义者同盟"。

社会主义思想史上的第一个纲领性文件是《共产党宣言》。

标志科学社会主义理论公开面世的著作是《共产党宣言》。

2. 无产阶级革命与社会主义制度的建立

（1）无产阶级革命的性质。

无产阶级革命是迄今人类历史上最广泛、最彻底、最深刻的革命，是不同于以往一切革命的最新类型的革命。这是因为：无产阶级革命是要消灭私有制、建立公有制的社会革命；无产阶级革命是最终要彻底消灭一切阶级剥削和阶级统治的革命；无产阶级革命是为绝大多数人谋利益的运动；无产阶级革命是不断前进的历史进程。

迄今为止人类历史上最广泛、最彻底、最深刻的革命是无产阶级革命。

（2）无产阶级革命的形式。

从理论上说，无产阶级革命有两种形式：暴力革命和非暴力革命（即和平形式）。

在迄今为止的实践中，无产阶级革命主要的基本形式是暴力革命。

在无产阶级革命问题上，马克思恩格斯提出"同时胜利论"。

在无产阶级革命问题上，列宁提出社会主义革命一国或数国"首先胜利论"。

"首先胜利论"的依据是帝国主义经济政治发展不平衡规律。

世界上第一个社会主义国家是苏维埃俄国。

(二) 社会主义从理想到现实

从资本主义社会到社会主义社会,必须经过一个过渡阶段。

1. 列宁领导下的苏维埃俄国对社会主义的探索

其探索主要有战时共产主义政策、新经济政策。

列宁发展了马克思主义关于社会主义的理论。

列宁晚年对社会主义建设提出了许多新构想。比如提出社会主义最终胜利的根本保证是创造出比资本主义更高的劳动生产率。

2. 斯大林领导下的苏联对社会主义的探索

苏联在斯大林的领导下,逐步建成了以生产资料公有制为基础的社会主义计划经济制度,形成了后来所称的建设社会主义的苏联模式。

(三) 社会主义从一国到多国的发展

社会主义事业从一国向多国发展壮大发生于第二次世界大战以后。

1. 社会主义从一国到多国发展的历史贡献

社会主义制度对人类社会历史的发展做出的巨大贡献体现在:社会主义作为一种现实存在的社会制度出现在世界上,推动了人类历史的发展和社会制度的演进;社会主义国家的存在改变了世界格局,在一定程度上遏制了资本主义和霸权主义在世界上的扩张;社会主义力量坚定地支持被压迫民族和被压迫人民,推动着世界和平与发展的时代潮流;社会主义引导着世界人民的前进方向。

2. 社会主义从一国到多国发展的经验教训

(1) 东欧剧变、苏联解体最深刻的教训是:放弃了社会主义道路;放弃了无产阶级专政;放弃了共产党的领导地位;放弃了马克思列宁主义。(就是放弃了四项基本原则)

(2) 东欧剧变、苏联解体的教训的启示。

总结东欧剧变、苏联解体的历史经验和教训,我们认识到:要把科学社会主义理论与各国的实践相结合,探索符合本国国情的社会主义发展道路;社会主义的社会经济体制并非只有一种模式;要坚持共产党的领导,不断发展社会主义民主政治,重视意识形态领域的斗争和思想教育;要善于吸收优秀文明成果。

(四) 社会主义在中国焕发出强大生机活力

要以苏联的经验为鉴戒,独立探索适合中国国情的社会主义建设道路的提出者:毛泽东。

党对怎样建设社会主义有了自己的新认识的主要标志是:《论十大关系》《关于正确处理人民内部矛盾的问题》。

中华人民共和国前 30 年探索的功绩是:逐步建立了独立的、比较完整的工业体系和国民经济体系;为新时期开创中国特色社会主义提供了宝贵经验、理论准备和物质基础。

重新确立解放思想、实事求是的思想路线的会议是:1978 年党的十一届三中全会。

做出进行改革开放的重大决策的会议是：1978年党的十一届三中全会。

邓小平明确提出必须搞清楚的重大理论和实践问题是："什么是社会主义、怎样建设社会主义"。

邓小平提出，总结长期历史经验得出的基本结论是——把马克思主义的普遍真理同我国的具体实际结合起来，走自己的道路，建设有中国特色的社会主义。

（五）新时代中国特色社会主义

首次提出"新时代中国特色社会主义思想"的领导人是：习近平。

习近平首次提出"新时代中国特色社会主义思想"是在：2017年党的十九大。

"新时代中国特色社会主义思想"是全党全国人民为实现中华民族伟大复兴而奋斗的行动指南，被写入了十九大通过的党章中。

2018年3月的全国人民代表大会上，习近平新时代中国特色社会主义思想载入了宪法。

党的十九大报告阐述了新时代中国特色社会主义思想的"八个明确"和"十四个基本方略"（"十四个坚持"）。

八个明确是在指导思想层面的表述，十四个基本方略是在实践层面、行动纲领层面的展开。

二 科学社会主义一般原则

（一）科学社会主义一般原则及其主要内容

科学社会主义一般原则是社会主义事业发展规律的集中体现，是马克思主义政党领导人民进行社会主义革命、建设、改革的基本遵循。它主要包括9个方面的内容。

资本主义必然灭亡、社会主义必然胜利的根本依据是：人类社会发展规律和资本主义基本矛盾。

资本主义生产方式的基本矛盾是：生产社会化和生产资料资本主义私人占有之间的矛盾。

资本主义基本矛盾的具体表现和结果是：资产阶级和无产阶级的对立；资本主义个别企业生产的有组织性与整个社会生产的无政府状态之间的矛盾；资本主义生产无限扩大的趋势与人民群众有支付能力的需求之间的矛盾。

人类历史上最先进最革命的阶级是：无产阶级。

无产阶级肩负的历史使命是：推翻资本主义旧世界、建立社会主义和共产主义新世界。

无产阶级进行斗争的最高形式是：无产阶级革命。

无产阶级革命的目的是：建立无产阶级专政的国家。

社会主义社会组织生产的基础是：生产资料公有制。

社会主义社会生产的根本目的是：满足全体社会成员的需要。

社会主义社会要对社会生产进行：有计划的指导和调节，实行按劳分配原则。

社会主义要合乎自然规律地改造和利用自然，努力实现人与自然的和谐共生。

在《自然辩证法》一书中提出以合乎自然规律的方式来改造和利用自然的观点的人是：恩格斯。

恩格斯提出以合乎自然规律的方式来改造和利用自然的观点的著作是：《自然辩证法》。

恩格斯提出改造和利用自然的方式是：合乎自然规律。

社会主义必须坚持科学的理论指导，大力发展社会主义先进文化。

（二）正确把握科学社会主义一般原则

（1）必须始终坚持科学社会主义一般原则，反对任何背离这些原则的错误倾向。

（2）要善于把科学社会主义一般原则与本国实际相结合，创造性回答和解决革命、建设、改革中的重大问题。

（3）要紧跟时代和实践的发展，在不断总结新鲜经验中进一步丰富和发展科学社会主义一般原则。

三 在实践中探索现实社会主义的发展规律

（一）经济文化相对落后的国家建设社会主义的艰巨性和长期性

1. 社会主义首先在经济文化相对落后的国家取得胜利的原因

（1）这些国家已具备了一定程度的社会化生产力，这是发生社会主义革命、建立社会主义社会的物质基础；（2）这些国家发生社会主义革命时的客观形势和主观条件，使它们在特定的历史条件下能够获得革命的成功。

经济文化相对落后的国家率先进入社会主义，是特定历史条件下的客观现实，有其深刻的内外原因，并没有违反历史发展的规律，不是什么"反常现象"和不该出生的"早产儿"。

2. 为什么经济文化相对落后的国家社会主义建设具有艰巨性和长期性

第一，大力发展生产力，赶上和超过发达国家，这是一个长期而艰巨的历史任务。

第二，建设社会主义精神文明、发展社会主义民主与完善社会主义法制，充分显示社会主义制度的优越性，将是一个长期而艰巨的历史任务。

第三，建设和发展面临着国际环境的严峻挑战。

第四，对社会主义发展道路的探索和完善，对社会主义建设客观规律的认识和利用，需要一个长期的艰苦的过程。

（二）社会主义发展道路的多样性

1. 社会主义发展道路多样性的原因

（1）在社会主义革命时，各国生产力状况和社会发展阶段不同，发展道路就具有不同的特点；（2）各国的历史传统、文化习俗和具体国情各不相同；（3）在社会主义的实践中，各国都在探索适合本国国情的发展道路，社会主义的发展道路因此而更具有多样性。

2. 如何努力探索适合本国国情的社会主义发展道路

第一，探索社会主义发展道路要以马克思主义理论为指导。

第二，探索社会主义发展道路要从本国国情出发，把马克思主义基本原理同本国的社会主义建设实践结合起来。

第三，探索社会主义发展道路要吸收人类一切文明成果。

（三）社会主义在实践探索中开拓前进

1. 社会主义在开拓中前进的客观性

（1）社会主义作为一种崭新的社会经济政治制度，其成长过程必然不会一帆风顺；（2）认识社会主义基本矛盾和主要矛盾，认识社会主义建设规律，认识共产党执政规律，不可能一蹴而就；（3）世界形势错综复杂的发展变化，国际秩序和格局的变动演化，也是决定社会主义曲折发展的一个影响因素。

2. 社会主义在自我发展和完善中走向辉煌

社会主义在曲折中前进，在开拓中发展，这是世界历史发展的必然趋势与归宿。这是因为：（1）社会主义制度能从根本上克服资本主义的基本矛盾；（2）社会主义事业是广大人民的事业；（3）社会主义基本矛盾是非对抗性的，能够通过自身的改革与发展克服前进中的困难，会在自我发展和完善中走向辉煌。

3. 总结我国改革开放的实践经验所得到的启示

（1）要坚持正确的理论指导；（2）要坚持改革的正确方向；（3）要选择正确的改革方式与步骤，因地制宜，循序渐进；（4）要妥善处理改革、发展和稳定的关系。

四 马克思主义政党在社会主义事业中的地位和作用

（一）马克思主义政党是新型的革命政党

1. 马克思主义政党是科学社会主义与工人运动相结合的产物

马克思主义政党产生的两个条件是：工人运动的发展；科学社会主义理论的传播。

马克思主义政党产生的阶级基础是：工人运动的发展。

科学社会主义理论与工人运动结合起来，就产生了马克思主义政党。

第一个国际性的党组织是：共产主义者同盟。

2. 马克思主义政党是工人阶级先锋队

马克思主义政党的性质是：工人阶级先锋队。

3. 马克思主义政党是为实现共产主义而奋斗的党

马克思主义政党的最高纲领和最终奋斗目标是：实现共产主义。

4. 马克思主义政党是为人民群众谋利益的党

马克思主义政党的根本宗旨是：为人民群众谋利益。

5. 马克思主义政党是按照民主集中制原则组织起来的团结统一的党

马克思主义政党的组织原则是：民主集中制。

（二）马克思主义政党是社会主义革命、建设和改革的领导核心

1. 社会主义革命的领导核心——马克思主义政党

马克思主义政党作为社会主义革命的领导核心，主要体现在思想领导、政治领导、组织领导方面。

2. 社会主义建设和改革的领导核心——马克思主义政党

（1）马克思主义政党在社会主义建设中的领导核心作用主要体现在思想领导、政治领导、组织领导方面。

（2）马克思主义政党在社会主义改革中的领导核心作用。

社会主义是一个不断改革的社会，改革是建设事业不断前进的强大动力。

马克思主义政党在社会主义改革中的领导核心作用体现在：（1）只有坚持党的正确路线，不断进行改革，社会主义各项建设事业才能不断发展；（2）改革是社会主义制度的自我完善和发展，而不是改弦更张，必须坚持马克思主义政党的领导；（3）只有坚持党的领导，才能坚持改革的社会主义方向，有计划有步骤地推进改革事业，把社会主义事业推向前进。

3. 坚持和改善马克思主义政党的领导

社会主义的本质和民主政治的首要内容是：坚持党的领导。

坚持党的领导必须不断改善党的领导。加强和改善党的领导，必须加强马克思主义政党的先进性建设。

马克思主义政党的本质属性是先进性，是马克思主义政党的生命所系，力量所在。

马克思主义政党自身建设的根本任务和永恒课题是：保持和发展党的先进性。

能力检测

一、单项选择题（每小题列出的备选项中只有一项是最符合题目要求的，请将其选出）

1. 早期空想社会主义的代表作之一《乌托邦》的作者是（　　）。

  A. 法国的圣西门　　　　　　　　B. 英国的莫尔

C. 英国的欧文 D. 意大利的康帕内拉

2. 19世纪初期，欧洲空想社会主义代表人物不包括（　　）。
A. 圣西门 B. 傅立叶
C. 莫尔 D. 欧文

3. 在社会主义思想史上，标志着科学社会主义理论公开面世的第一个纲领性文件是（　　）。
A.《共产党宣言》 B.《法兰西内战》
C.《社会主义从空想到科学的发展》 D.《哥达纲领批判》

4.《共产党宣言》的作者是（　　）。
A. 马克思、恩格斯 B. 列宁、斯大林
C. 卢森堡、拉法格 D. 毛泽东、朱德

5. 提出社会主义革命同时胜利论的是（　　）。
A. 马克思、恩格斯 B. 列宁
C. 斯大林 D. 毛泽东

6. 无产阶级革命的发生归根结底是由（　　）。
A. 生产力发展水平决定 B. 生产关系的性质决定
C. 被统治阶级的意愿决定 D. 统治阶级的倒行逆施决定

7. 社会主义革命可以在一国或数国首先胜利理论的提出者是（　　）。
A. 马克思 B. 列宁
C. 斯大林 D. 毛泽东

8. 社会主义革命在一国或数国首先胜利理论立足于（　　）。
A. 马克思、恩格斯著作中的科学预言 B. 资本主义发展不平衡规律
C. 巴黎公社的原则 D. 生产力决定论

9. 世界上第一个社会主义国家是（　　）。
A. 波兰人民共和国 B. 巴黎公社
C. 苏维埃俄国 D. 中华人民共和国

10. 社会主义革命胜利以后，首先要经过（　　）。
A. 从资本主义向社会主义过渡的阶段 B. 社会主义初级阶段
C. 共产主义第一阶段 D. 战时共产主义阶段

11. 在苏维埃俄国领导实行战时共产主义政策的主要负责人是（　　）。
A. 列宁 B. 斯大林
C. 布哈林 D. 托洛茨基

12. 提出并实施新经济政策的是（　　）。
A. 列宁 B. 恩格斯
C. 马克思 D. 斯大林

13. 列宁对无产阶级革命的重大理论贡献是（　　）。

   A. 提出了战时共产主义政策

   B. 提出了新经济政策

   C. 提出了利用资本主义发展社会主义的理论

   D. 提出了社会主义革命将首先在一国或数国胜利的理论

14. 在苏联推行所谓"社会主义苏联模式"的领导人是（　　）。

   A. 列宁　　　　　　　　　　B. 斯大林

   C. 布哈林　　　　　　　　　D. 托洛茨基

15. 社会主义从一国向多国发展壮大起始于（　　）。

   A. 第一次世界大战以后　　　B. 第二次世界大战以后

   C. 中国社会主义革命以后　　D. 古巴社会主义革命以后

16. 提出新时代中国特色社会主义思想的中共领导人是（　　）。

   A. 邓小平　　　　　　　　　B. 江泽民

   C. 胡锦涛　　　　　　　　　D. 习近平

17. 作为全党全国人民为实现中华民族伟大复兴而奋斗的行动指南，被写进2017年党的十九大的党章的是（　　）。

   A. 邓小平理论　　　　　　　B. 三个代表重要思想

   C. 科学发展观　　　　　　　D. 习近平新时代中国特色社会主义思想

18. 在2018年3月的全国人民代表大会上，作为党的指导思想被首次载入宪法的是（　　）。

   A. 毛泽东思想　　　　　　　B. 邓小平理论

   C. "三个代表"重要思想　　　D. 习近平新时代中国特色社会主义思想

19. 社会主义的分配原则是（　　）。

   A. 按生产要素分配　　　　　B. 按资分配

   C. 按劳分配　　　　　　　　D. 按需分配

20. 社会主义根本的和首要的任务是（　　）。

   A. 解放和发展生产力　　　　B. 加强无产阶级专政

   C. 巩固共产党的领导　　　　D. 镇压资产阶级的反抗

21. 马克思主义政党的产生有两个条件，一是工人运动的发展，二是（　　）。

   A. 社会贫富分化严重　　　　B. 科学社会主义理论的传播

   C. 政治腐败蔓延　　　　　　D. 杰出人物的产生

22. 世界上第一个无产阶级政党是（　　）。

   A. 布尔什维克　　　　　　　B. 中国共产党

   C. 共产主义者同盟　　　　　D. 德国社会民主工党

23. 马克思主义政党的最高纲领和最终奋斗目标是（　　）。

A. 建立社会主义制度　　　　　　　B. 实现共产主义

C. 成为社会主义事业的领导核心　　D. 使工人阶级成为统治阶级

24. 马克思主义政党的组织原则是（　　）。

A. 普选制　　　　　　　　　　　　B. 一人一票制

C. 民主集中制　　　　　　　　　　D. 党委负责制

25. 社会主义建设的领导核心是（　　）。

A. 工人阶级　　　　　　　　　　　B. 工人阶级和全体劳动人民

C. 马克思主义政党　　　　　　　　D. 社会主义国家的政府

26. 社会主义社会的改革是（　　）。

A. 社会主义基本经济制度的改变　　B. 社会主义基本政治制度的改变

C. 社会主义意识形态的改变　　　　D. 社会主义制度的自我完善和发展

二、简答题

1. 为什么说无产阶级革命是人类历史上最广泛、最彻底、最深刻的革命？
2. 如何正确把握科学社会主义的一般原则？
3. 简述社会主义首先在经济文化相对落后的国家取得胜利的原因。
4. 简述经济文化相对落后的国家建设社会主义的艰巨性和长期性。
5. 简述社会主义发展道路多样性的原因。
6. 为什么说社会主义是在曲折中前进的？
7. 马克思主义政党在社会主义建设中的领导核心作用主要体现在哪些方面？

三、论述题

1. 试述习近平新时代中国特色社会主义思想及中国特色社会主义进入新时代的意义。
2. 为什么说马克思主义政党是新型的革命政党？

第七章 共产主义社会是人类最崇高的社会理想

知识框架

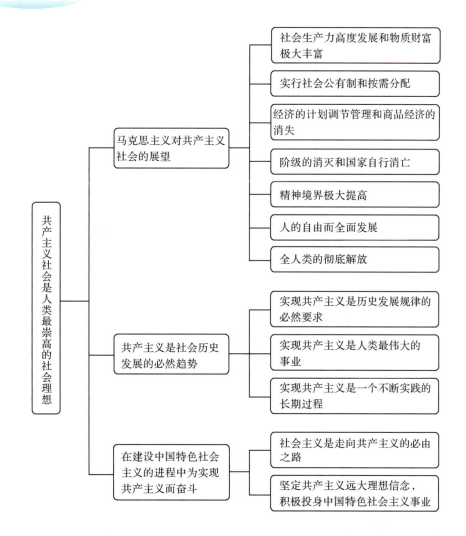

内容精要

第一节 马克思主义对共产主义社会的展望

一 社会生产力高度发展和物质财富极大丰富

共产主义社会是人类社会发展的最高社会形态,它的物质基础是高度发达的社会生产力。

社会生产力是社会发展和社会进步的最终决定力量,是全部社会历史的物质基础。

社会生产力的高度发展,是实现共产主义社会的根本条件和基础。

高水平的劳动生产率,是共产主义社会制度具有巨大优越性的根本保证。

一种新的社会制度具有巨大优越性的集中表现,就在于该社会制度能够创造出比以往社会更高的劳动生产率。列宁曾明确指出:"劳动生产率,归根到底是使新社会制度取得胜利的最重要最主要的东西。"

共产主义社会在社会生产力高度发展的基础上,实现了社会财富的极大丰富,这就为最大限度地满足社会成员的物质文化和美好生活需求提供了可靠的物质保证。

共产主义社会不仅充分满足了人们的生存需要,更加突出的是充分满足了人们享受的需要和发展的需要。

二 实行社会公有制和按需分配

共产主义社会高度社会化的生产,要求由社会占有全部生产资料,实行生产资料社会公有制。这就使全体社会成员成为生产资料的共同所有者,真正体现出人们在生产资料面前的完全平等关系,从而彻底铲除以往私有制为基础的社会中阶级不平等的经济根源。

共产主义社会的社会生产力的高度发展和物质财富的极大丰富,以及社会公有制的建立,使个人消费品也相应地实行"按需分配"原则。"按需分配"实现了个人消费品分配方面的真正完全平等。

马克思十分强调"各尽所能,按需分配"是共产主义社会的显著特征,把它作为共产主义社会的一面旗帜加以突出论述。

"各尽所能,按需分配"不仅是一个个人消费品分配方式,而且是一个集中体现着共产主义社会主要特征和本质要求的原则标志。

三　经济的计划调节管理和商品经济的消失

共产主义社会实行生产资料的单一社会公有制，这种生产资料占有关系的统一性和社会经济利益关系的统一性，使人们之间的劳动交换无须遵循对等的原则（无须实行等价交换），从而使商品经济存在的条件归于消失。

实践中的社会主义国家还需要发展商品经济，但在共产主义社会，商品经济将会消失。

随着生产资料社会公有制的建立和商品经济的消失，共产主义社会将对整个社会经济实行计划调节和管理。

四　阶级的消灭和国家自行消亡

彻底消灭阶级，只能在共产主义社会实现。共产主义社会在生产力高度发展的基础上，随着世界范围内彻底消灭了私有制，从而铲除了阶级对立的深刻经济根源，依靠生产资料私有制所形成的剥削阶级将归于消失，一切阶级差别和阶级矛盾也将不复存在。

国家是阶级矛盾不可调和的产物，是一个阶级压迫另一个阶级的统治工具。在共产主义社会里，随着阶级的消灭，国家也将自行消亡。"国家不是'被废除'的，它是自行消亡的。"

当然，共产主义社会仍需要一定的社会组织机构来组织社会生产和推动经济发展，并对社会进行管理。

五　精神境界极大提高

在共产主义社会，全体社会成员都具有高度的思想觉悟和道德品质，人们的精神境界极大提高，表现为：人们树立了高度自觉的劳动态度，遵守社会纪律，团结互助，诚实友爱，完全从社会公共利益出发进行劳作和参加社会活动，人人都习惯于遵守社会公共生活的基本准则，树立了以集体主义为核心的共产主义人生观、价值观和道德观。

社会存在决定社会意识，经济基础决定上层建筑。共产主义思想意识和精神境界的形成，归根结底是由社会生产力的高度发展，尤其是由共产主义社会经济基础的形成所决定的。

六　人的自由而全面发展

人的自由而全面发展，是共产主义社会的本质因素。马克思强调：共产主义社会是"以每个人的全面而自由的发展为基本原则的社会形式"。

人的自由而全面发展一般是指，每个社会成员的体力、智力获得全面发展和自由运用，个人的全部智慧、力量和潜能素质都能全面自由地尽量发挥，每个社会成员可以按照自己的兴趣、爱好、意愿，以及社会的需要自由地选择职业和变换工作，把从事不同社会职业作为相互交替的活动方式。

共产主义社会具备了实现人的自由而全面发展的必要条件。

第一，人们完全摆脱了生产资料私有制和阶级压迫的束缚。

第二，人们完全摆脱了旧式分工的束缚。

旧式分工突出表现为"三大差别"，即工农差别、城乡差别、体力劳动和脑力劳动差别。旧式分工也存在于体力劳动内部和脑力劳动内部。

在共产主义社会，人们从旧式分工即"三大差别"的束缚下解放出来，可以根据自己的意愿和社会需要来自由选择职业与变换工作，为个人的自由而全面发展，提供了广阔的空间。

第三，人们完全摆脱了仅仅是谋生手段的劳动的束缚。

在共产主义社会，劳动性质发生根本变化，劳动不再仅仅是谋生的手段，而同时成为生活的第一需要，劳动成为一种快乐，从而为人的自由而全面发展创造了条件。

第四，人们完全摆脱了接受教育和训练的限制。

全民教育的高度普及，使人们摆脱了接受教育和训练方面的差别与限制。随着自由支配时间的延长，人们接受教育和训练的时间大大增加。这些都为人的自由而全面发展提供了极为有利的条件。

人的自由而全面的发展，使人自身个性的发展达到了一个极高的境界，人成为自然界的主人，成为社会的主人和自己的主人，实现了真正的自由发展。

共产主义社会中人的自由而全面发展和社会的全面发展是相互联系、相互促进、密不可分的。

一方面，个人的自由而全面发展只有在社会集体中才能实现，要以社会的物质文明和精神文明全面发展为支撑；另一方面，人的自由而全面发展，又能促进社会经济文化发展，创造出更加璀璨的物质文明和精神文明，有力地推动社会全面发展。

七 全人类的彻底解放

全人类的彻底解放包含深刻而丰富的内容：

一是人类从自然界的奴役下解放出来，摆脱盲目自然力的支配，人与自然和谐共生，成为自然界的主人；

二是人类从旧的社会关系束缚下解放出来，摆脱一切剥削压迫和旧式分工的束缚，成为社会关系的主人；

三是人类从剥削阶级的思想观念下解放出来，摆脱传统观念和传统思维方式的束缚，成为社会意识的主人。

无产阶级所要建立的共产主义社会，就是一个实现了全人类彻底解放的社会制度。

第二节 共产主义是社会历史发展的必然

一 实现共产主义是历史发展规律的必然要求

（一）共产主义社会的两个阶段

社会主义社会和共产主义社会同属于共产主义社会形态，并不是各自独立的两个社会形态。

1. 共产主义社会两个阶段共同的基本特征

（1）都以生产资料公有制作为社会经济制度的基础，生产资料和劳动产品都属劳动者共同所有，并为社会公共的利益服务和使用。

（2）生产的目的都是满足劳动人民日益增长的物质文化生活需要，实现劳动人民的共同富裕。

（3）在公有制范围内的产品分配都按照有利于社会发展和实现劳动人民利益的原则进行。

（4）都要消灭剥削制度，劳动人民成为社会的主人，他们之间的本质关系是平等和谐、互助合作的关系。

（5）都以马克思主义为指导思想，以集体主义为意识形态的核心。

2. 共产主义社会两个阶段重大的差别

（1）社会主义社会的生产力虽有较大的发展，但生产力水平仍比较低，远未达到共产主义社会那样的生产力高度发展和物质财富极大丰富的程度。

（2）社会主义公有制本身还存在全民所有制和集体所有制等多种形式，在初级阶段还存在非公有制经济形式；而共产主义社会则建立起单一的社会公有制。

（3）社会主义社会在公有制范围内的个人收入分配是按劳分配，在社会主义初级阶段还存在按劳分配为主体的与按生产要素分配相结合的多种分配方式；共产主义社会则是按需分配。

（4）社会主义初级阶段还存在商品经济，实行社会主义市场经济体制；而共产主义社会，商品经济归于消亡，劳动具有完全直接的社会性，社会经济的发展将由计划调节。

（5）社会主义社会还存在旧式分工和三大差别，劳动还仅仅是一种谋生的手段；而共产主义社会，旧式分工和三大差别已消失，劳动不再仅仅是谋生的手段，同时成为生活的第一需要，人们将获得自由而全面的发展。

（6）社会主义社会的阶级和阶级差别在一定范围内还长期存在，无产阶级专政的国家也必须存在；而共产主义社会则消灭了一切阶级和阶级差别，国家将自行消亡。

（7）社会主义社会虽已建立了新型的社会主义意识形态和道德观念，但仍存在封建主义和资本主义思想影响，小资产阶级习惯势力也长期存在；而在共产主义社会，全体社会成员的思想境界和道德品质都将极大提高，建立起高度的精神文明，造就出一代共产主义新人。

社会主义社会与共产主义社会的共同点表明，两者具有本质的内在联系，是共产主义社会形态的前后紧密衔接的两个发展阶段。

它们的差别表明，两者是共产主义社会形态成熟程度不同的两个阶段，因此，社会主义社会在发展中日益成熟和完善，将来必然逐渐成长为共产主义社会；共产主义社会只能经过社会主义社会的长期发展才能最终实现。

（二）人类社会历史必然发展到共产主义

马克思主义认为，人类社会的发展是生产力与生产关系之间矛盾运动的必然结果。

资本主义社会形态过渡到共产主义社会形态的第一阶段即社会主义社会，是人类历史发展的必然趋势。

社会主义社会也是在生产力和生产关系的矛盾运动中不断向前发展的。随着社会生产力的发展，社会主义的生产关系和上层建筑不断调整与完善，推动着社会主义社会逐步向前发展。

社会主义社会促使生产力迅速发展，为实现共产主义创造出坚实的物质条件。随着社会主义社会的生产力的发展，社会主义生产关系日益发展和成熟，将逐渐成长为共产主义的生产关系。社会主义的上层建筑也将发展为共产主义的上层建筑。

社会主义基本矛盾的运动，必将推动着社会主义社会过渡到共产主义社会，这是人类历史发展的必然趋势。

（三）从社会主义向共产主义过渡的特点

社会主义社会和共产主义社会是同一种社会形态的两个成熟程度不同的发展阶段。因此，从社会主义社会过渡到共产主义社会，只是从不成熟的共产主义社会发展到成熟的共产主义社会，表现为同一社会形态内部的过渡和变化。

这是一个从量变到质变的过程，新的社会因素的不断积累和增长，必然导致最终的质变。

二　实现共产主义是人类最伟大的事业

（一）共产主义事业是崇高理想与科学理想的统一

马克思、恩格斯深刻地揭示出人类社会发展的规律性，创立了科学共产主义学说，科学地预见了共产主义社会这一理想社会制度的基本特征，展示了人类社会终将进入共产主义的美好社会前景。

同时，他们明确指出，无产阶级的历史使命就是彻底解放全人类，为在全世界实现共产主义伟大事业而奋斗。这是根据人类社会发展规律和无产阶级地位所得出的科学结论。这一科学结论终于使人类对美好社会理想的追求，由空想变为科学。

共产主义之所以是人类最伟大的事业，就在于它是崇高理想与科学理想的统一，体现了人类对理想社会目标的追求与符合规律的科学社会实践的有机结合。

（二）共产主义伟大事业的实践

共产主义既是一种理想的社会制度，又是一种社会运动。

（狭义的）共产主义作为社会制度，在我国乃至全人类的实现，还要经过长期的奋斗。（广义的）共产主义作为一种运动，自从马克思恩格斯创立了科学共产主义学说以来就已经在不断实践之中。

现在这个运动在我国已经发展到社会主义社会的初级阶段。我们所走的中国特色社会主义道路，所从事的社会主义现代化建设和改革开放事业，正是共产主义事业在现阶段的实践。所以共产主义伟大事业的实践，早已存在于我国的现实生活之中。

三 实现共产主义是一个不断实践的长期过程

（一）实现共产主义要在实践中长期探索

共产主义事业是人类历史上完全崭新的事业，没有现存的经验可循，必须在实践中去探索和创新。探索和创新过程中，可能出现失误甚至遭受重大挫折。

无产阶级必须在共产主义的实践中，善于总结经验，吸取教训，开辟道路，不断前进。共产主义作为一个新生事物的成长道路，必然要在实践中经历长期的探索过程。

（二）社会主义的充分发展和向共产主义的过渡要经历长期艰巨的实践过程

要实现共产主义，首先要经历社会主义社会这个历史阶段。每个社会主义国家在发展进程中，都面临着完善、巩固和进一步发展社会主义的历史任务，逐步由不发达的社会主义走向发达的社会主义。

社会主义的巩固发展和创造向共产主义过渡的条件，不可能一蹴而就，而要经历长期的过程。

所以，社会主义的充分发展和社会主义历史阶段的长期性，决定了向共产主义过渡必然是一个长期的实践过程。

（三）经济落后国家实现共产主义需要经历更长的实践过程

我国在处于半殖民地半封建的社会时，生产社会化和经济商品化程度很低，自然经济占相当大比重，生产力发展水平远远落后于发达资本主义国家。

我国必须经历一个社会主义初级阶段的长期发展过程。这是不可超越的历史阶段，这个初级阶段至少需要上百年时间。将来我国进入社会主义的较高发展阶段，为了巩固和发展社会主义，为了创造向共产主义过渡的条件，则需要经过更长的实践过程。

（四）共产主义在世界范围的实现是长期、曲折、复杂的历史过程

共产主义事业本质上是国际性的，只有在全世界范围内主要的和多数的国家转变为社会主义制度以后，人类在将来才有可能进入共产主义社会。因此，实现共产主义，既要在已经建立了社会主义制度的国家巩固和发展其成果，又有待于现有资本主义国家转向社会主义。

当今资本主义国家对生产关系进行的局部调整，延缓了其向社会主义的转变进程；社会主义事业在国内外敌对势力的破坏下可能遭受损害甚至重大挫折。

所以，社会主义在世界范围内取代资本主义，进而在全世界实现共产主义，必然要经历一个长期、曲折、复杂的历史过程。

第三节 在建设中国特色社会主义的进程中为实现共产主义而奋斗

一 社会主义是走向共产主义的必由之路

（一）社会主义社会是走向共产主义社会的必经阶段

实现共产主义的物质的和社会的条件，只能在社会主义阶段的长期发展过程中逐渐形成。人类社会的发展，只能从资本主义社会首先过渡到社会主义社会，而不能超越社会主义这个历史阶段。

社会主义社会是共产主义社会的初级阶段，是走向共产主义高级阶段的必由之路。

只有经过社会主义社会的长期发展，在社会生产力高度发展的基础上，随着物质文明和精神文明及社会文化的长足发展，才能为实现共产主义铺平道路。

所以，社会主义是走向共产主义的必经阶段和必由之路。

（二）为实现共产主义创造条件

实现共产主义需要具备的条件，概括地说就是：

（1）社会生产力的高度发展，为实现共产主义创造物质技术基础；

（2）全体社会成员的文化教育的普及和科学技术水平的极大提高；

（3）全体社会成员的思想觉悟和道德品质的极大提高；

（4）建立起同高度社会化生产相适应的生产资料社会公有制；

（5）消灭旧的社会分工特别是三大差别，造就出体力和智力全面发展的新人；

（6）在全世界消灭一切剥削制度和剥削阶级，作为阶级统治工具的国家自行消亡。

这些条件要在社会主义历史阶段经过长期努力奋斗才能创造出来。

二 坚定共产主义远大理想信念，积极投身中国特色社会主义事业

（一）共产主义远大理想和中国特色社会主义共同理想的紧密结合与相互统一

共产主义是长期的远大理想。

建设中国特色社会主义是当前我国人民的历史使命和共同理想。

中国特色社会主义是当代中国发展的根本方向。建设中国特色社会主义，要以建设富强民主文明和谐美丽的社会主义现代化强国为目标，全面推进中国特色社会主义经济、政治、文化、社会和生态文明建设。

共产主义远大理想和中国特色社会主义共同理想，是我们的精神支柱和政治灵魂，两者相辅相成，相互结合与促进，有机联系和统一。

一方面，远大理想是现阶段共同理想的奋斗目标；另一方面，现阶段的共同理想是远大理想的坚实基础。

（二）积极投身中国特色社会主义伟大事业

当代中国坚持走中国特色社会主义道路的关键在于：

坚定不移地坚持解放思想、实事求是的思想路线；

坚定不移地坚持改革开放的方针；

坚定不移地促进经济持续健康发展；

坚定不移地培育和践行社会主义核心价值观；

坚定不移地为实现全面建成小康社会和建设社会主义现代化强国的目标而奋斗。

我们要把为伟大共产主义事业而奋斗的崇高目标，落实到建设中国特色社会主义的具体实践之中。

要点荟萃

一 马克思主义对共产主义社会的展望（共产主义社会的基本特征）

（一）社会生产力高度发展和物质财富极大丰富

实现共产主义社会的根本条件和基础是社会生产力的高度发展。

（二）实行社会公有制和按需分配

共产主义社会高度社会化的生产，要求由社会占有全部生产资料，实行生产资料社会公有制。

共产主义社会的显著特征和共产主义社会的一面旗帜是："各尽所能，按需分配"。

集中体现共产主义社会主要特征和本质要求的是："各尽所能，按需分配"。

（三）经济的计划调节管理和商品经济的消失

人们的劳动具有直接的社会性，个人劳动不必通过价值交换的方式转化为社会劳动，从而使商品经济存在的条件归于消失。

生产资料社会公有制的建立和商品经济的消失，对整个社会经济就实行计划调节和管理。

（四）阶级的消灭和国家自行消亡

随着世界范围内彻底消灭了私有制，一切阶级差别和阶级矛盾将不复存在。作为阶级矛盾不可调和产物的国家也就将自行消亡。

（五）精神境界极大提高

全体社会成员都具有高度的思想觉悟和道德品质，人们的精神境界极大提高。

（六）人的自由而全面发展

共产主义社会的本质因素是：人的自由而全面发展。

实现人的自由而全面发展的必要条件有：人们完全摆脱了生产资料私有制和阶级压迫的束缚；人们完全摆脱了旧式分工的束缚；人们完全摆脱了仅仅是谋生手段的劳动的束缚；人们完全摆脱了接受教育和训练的限制。

（七）全人类的彻底解放

全人类的彻底解放包含深刻而丰富的内容：人类成为自然界的主人；成为社会关系的主人；成为社会意识的主人。

二 共产主义是社会历史发展的必然

（一）实现共产主义是历史发展规律的必然要求

1. 共产主义社会的两个阶段——社会主义社会、共产主义社会

它们同属于共产主义社会形态，并不是各自独立的两个社会形态。

它们既有共同点，又有重大差别。

2. 人类社会历史必然发展到共产主义

社会主义基本矛盾的运动，必将推动着社会主义社会过渡到共产主义社会，这是人类历史发展的必然趋势。

3. 从社会主义向共产主义过渡的特点

是从不成熟的共产主义社会发展到成熟的共产主义社会，表现为：同一社会形态内部的过渡和变化。

（二）实现共产主义是人类最伟大的事业

1. 共产主义事业是崇高理想与科学理想的统一

马克思、恩格斯深刻地揭示出人类社会发展的规律性，科学地预见了共产主义社会这一理想社会制度的基本特征，展示了人类社会终将进入共产主义的美好社会前景。

共产主义之所以是人类最伟大的事业，就在于它是崇高理想与科学理想的统一，体现了人类对理想社会目标的追求与符合规律的科学社会实践的有机结合。

2. 共产主义伟大事业的实践

共产主义既是一种理想的社会制度，又是一种社会运动。

（三）实现共产主义是一个不断实践的长期过程

这是因为：实现共产主义要在实践中长期探索；社会主义的充分发展和向共产主义的过渡要经历长期的艰巨的实践过程；经济落后国家实现共产主义需要经历更长的实践过程；共产主义在世界范围的实现是长期、曲折、复杂的历史过程。

三 在建设中国特色社会主义的进程中为实现共产主义而奋斗

（一）社会主义是走向共产主义的必由之路

1. 走向共产主义社会的必经阶段、必由之路是社会主义社会
2. 为实现共产主义创造条件

实现共产主义需要具备的条件有：高度发展的生产力；教育普及和科技水平提高；思想道德素质提高；实行生产资料社会公有制；消灭旧式分工特别是三大差别，造就全面发展的新人；消灭阶级，国家自行消亡。

（二）坚定共产主义远大理想信念，积极投身中国特色社会主义事业

1. 共产主义远大理想和中国特色社会主义共同理想的紧密结合与相互统一

远大理想是共产主义；

我国人民的历史使命和共同理想是建设中国特色社会主义。

共产主义远大理想和中国特色社会主义共同理想，是我们的精神支柱和政治灵魂，两者相辅相成，相互结合与促进，有机联系和统一：一方面，远大理想是现阶段共同理想的奋斗目标；另一方面，现阶段的共同理想是远大理想的坚实基础。

2. 积极投身中国特色社会主义伟大事业要做到6个坚持（见"内容精要"）

能力检测

一、单项选择题（每小题列出的备选项中只有一项是最符合题目要求的，请将其选出）

1. 实现共产主义的根本条件和基础是（　　）。

A. 社会生产力的高度发展　　B. 人与人关系的高度和谐

C. 人的思想觉悟的极大提高　　D. 自然生态环境的极大改善

2. 马克思主义认为，共产主义社会的分配原则是（　　）。

A. 按劳分配 B. 按需分配
C. 按生产要素分配 D. 平均分配

3. 下列选项中，集中体现共产主义社会主要特征和本质要求的是（　　）。
   A. 各尽所能，按需分配 B. 各尽所能，按才能分配
   C. 各尽所能，按劳分配 D. 各尽所能，按地位分配

4. 马克思主义认为，阶级消灭和国家消亡是在（　　）。
   A. 社会主义革命中实现的 B. 社会主义初级阶段实现的
   C. 社会主义高级阶段实现的 D. 共产主义社会实现的

5. 我们实现人生价值的最终归宿是（　　）。
   A. 社会主义共同理想 B. 共产主义远大理想
   C. 天下大同的社会理想 D. 克己奉公的道德理想

6. 共产主义的本质因素是（　　）。
   A. 实现生产资料公有制 B. 人民生活富裕
   C. 实行按需分配 D. 人的自由而全面发展

7. 劳动不再是一种谋生手段，而成为人们生活第一需要的社会是（　　）。
   A. 社会主义社会 B. 共产主义社会
   C. 资本主义社会 D. 信息社会

8. 下列各项不属于共产主义社会基本特征的是（　　）。
   A. 生产力高度发展和物质财富极大丰富
   B. 实行社会公有制和按需分配
   C. 计划经济和市场经济相结合
   D. 人的自由而全面发展

9. 广义的共产主义社会包含（　　）。
   A. 社会主义社会和共产主义社会 B. 商品经济社会和产品经济社会
   C. 社会主义初级阶段和高级阶段 D. 社会主义第一阶段和高级阶段

10. 社会主义社会和共产主义社会都存在的经济关系是（　　）。
    A. 生产资料的社会公有制 B. 按劳分配
    C. 生产资料的个人所有制 D. 按需分配

11. 马克思主义的最高社会理想是（　　）。
    A. 消灭等级制度，实现人人平等 B. 推翻资本主义，实现共产主义
    C. 消灭贫富悬殊，实行平均主义 D. 取消按资分配，实行按劳分配

12. 当代中国人民为之奋斗的共同理想是（　　）。
    A. 建设中国特色社会主义 B. 实现共产主义
    C. 彻底消灭剥削 D. 国家自行消亡

二、简答题

1. 什么是共产主义的精神境界?
2. 简述"人的自由而全面的发展"的含义。
3. 简述"全人类彻底解放"的内容。
4. 为什么说实现共产主义是人类最伟大的事业?
5. 如何理解社会主义是走向共产主义的必由之路?
6. 简述共产主义远大理想和中国特色社会主义共同理想的关系。

模拟试题（一）

选择题部分

一、单项选择题（本大题共 25 小题，每小题 2 分，共 50 分。在每小题列出的备选项中只有一项是最符合题目要求的，请将其选出）

1. 19 世纪上半叶的欧洲，工人阶级作为一支独立的政治力量登上历史舞台，进行反对资本主义制度和资产阶级统治的斗争，这为马克思主义的产生准备了（　　）。
   A. 客观条件　　　　　　　　　　B. 阶级基础
   C. 理论基础　　　　　　　　　　D. 理论前提

2. 理论联系实际是（　　）。
   A. 马克思主义理论特征　　　　　B. 学习马克思主义的目的
   C. 马克思主义活的灵魂　　　　　D. 学习马克思主义的方法

3. 辩证唯物主义认为，物质的唯一特性是（　　）。
   A. 广延性　　　　　　　　　　　B. 持续性
   C. 客观实在性　　　　　　　　　D. 可知性

4. 唯物辩证法有两个总特征，一个是永恒发展的观点，另一个是（　　）。
   A. 普遍联系的观点　　　　　　　B. 对立统一的观点
   C. 质量互变的观点　　　　　　　D. 辩证否定的观点

5. 在唯物辩证法的基本范畴中，本质和现象反映了（　　）。
   A. 事物之间引起和被引起的关系
   B. 事物的内在要素和结构方式的关系
   C. 事物过去、现在和将来的关系
   D. 事物的根本性质和表面特征间的关系

6. "揠苗助长"的寓言说明的哲学道理是（　　）。
   A. 意识的能动作用都是积极的　　B. 发挥主观能动性可以改变规律

C. 意识的能动作用总是巨大的   D. 发挥主观能动性不能违背规律

7. 在认识过程中,直接经验和间接经验的关系属于（　　）。
   A. 认识中"源"和"流"的关系   B. 认识中内容和形式的关系
   C. 感性认识和理性认识的关系   D. 实践和理论的关系

8. 下列各项中能正确说明真理问题的是（　　）。
   A. 真理是因人而异的   B. 有用的就是真理
   C. 真理是凝固不变的   D. 真理是有价值的

9. 坚持马克思主义哲学的认识路线,就必须坚持（　　）。
   A. 一切从客观实际出发   B. 一切从主观愿望出发
   C. 一切从个人需要出发   D. 一切从集体意志出发

10. 地理环境在社会发展中的作用主要通过（　　）。
    A. 对个体意识的影响实现   B. 对物质生产的影响实现
    C. 对群体意识的影响实现   D. 对公序良俗的影响实现

11. 划分阶级的唯一标准是（　　）。
    A. 政治标准   B. 思想标准
    C. 经济标准   D. 道德标准

12. 社会改革的实质是（　　）。
    A. 社会政治制度的根本改变   B. 社会经济制度的根本改变
    C. 社会体制的改善与革新   D. 社会风气的改善与进步

13. 人的本质在于人的（　　）。
    A. 自然属性   B. 道德素质
    C. 社会属性   D. 文化素质

14. 两种商品可以按一定比例相互交换的原因,在于它们（　　）。
    A. 有不同的使用价值
    B. 都是具体劳动的产物
    C. 对人们有共同的效应
    D. 在生产中都耗费了一般的人类劳动

15. 剩余价值与利润从数量上看（　　）。
    A. 前者大于后者   B. 前者小于后者
    C. 两者相等   D. 两者的大小无法判断

16. 银行利润的本质是（　　）。
    A. 生产部门的雇佣工人所创造的剩余价值
    B. 银行雇员创造的剩余价值
    C. 银行收取的贷款利息
    D. 银行收取的服务费

17. 资本主义国家主要的政体形式是（   ）。

   A. 君主立宪制和民主共和制

   B. 君主立宪制、民主共和制和专制独裁制

   C. 两党制和多党制

   D. 一党制、两党制和多党制

18. 金融寡头在经济上的统治主要是通过（   ）。

   A. 股份制实现的　　　　　　　　B. 有限责任制度实现的

   C. 参与制实现的　　　　　　　　D. 个人联合的方式实现

19. 在对外经济侵略中，最具新殖民主义特点的做法是（   ）。

   A. 高价推销工业品和高科技产品　　B. 低价收购初级产品和原材料

   C. 实行"对外援助"　　　　　　　　D. 大量对外输出"过剩资本"

20. 当代资本主义国家在经济关系方面的一系列变化表明（   ）。

   A. 其社会性质已经根本改变　　　　B. 其基本矛盾已经彻底解决

   C. 其阶级对立已经消失　　　　　　D. 其社会性质发生了部分质变

21. 垄断资本主义为社会主义过渡准备的物质基础是（   ）。

   A. 资本主义议会制度　　　　　　　B. 国家管理经济职能

   C. 社会化大生产　　　　　　　　　D. 社会福利事业的发展

22. 社会主义的根本的和首要的任务是（   ）。

   A. 解放和发展生产力　　　　　　　B. 建立和完善社会主义公有制

   C. 建设社会主义的政治文明　　　　D. 建设社会主义的精神文明

23. 世界上第一个无产阶级政党是（   ）。

   A. 中国共产党　　　　　　　　　　B. 德国社会民主工党

   C. 共产主义者同盟　　　　　　　　D. 俄国社会民主工党

24. 实现共产主义的根本条件和基础是（   ）。

   A. 社会生产力的高度发展　　　　　B. 人与自然关系的高度和谐

   C. 人们道德水平的极大提升　　　　D. 人们法律意识的极大提高

25. 当前我人民的历史使命和共同理想是（   ）。

   A. 建设中国特色社会主义　　　　　B. 实现共产主义

   C. 实现全人类的彻底解放　　　　　D. 实现人类大同

非选择题部分

二、**简答题**（本大题共5小题，每小题6分，共30分）

26. 如何理解马克思主义是不断发展的理论？

27. 什么是哲学基本问题？它包括哪两方面内容？

28. 什么是生产关系？为什么说生产资料所有制形式是整个生产关系的基础？

29. 超额剩余价值是怎样生产出来的？

30. 国家垄断资本主义有哪些基本形式？

三、论述题（本大题共3小题，任选其中2题回答，每小题10分，共20分。如果回答的题目超过2题，只按回答题目的前2题计分）

31. 试述量变和质变的辩证关系原理及其对新时代中国特色社会主义建设的指导意义。

32. 试述感性认识和理性认识的辩证关系，并说明割裂两者的统一在实际工作中会导致的错误。

33. 试述商品价值量的决定因素及其同劳动生产率的关系。

模拟试题（二）

选择题部分

一、单项选择题（本大题共25小题，每小题2分，共50分。在每小题列出的备选项中只有一项是最符合题目要求的，请将其选出）

1. 马克思主义哲学以前欧洲哲学的全部积极内容，都是马克思主义哲学的理论来源，其中作为马克思主义哲学直接理论来源的是（ ）。
   A. 古希腊罗马哲学　　　　　　　　B. 德国古典哲学
   C. 近代英国哲学　　　　　　　　　D. 近代法国哲学

2. 马克思主义的革命性既表现为它具有彻底的批判精神，又表现为它具有（ ）。
   A. 完整的理论体系　　　　　　　　B. 严密的逻辑结构
   C. 鲜明的政治立场　　　　　　　　D. 崇高的社会理想

3. 运动和静止的关系属于（ ）。
   A. 内容和形式的关系　　　　　　　B. 本质和现象的关系
   C. 绝对和相对的关系　　　　　　　D. 共性和个性的关系

4. 矛盾有两个基本属性，一个是同一性，另一个是（ ）。
   A. 客观性　　　　　　　　　　　　B. 普遍性
   C. 特殊性　　　　　　　　　　　　D. 斗争性

5. "一把钥匙开一把锁。"这句话强调的是，在解决复杂问题时（ ）。
   A. 要具体地分析矛盾的斗争性　　　B. 要具体地分析矛盾的同一性
   C. 要具体地分析矛盾的特殊性　　　D. 要具体地分析矛盾的普遍性

6. 意识是自然界长期发展的产物，这说明（ ）。
   A. 意识不具有客观性　　　　　　　B. 意识不是从来就有的
   C. 意识不具有主观性　　　　　　　D. 意识不是人脑独有的

7. 辩证唯物主义认识论首要的观点是（ ）。

A. 实践的观点 B. 辩证法的观点
C. 可知论的观点 D. 唯物论的观点

8. 辩证唯物主义认为，认识的本质是（　　）。
A. 主体对客体的直观反映 B. 绝对观念的显现
C. 主体对客体的能动反映 D. 神秘天意的启示

9. 人们认识世界的目的在于（　　）。
A. 满足猎奇心理 B. 改造客观世界
C. 实现自我价值 D. 创造客观规律

10. 下列各项中能正确说明人口因素在社会发展中的作用的是（　　）。
A. 人口因素决定社会制度的性质 B. 人口因素为人类提供生存的场所
C. 人口因素决定社会制度的更替 D. 人口状况能加速或延缓社会发展

11. 按照技术社会的划分标准，我们可以把人类历史划分为（　　）。
A. 人的依赖性社会、物的依赖性社会、个人全面发展的社会
B. 渔猎社会、农业社会、工业社会、信息社会
C. 自然经济社会、商品经济社会、产品经济社会
D. 古代社会、近代社会、现代社会

12. 下列各项中属于社会基本矛盾的是（　　）。
A. 生产力和生产关系的矛盾 B. 社会存在和社会意识的矛盾
C. 人口增长和资源匮乏的矛盾 D. 发展经济和保护环境的矛盾

13. 阶级斗争归根到底是（　　）。
A. 由物质利益的对立引起的 B. 由思想观念的分歧引起的
C. 由政治主张的差异引起的 D. 由宗教信仰的不同引起的

14. 以私有制为基础的商品经济的基本矛盾是（　　）。
A. 简单劳动与复杂劳动的矛盾 B. 私人劳动和社会劳动的矛盾
C. 具体劳动与抽象劳动的矛盾 D. 个体劳动与联合劳动的矛盾

15. 决定资本主义社会劳动力价值的因素中，对各因素都有影响和渗透作用的是（　　）。
A. 维持生存的生活资料的价值 B. 延续和养育后代所需的费用
C. 历史和道德因素 D. 教育和培训的费用

16. 资本主义商业企业的利润率应大体相当于（　　）。
A. 剩余价值率 B. 平均利润率
C. 银行的贷款利率 D. 银行的存款利率

17. 资本主义政治制度的核心是（　　）。
A. 政党制度 B. 选举制度
C. 国家制度 D. 文官制度

18. 为了能够获取垄断利润,垄断组织在收购原材料时一般会采用( )。
   A. 垄断高价　　　　　　　　　B. 垄断低价
   C. 市场自由价　　　　　　　　D. 市场协商价

19. 资本输出的两种基本形式是( )。
   A. 生产资本和商品资本输出　　B. 借贷资本和商品资本输出
   C. 借贷资本和生产资本输出　　D. 货币资本和生产资本输出

20. 经济全球化的本质是( )。
   A. 社会分工国际化　　　　　　B. 商品流通国际化
   C. 资源配置全球化　　　　　　D. 产业转移

21. 马克思说,资本主义"不自觉地为一个更高级的生产形式创造物质条件",它的"历史任务和存在理由"是( )。
   A. 发明创造新科技成果　　　　B. 发展社会劳动生产力
   C. 生产先进的机器设备　　　　D. 建立完善的市场经济

22. 下列选项中属于19世纪初欧洲空想社会主义者的是( )。
   A. 柏拉图　　　　　　　　　　B. 圣西门
   C. 康德　　　　　　　　　　　D. 李嘉图

23. 马克思主义政党的组织原则是( )。
   A. 集体领导制　　　　　　　　B. 个人负责制
   C. 民主集中制　　　　　　　　D. 民主监督制

24. 我们实现人生价值的基础和归宿是( )。
   A. 爱岗敬业的职业理想　　　　B. 共产主义远大理想
   C. 和谐共生的社会理想　　　　D. 大公无私的道德理想

25. 共产主义社会的两个阶段是指( )。
   A. 社会主义社会和共产主义社会
   B. 过渡阶段和社会主义社会
   C. 社会主义初级阶段和高级阶段
   D. 共产主义社会初级阶段和高级阶段

非选择题部分

二、简答题(本大题共5小题,每小题6分,共30分)

26. 简述实践的含义及特点。

27. 简述内容和形式的含义及两者的关系。

28. 简述商品经济产生和存在的条件。

29. 简述当代资本主义在生产关系方面的新变化。

30. 为什么说社会主义发展道路是多样的?

三、论述题（本大题共 3 小题，任选其中 2 题回答，每小题 10 分，共 20 分。如果回答的题目超过 2 题，只按回答题目的前 2 题计分）

31. 什么是真理的绝对性和相对性? 试从这一角度谈谈如何正确对待马克思主义。

32. 根据人民群众是历史创造者的原理，谈谈坚持党的群众路线的现实意义。

33. 试述影响资本周转速度的因素。

模拟试题（三）

选择题部分

一、单项选择题（本大题共25小题，每小题2分，共50分。在每小题列出的备选项中只有一项是最符合题目要求的，请将其选出）

1. 除《哲学的贫困》外，标志马克思主义公开问世的经典著作是（　　）。
   A.《关于费尔巴哈的提纲》　　　　B.《德意志意识形态》
   C.《共产党宣言》　　　　　　　　D.《资本论》

2. 马克思主义的根本理论特征是（　　）。
   A. 科学性和革命性的统一　　　　B. 逻辑性和历史性的统一
   C. 自然观和历史观的统一　　　　D. 世界观和方法论的统一

3. 世界观是人们对（　　）。
   A. 自然界的根本看法和根本观点
   B. 整个世界的根本看法和根本观点
   C. 人类社会的根本看法和根本观点
   D. 精神世界的根本看法和根本观点

4. 马克思主义认为，社会生活在本质上是（　　）。
   A. 实践的　　　　　　　　　　　B. 多样的
   C. 可知的　　　　　　　　　　　D. 变化的

5. "注意分寸""掌握火候""适可而止"等说法，都是要在实践中坚持（　　）。
   A. 适度原则　　　　　　　　　　B. 辩证否定观
   C. 实事求是　　　　　　　　　　D. 科学发展观

6. 对传统文化的批判继承态度依据的是（　　）。
   A. 辩证唯物主义真理观　　　　　B. 辩证否定的原理
   C. 历史唯物主义群众观　　　　　D. 对立统一的原理

7. 认识发展过程的第二次飞跃是（   ）。

   A. 从实践到认识　　　　　　　　B. 从认识到实践

   C. 从感觉到表象　　　　　　　　D. 从判断到推理

8. 党的十八大报告提出要积极培育和践行社会主义核心价值观，其中从社会层面对社会主义核心价值观基本理念的凝练表达是（   ）。

   A. 富强、民主、文明、和谐　　　B. 自由、平等、公正、法治

   C. 爱国、敬业、诚信、友善　　　D. 创新、包容、开放、进取

9. 马克思主义认识论认为，真理的发展是一个（   ）。

   A. 从主观真理走向客观真理的过程

   B. 从局部真理走向全面真理的过程

   C. 从相对真理走向绝对真理的过程

   D. 从具体真理走向抽象真理的过程

10. 党的思想路线的核心是（   ）。

    A. 一切从实际出发　　　　　　　B. 实事求是

    C. 理论联系实际　　　　　　　　D. 实践是检验真理的唯一标准

11. 社会意识具有复杂而精微的结构。从反映社会存在的程度和特点来看，社会意识包括（   ）。

    A. 社会心理和思想体系　　　　　B. 意识形态和非意识形态

    C. 个体意识和群体意识　　　　　D. 主流意识和非主流意识

12. 在劳动资料方面，最能标志生产力发展水平的因素是（   ）。

    A. 信息传递系统　　　　　　　　B. 生产工具

    C. 自动控制系统　　　　　　　　D. 动力系统

13. 唯物史观认为，区分普通人物和历史人物主要是看他们（   ）。

    A. 物质财富的多寡　　　　　　　B. 历史作用的大小

    C. 天赋才能的有无　　　　　　　D. 社会阅历的深浅

14. 商品的最本质因素是（   ）。

    A. 使用价值　　　　　　　　　　B. 交换价值

    C. 价值　　　　　　　　　　　　D. 价格

15. 商品经济的基本规律是（   ）。

    A. 生产关系必须适合生产力状况的规律

    B. 价值规律

    C. 剩余价值规律

    D. 货币流通规律

16. 资本积累的源泉是（   ）。

    A. 资本积聚　　　　　　　　　　B. 资本集中

C. 剩余价值　　　　　　　　　　D. 平均利润

17. 资本主义民主制的核心和主要标志是（　　）。
A. 议会制　　　　　　　　　　B. 普选制
C. 三权分立制　　　　　　　　D. 民主共和制

18. 垄断资本家在售卖商品时，一般都会采用（　　）。
A. 垄断高价　　　　　　　　　B. 垄断低价
C. 市场价格　　　　　　　　　D. 计划价格

19. 当代国际垄断组织的最主要形式是（　　）。
A. 国际卡塔尔　　　　　　　　B. 国际辛迪加
C. 国际托拉斯　　　　　　　　D. 跨国公司

20. 当代资本主义所发生的许多新变化属于（　　）。
A. 资本主义生产方式的根本改变
B. 资本主义生产关系性质的根本改变
C. 资本主义总量变过程中的爆发式质变
D. 资本主义总量变过程中的阶段性部分质变

21. 马克思主义认为，垄断资本主义发展的历史趋势是（　　）。
A. 生产资料公有制代替生产资料私有制
B. 生产资料私有制代替生产资料公有制
C. 全世界实行垄断资本主义
D. 全世界实行自由竞争资本主义

22. 在苏维埃俄国提出并领导实施新经济政策的是（　　）。
A. 列宁　　　　　　　　　　　B. 斯大林
C. 布哈林　　　　　　　　　　D. 托洛斯基

23. 社会主义的分配原则是（　　）。
A. 按劳分配　　　　　　　　　B. 按需分配
C. 按生产要素分配　　　　　　D. 按资分配

24. 世界历史上第一个马克思主义政党是（　　）。
A. 中国共产党　　　　　　　　B. 德国社会民主工党
C. 共产主义者同盟　　　　　　D. 布尔什维克

25. 劳动不再仅仅是一种谋生的手段，而同时成为生活第一需要的社会是（　　）。
A. 社会主义　　　　　　　　　B. 共产主义
C. 资本主义　　　　　　　　　D. 人工智能

非选择题部分

二、**简答题**（本大题共 5 小题，每小题 6 分，共 30 分）

26. 简述发挥主观能动性与尊重客观规律的关系。

27. 简述实践在认识中的决定作用。

28. 简述资本家生产剩余价值的两种基本方法。

29. 简述经济全球化的消极影响。

30. 简述实现共产主义需要具备的基本条件。

三、**论述题**（本大题共 3 小题，任选其中 2 题回答，每小题 10 分，共 20 分。如果回答的题目超过 2 题，只按回答题目的前 2 题计分）

31. 结合当前我国改革的实际，说明改革、发展、稳定的关系。

32. 试述当代资本主义国家的财政政策和货币政策的主要内容与作用。

33. 试述平均利润的形成及本质。

模拟试题（四）

选择题部分

一、单项选择题（本大题共 25 小题，每小题 2 分，共 50 分。在每小题列出的备选项中只有一项是最符合题目要求的，请将其选出）

1. 19 世纪出现的许多科学发现，为马克思主义的产生提供了坚实的自然科学基础。以下不属于这些科学发现的是（   ）。

    A. 细胞学说　　　　　　　　　　　B. 狭义相对论
    C. 生物进化论　　　　　　　　　　D. 能量守恒和转化定律

2. 唯物主义与唯心主义的区别在于如何问答（   ）。

    A. 世界的本质是什么的问题　　　　B. 世界可否被认识的问题
    C. 世界的存在是怎样的问题　　　　D. 世界统一性的问题

3. 下列选项中属于最基本的实践活动的是（   ）。

    A. 社会管理活动　　　　　　　　　B. 科学实验活动
    C. 社会改革活动　　　　　　　　　D. 物质生产活动

4. 在唯物辩证法看来，粮食同稻谷、小麦、大豆、高粱等之间的关系属于（   ）。

    A. 全体和部分的关系　　　　　　　B. 本质和现象的关系
    C. 一般和个别的关系　　　　　　　D. 内容和形式的关系

5. 规律的两个特点是（   ）。

    A. 普遍性和特殊性　　　　　　　　B. 客观性和自发性
    C. 盲目性和自觉性　　　　　　　　D. 客观性和普遍性

6. 下列观点中，属于辩证唯物主义认识论区别于其他一切认识论的最基本观点的是（   ）。

    A. 实践是认识的基础　　　　　　　B. 认识是主体对客体的反映
    C. 世界是可以认识的　　　　　　　D. 认识是辩证的发展过程

7. 检验真理的唯一标准是（　　）。

A. 多数人拥护　　　　　　　　　B. 权威认可

C. 方便实用　　　　　　　　　　D. 社会实践

8. 马克思主义哲学认为，人们追求符合客观实际的认识，归根到底是为了（　　）。

A. 把握事物现象　　　　　　　　B. 揭示事物本质

C. 追求自我实现　　　　　　　　D. 改造客观世界

9. "社会形态的发展是一个自然历史过程。"这句话说的是（　　）。

A. 社会规律和自然规律没有差别

B. 社会发展排斥主体选择的作用

C. 社会发展取决于主体自由选择

D. 社会发展具有不以人的意志为转移的客观规律性

10. 生产力和生产关系的矛盾、经济基础和上层建筑的矛盾是人类社会的两对基本矛盾，它们之间是（　　）。

A. 相互决定的关系、无主次之分　　B. 相互平行的关系

C. 相互制约的关系、有主次之分　　D. 相互孤立的关系

11. 下列关于人的本质的表述中，正确的是（　　）。

A. 人的本质不是后天的，而是先天的

B. 人的本质不是具体的，而是抽象的

C. 人的本质不是变化的，而是永恒的

D. 在阶级社会里人的本质是有阶级性的

12. 唯心史观在历史创造者问题上的根本错误在于（　　）。

A. 否认个人在历史发展中的作用

B. 否认思想动机在历史发展中的作用

C. 否认少数英雄人物是推动历史发展的决定力量

D. 否认广大人民群众是推动历史发展的决定力量

13. 商品经济是（　　）。

A. 为他人而生产的经济形式　　　B. 存在于一切社会的经济形式

C. 直接以交换为目的的经济形式　D. 以自给自足为特征的经济形式

14. 以生产资料形式存在的资本是（　　）。

A. 不变资本　　　　　　　　　　B. 可变资本

C. 流动资本　　　　　　　　　　D. 流通资本

15. 生产资料和劳动力实物构成上的比例是资本的（　　）。

A. 有机构成　　　　　　　　　　B. 价值构成

C. 技术构成　　　　　　　　　　D. 数量构成

16. 资本主义意识形态的核心是（　　）。

A. 享乐主义 B. 拜金主义
C. 利己主义 D. 自由、平等与博爱

17. 资本主义国家对国民经济的管理和调控（　　）。
   A. 能够消除经济危机 B. 可以缓和资本主义内部的某些矛盾
   C. 能够防止生产过剩 D. 可以根除资本主义基本矛盾

18. 资本主义对外输出资本主要形式发展变化的顺序大体是（　　）。
   A. 商业资本输出—借贷资本输出—产业资本输出
   B. 借贷资本输出—商业资本输出—产业资本输出
   C. 产业资本输出—商业资本输出—借贷资本输出
   D. 商业资本输出—产业资本输出—借贷资本输出

19. 下列选项中不属于当代资本主义生产力方面新变化的是（　　）。
   A. 生产者中脑力劳动者的比重增加
   B. 机器生产由"三机系统"发展为"四机系统"
   C. 生产管理中增加了计算机信息技术等新手段和工具
   D. 在生产资料所有制上出现了法人所有制等新形式

20. 垄断资本主义的历史作用是（　　）。
   A. 为一个更高级的生产形式创造物质条件
   B. 建立完善的市场体系和市场机制
   C. 实现生产社会化和经济全球化
   D. 不断发展社会的民主与法制

21. 作为全党全国人民为实现中华民族伟大复兴而奋斗的行动指南，被写进2017年党的十九大的党章的是（　　）。
   A. 邓小平理论 B. 三个代表重要思想
   C. 科学发展观 D. 习近平新时代中国特色社会主义思想

22. 马克思主义政党的最高纲领和奋斗目标是（　　）。
   A. 解放生产力，发展生产力
   B. 建设高度发达的社会主义精神文明
   C. 建设富强、文明、民主的社会主义国家
   D. 实现共产主义

23. 先进性是马克思主义政党的（　　）。
   A. 根本要求 B. 根本特征
   C. 根本属性 D. 根本体现

24. 社会主义社会和共产主义社会都存在的经济关系是（　　）。
   A. 生产资料的社会公有制 B. 按劳分配
   C. 按需分配 D. 市场经济体制

25. 在当前社会主义初级阶段，我国人民的历史使命和共同理想是（　　）。
   A. 实现共产主义　　　　　　　　B. 建设中国特色社会主义
   C. 实现平均分配　　　　　　　　D. 实现全人类的彻底解放

非选择部分

二、简答题（本大题共 5 小题，每小题 6 分，共 30 分）

26. 简述马克思主义科学体系的主要组成部分及其内在联系。

27. 简述意识的起源和本质。

28. 简要说明认识运动的第一次飞跃及其实现的条件。

29. 简述以私有制为基础的商品经济的基本矛盾。

30. 简述资本主义经济危机的根源和典型特征。

三、论述题（本大题共 3 小题，任选其中 2 题回答，每小题 10 分，共 20 分。如果回答的题目超过 2 题，只按回答题目的前 2 题计分）

31. 试述内因和外因辩证关系的原理及其对社会主义现代化建设的重要意义。

32. 试述上层建筑必须适合经济基础发展要求的规律及其现实指导意义。

33. 试述资本主义国家对外输出资本的必要性、可能性及其对经济落后的资本输入国的影响。

模拟试题（五）

选择题部分

一、单项选择题（本大题共25小题，每小题2分，共50分。在每小题列出的备选项中只有一项是最符合题目要求的，请将其选出）

1. 马克思主义中国化的最新成果是（　　）。
   A. 列宁主义　　　　　　　　　　B. 毛泽东思想
   C. 邓小平理论　　　　　　　　　D. 习近平新时代中国特色社会主义思想

2. 马克思主义是一个具有内在逻辑联系的科学体系，其中，处于核心地位的是（　　）。
   A. 辩证唯物主义　　　　　　　　B. 历史唯物主义
   C. 政治经济学　　　　　　　　　D. 科学社会主义

3. 凡是承认世界具有统一性的哲学都属于（　　）。
   A. 唯物论　　　　　　　　　　　B. 唯心论
   C. 二元论　　　　　　　　　　　D. 一元论

4. 马克思主义认为社会生活在本质上是实践的，这是因为（　　）。
   A. 实践主体处于一定的社会关系中
   B. 实践具有客观性、能动性和社会历史性
   C. 实践是个人日常生活的活动
   D. 实践是人类社会产生、存在和发展的基础

5. 下列各项属于因果联系的是（　　）。
   A. 风来雨至，电闪雷鸣　　　　　B. 冬去春来，夏尽秋至
   C. 摩擦生热，热胀冷缩　　　　　D. 夜尽昼至，昼尽夜来

6. 实现意识能动作用的根本途径是（　　）。
   A. 学习科学理论　　　　　　　　B. 投身社会实践

C. 了解实际情况　　　　　　　　D. 制订周密计划

7. 一个完整的认识过程是（　　）。

A. 感性认识—理性认识—实践

B. 感性认识—理性认识—感性认识

C. 感觉—知觉—表象

D. 概念—判断—推理

8. 辩证法与形而上学在真理观上的对立在于是否承认（　　）。

A. 真理具有相对性　　　　　　B. 真理具有客观性
C. 真理具有主观性　　　　　　D. 真理具有绝对性

9. 实践是检验真理的唯一标准，这主要是因为（　　）。

A. 实践是人类生存与发展的基础

B. 实践是认识的来源和目的

C. 实践具有把主观和客观联系起来的特性

D. 实践具有社会历史性

10. 脱离实践的理论是空洞的理论；没有理论指导的实践是盲目的实践。这句话强调的是（　　）。

A. 认识过程中摹写与创造的统一　　B. 认识过程中感性与理性的统一
C. 认识过程中真理与价值的统一　　D. 认识过程中理论与实践的统一

11. 在人类社会发展中起决定作用的因素是（　　）。

A. 地理环境　　　　　　　　　B. 人口因素
C. 政治制度　　　　　　　　　D. 生产方式

12. 在生产力和生产关系这对矛盾中（　　）。

A. 生产力的性质决定生产关系的性质

B. 生产力的变化落后于生产关系的变化

C. 生产关系总是适应生产力的发展水平

D. 生产关系可以超越生产力的发展水平

13. 下列各项中，属于经济社会形态序列的是（　　）。

A. 渔猎社会　　　　　　　　　B. 封建社会
C. 工业社会　　　　　　　　　D. 信息社会

14. 用于发放工资的货币执行的是货币的（　　）。

A. 价值尺度职能　　　　　　　B. 流通手段职能
C. 支付手段职能　　　　　　　D. 贮藏手段职能

15. 资本循环中起决定性作用的阶段是（　　）。

A. 购买阶段　　　　　　　　　B. 生产阶段
C. 销售阶段　　　　　　　　　D. 流通阶段

16. 考察社会资本再生产，核心问题是分析（　　）。

A. 社会总产品的各个部分是如何实现的

B. 剩余价值是如何转化为平均利润的

C. 剩余价值是怎样生产的

D. 资本循环是怎样运行的

17. 平均利润率是（　　）。

A. 社会利润总量与社会预付可变资本的比率

B. 社会利润总量与不变资本的比率

C. 社会的剩余价值总量与社会预付可变资本的比率

D. 社会的剩余价值总量与社会预付总资本的比率

18. 资本主义的意识形态（　　）。

A. 只具有历史进步性

B. 只具有阶级局限性

C. 既无历史进步性，也无阶级局限性

D. 既有历史进步性，又有阶级局限性

19. 金融资本和金融寡头产生于（　　）。

A. 自由竞争资本主义阶段　　　　B. 私人垄断资本主义阶段

C. 国家垄断资本主义阶段　　　　D. 国际垄断资本主义阶段

20. 早期资本主义世界经济体系中的国际分工主要是（　　）。

A. 水平分工　　　　　　　　　　B. 工农业内部分工

C. 垂直分工　　　　　　　　　　D. 三次产业之间的分工

21. 下列选项中不属于当代资本主义生产关系方面新变化的是（　　）。

A. 在生产管理方面，出现了一系列运用电子计算机等新技术的管理手段和工具

B. 在所有制方面，出现了资本社会化、股权分散化趋势，法人所有制崛起

C. 在劳资关系方面，建立了劳资共决、职工参与管理和持股、终身雇佣等制度

D. 在收入分配方面，推行社会福利政策，通过再分配手段缓和社会矛盾

22. 资本主义经济的发展为更高级的生产方式创造的物质条件是（　　）。

A. 市场经济制度的建立　　　　　B. 产业工人队伍的壮大

C. 社会生产力的提高　　　　　　D. 高新科技成果的创造

23. 提出"新时代中国特色社会主义思想"的中共领导人是（　　）。

A. 邓小平　　　　　　　　　　　B. 江泽民

C. 胡锦涛　　　　　　　　　　　D. 习近平

24. 马克思主义政党产生的充分条件是（　　）。

A. 马克思主义理论的诞生　　　　B. 工人运动的发展

C. 马克思主义理论的传播　　　　D. 马克思主义与工人运动相结合

25. 马克思主义认为，阶级消灭和国家消亡是在（　　）。
   A. 社会主义革命中实现的　　　　　B. 社会主义初级阶段实现的
   C. 社会主义高级阶段实现的　　　　D. 共产主义社会实现的

非选择题部分

二、简答题（本大题共5小题，每小题6分，共30分）

26. 简述认识的主体和客体的含义及两者之间的关系。
27. 社会主义社会的改革与其他阶级社会的改革相比有哪些特点？
28. 简述不变资本和可变资本的划分及其意义。
29. 简述发达市场经济国家调控货币量的主要方法。
30. 简述共产主义远大理想和中国特色社会主义共同理想的关系。

三、论述题（本大题共3小题，任选其中2题回答，每小题10分，共20分。如果回答的题目超过2题，只按回答题目的前2题计分）

31. 主要矛盾和次要矛盾、矛盾的主要方面和次要方面关系的原理，要求我们在实际工作中坚持两点论和重点论的统一。试述两点论和重点论统一的原理及其现实意义。
32. 试述价值规律的内容及其对社会经济发展的作用。
33. 试述社会主义首先在经济文化相对落后的国家取得胜利的原因，并说明社会主义为什么是在曲折中前进的。

《马克思主义基本原理概论》自学考试助考通

参考答案*

绪论　马克思主义是关于无产阶级和人类解放的科学

一、单项选择题

1—5　BBADC　6—10　BBACD　11—15　BBDCC　16—20　BCBAD　21—25　DDAAD
26—30　ACACD　31—35　ADDAC　36—40　BBCBB

二、简答题

1. 简述马克思主义对德国古典哲学、英国古典经济学和英法两国的空想社会主义学说的继承与创新。

答：马克思和恩格斯吸取了黑格尔辩证法中的合理思想，彻底批判了它的唯心主义和神秘主义，创立了唯物辩证法；吸收了费尔巴哈的唯物主义的基本思想，同时抛弃了他的抽象的人本主义和自然主义，清除了他理论中的形而上学和历史唯心主义的杂质，创立了辩证唯物主义和历史唯物主义。

马克思和恩格斯批判地继承了古典经济学的研究成果，严密论证了劳动价值论，创立了科学的劳动价值论，并在此基础上创立了剩余价值学说，使政治经济学发生了革命变革。

马克思和恩格斯以唯物史观和剩余价值学说为基础，批判吸收了空想社会主义学说的积极成果，创立了科学社会主义理论，实现了社会主义理论的变革。

2. 什么是马克思主义？简述马克思主义对德国古典哲学的继承与创新。

答：马克思主义是关于无产阶级和人类解放的科学。

马克思和恩格斯吸取了黑格尔辩证法中的合理思想，彻底批判了它的唯心主义和神秘主义，创立了唯物辩证法；吸收了费尔巴哈的唯物主义的基本思想，同时抛弃了他的抽象的人本主义和自然主义，清除了他理论中的形而上学和历史唯心主义的杂质，创立了辩证唯物主义和历史唯物主义。

3. 简述马克思主义科学体系的三个组成部分及其直接理论来源。

答：马克思主义科学体系的三个组成部分是马克思主义哲学、政治经济学和科学社会主义。

德国古典哲学、英国古典政治经济学和19世纪英法两国的空想社会主义学说，是马克思主义的直

---

* 编者按：本自学考试助考系列丛书的"参考答案"中，简答题、论述题部分，某些考题的参考答案可能有数个知识要点，往往以"第一……第二……第三……"，或"首先……其次……再次……"，抑或"（1）……（2）……（3）……"等形式，进行答题。出于节省版面的需要，本助考丛书将各知识点接排了，而没有以各点为单元、上下分行并列排版，建议考生在考试答卷时，最好要分行并列作答（不要接排），并视情况确定是否对每一知识点展开叙述。特此说明。

接理论来源。

4. 简述马克思主义科学体系的主要组成部分及其内在联系。

答：马克思主义科学体系的主要组成部分是马克思主义哲学、政治经济学和科学社会主义。

在马克思主义体系中，哲学是世界观和方法论的指导原则，政治经济学是通向实际生活（如对资本主义生产方式的剖析）的中介，科学社会主义则是运用哲学分析经济事实引出的结论。这三者之间互相渗透、互相补充，构成统一的马克思主义学说。

5. 如何理解马克思主义是不断发展的理论？

答：马克思主义之所以是不断发展的理论，是由它的理论本性决定的。首先，马克思主义不是脱离实际的抽象的思辨体系。其次，马克思主义不是宗派主义体系。再次，马克思主义不是故步自封的体系。

6. 简述马克思主义的根本理论特征。

答：马克思主义的根本理论特征是以实践为基础的科学性和革命性的统一。

马克思主义的革命性集中表现为它的彻底的批判精神，还表现在它具有鲜明的政治立场上。

马克思主义的科学性表现在它的非狭隘性、非片面性、深刻性和实践性。

马克思主义的革命性和严格的科学性是紧密联系在一起的。马克思主义的科学性和革命性都是以实践性为基础的。

7. 简述马克思主义的科学性与革命性的关系。

答：马克思主义的根本理论特征是以实践为基础的科学性和革命性的统一。

马克思主义的革命性和严格的科学性是紧密联系在一起的。科学性根源于革命性要求，并且通过革命性表现出来；革命性必须以科学性为前提和基础，并且靠科学性来保证。两者内在地结合于马克思主义的整个理论体系之中，并且通过一系列原理表现出来。

马克思主义的科学性和革命性都是以实践性为基础的。

8. 简述马克思主义的科学内涵和理论品质。

答：马克思主义是由马克思、恩格斯创立的，为他们的后继者所发展的，以反对资本主义、建设社会主义和共产主义为目标的科学的理论体系，或者简要地说，它是关于无产阶级和人类解放的科学。

与时俱进是马克思主义的理论品质。

9. 简述长期的远大的最高理想和近期的共同理想及其相互关系。

答：就我国而言，实现共产主义是长期的远大的最高理想；走中国特色社会主义道路，把我国建设成为富强民主文明和谐美丽的社会主义现代化强国，则是近期的具体理想，也就是全国各族人民的共同理想。

最高理想与共同理想，既相互区别又相互联系，两者是辩证统一的关系：

首先，共同理想是实现最高理想的必经阶段和必要基础。

其次，实现共同理想，必须坚持以最高理想为根本方向。

10. 简述学习马克思主义的目的和根本方法。

答：学习马克思主义的目的在于，第一，树立正确的世界观、人生观、价值观；第二，掌握认识世界和改造世界的伟大工具；第三，全面提高人的素质；第四，指导中国特色社会主义伟大实践。

理论联系实际是学习马克思主义的根本方法。

第一章 物质世界及其发展规律

一、单项选择题

1—5 ABACA 6—10 DBCCB 11—15 AABAC 16—20 DDAAC 21—25 CCDBD
26—30 ACABC 31—35 CBCBD 36—40 ABADA 41—45 DADBD 46—50 ADDCC
51—55 BBAAD 56—60 CABDB 61—65 DDBCB 66—70 CCCBD 71—75 CBBAD
76—80 ABCAD 81—85 CBADC 86—90 DDDDA

二、简答题

1. 什么是哲学基本问题？简述其内容和意义。

答：思维和存在或意识和物质的关系问题，是哲学的基本问题。

哲学基本问题包括两个方面的内容：第一个方面是物质和意识哪个是本原、哪个是第一性的问题；第二个方面是思维和存在的同一性问题，主要是指思维能否认识存在的问题，即世界可不可以认识的问题。

其意义在于，对哲学基本问题这两个方面内容的不同回答，是区分唯物主义和唯心主义、可知论和不可知论的标准。

2. 简述列宁的物质定义及其重要意义。

答：列宁的物质定义是"物质是标志客观实在的哲学范畴，这种客观实在是人通过感觉感知的，它不依赖于我们的感觉而存在，为我们的感觉所复写、摄影、反映"。简单地说，物质是不依赖于意识又能为意识所反映的客观实在。

列宁物质定义的意义：它指出客观实在性是一切物质的共性，克服了旧唯物主义物质观的局限性；它指出物质是可以被人们认识的，同不可知论划清了界限；它指出物质是不依赖于意识的客观存在，同唯心主义划清了界限。

3. 简述运动的含义及物质和运动的关系。

答：运动是标志物质世界一切事物和现象的变化和过程的哲学范畴。

运动是物质的固有属性，物质和运动不可分。一方面，世界上不存在脱离运动的物质；另一方面，世界上也不存在没有物质的运动。

4. 简述实践的含义和基本特点。

答：实践是主体能动地改造和探索客体的社会性的客观物质活动。

实践的基本特点：（1）客观性，实践是客观的感性物质活动；（2）自觉能动性，实践是主体有意识、有目的的活动；（3）社会历史性，实践是社会性的、历史性的活动。

5. 如何理解社会生活在本质上是实践的？

答：马克思主义认为，实践是人类社会产生、存在和发展的基础，是社会生活的本质。

劳动实践是人类和人类社会关系产生的决定性环节；物质生产实践是人类社会得以存在的基础；实践活动是推动社会发展的动力。

社会生活在本质上是实践的，这一思想的确立，科学地说明了社会的物质性。

6. 简述对立统一规律是唯物辩证法的实质与核心。

答：对立统一规律是唯物辩证法的实质与核心，是宇宙的根本规律。第一，对立统一规律揭示了事物普遍联系的根本内容和发展变化的内在动力。第二，对立统一规律是贯穿于唯物辩证法其他规律和范畴的中心线索,是理解它们的钥匙。第三,矛盾分析法是最根本的认识方法。第四,承认不承认对立统一规律及矛盾是事物发展的动力,是唯物辩证法与形而上学的斗争焦点和根本分歧。

7. 简述事物发展的内因和外因及其相互关系。

答:内因是事物的内部矛盾,外因是事物的外部矛盾。

内因和外因的关系:第一,内因是事物发展变化的根据,是第一位的原因;第二,外因是事物发展变化的条件,是第二位的原因;第三,外因通过内因而起作用。

8. 简述必然性和偶然性的辩证关系。

答:必然性和偶然性是对立统一的关系。

首先,必然性和偶然性是对立的。它们是事物联系和发展中两种不同的趋势,两者产生的原因不同,在事物发展中的地位和作用也不同。

其次,必然性和偶然性是辩证统一的。第一,必然性通过大量的偶然性表现出来,由此为自己开辟道路。没有脱离偶然性的纯粹必然性。第二,偶然性是必然性的表现形式和必要补充,偶然性背后隐藏着必然性并受其支配,没有脱离必然性的纯粹偶然性。第三,必然性和偶然性在一定条件下可以相互转化。

9. 简述内容和形式的含义及两者的相互作用。

答:内容是指构成事物一切要素的总和。形式是指把内容诸要素统一起来的结构或表现内容的方式。

内容和形式相互作用:第一,内容决定形式,形式依赖于内容;第二,形式对内容具有巨大的反作用;第三,内容和形式的相互作用构成它们的矛盾运动。

10. 简述本质和现象的辩证关系。

答:本质和现象是对立统一的关系。

第一,相互区别、相互对立。首先,现象在外、本质在内。其次,现象是个别的、具体的,是多种多样的;本质则是同类现象中一般的、共同的东西。再次,现象多变、易逝;而本质相对稳定和平静。第二,相互联系、相互依存。一方面,本质不能脱离现象;另一方面,现象不能脱离本质。但是,本质和现象之间不是并列关系。本质决定现象,是现象存在的根据。

11. 简述规律的含义和特点。

答:规律是物质运动发展过程中本质的、必然的、稳定的联系。

规律具有两个特点:客观性和普遍性。

12. 简述意识的本质。

答:意识的本质包括三个方面的内容。

第一,意识是人脑的机能,人脑是意识的物质器官。第二,意识是客观世界的主观映像,是人脑对客观世界的反映。意识是主观性和客观性的统一。第三,意识是社会的产物。

13. 简述物质和意识的关系及唯心主义、形而上学唯物主义在此问题上的错误。

答:辩证唯物主义认为,物质与意识的关系是,物质决定意识,物质第一性,意识第二性;意识对物质又具有能动的反作用。

唯心主义片面夸大意识的能动作用,否认物质对意识的决定作用;形而上学唯物主义肯定物质对意识的决定作用,但忽视了意识的能动作用。

14. 简述物质和意识的辩证关系原理及意义。

答：辩证唯物主义认为，物质与意识的关系是，物质决定意识，物质第一性，意识第二性；意识对物质又具有能动的反作用，坚持物质决定意识，就是坚持唯物论；承认意识的能动作用，就是坚持辩证法。

物质决定意识和意识的能动作用是辩证统一的。它要求我们凡事要坚持一切从实际出发，实事求是，按客观规律办事；同时，又要发挥主观能动性，解放思想，勇于开拓，锐意创新。

15. 简述发挥主观能动性与尊重客观规律的关系。

答：发挥主观能动性和尊重客观规律是辩证统一的。

第一，尊重客观规律是正确发挥主观能动性的前提。只有正确认识了客观规律，并尊重客观规律、按规律办事，才能正确地发挥人的主观能动性。第二，认识和利用规律又必须充分发挥人的主观能动性。规律不会自动地反映到人的头脑中来，只有充分发挥人的主观能动性，才能认识或发现规律、利用规律。

三、论述题

1. 试述内因和外因辩证关系的原理及其对社会主义现代化建设的重要意义。

答：内因是事物的内部矛盾，外因是事物的外部矛盾。

内因和外因的关系：第一，内因是事物发展变化的根据，是第一位的原因。第二，外因是事物发展变化的条件，是第二位的原因。第三，外因通过内因而起作用。

我国的社会主义现代化建设，必须首先依靠本国人民，独立自主、自力更生、艰苦奋斗。同时，中国的发展离不开世界，闭关自守只能导致愚昧、落后，不可能实现现代化。我们的对外开放是以独立自主、自力更生为基础的。我们必须从我国的实际出发，积极地借鉴和吸收世界各国的一切文明成果，为我所用，增强我国自力更生的能力，加快我国社会主义现代化建设步伐。

2. 试述矛盾的普遍性和特殊性辩证关系的原理，并说明这一原理对社会主义建设的重要意义。

答：矛盾的普遍性和特殊性的关系，也就是共性和个性、一般与个别的关系，它们是辩证统一的。

第一，互相联结。一方面，普遍性存在于特殊性之中，共性离不开个性；另一方面，特殊性中包含着普遍性，它们相联系而存在。个性也离不开共性。第二，相互区别。共性不能完全包括个性。一般比个别更普遍、更深刻，个别比一般更丰富、更具体。所以，两者不能互相代替，尤其不能用普遍性代替特殊性。第三，在一定条件下相互转化。由于事物的范围极其广大和发展的无限性，在一定场合为共性的东西，在另一场合就可能成为个性的东西；反之亦然。

矛盾普遍性和特殊性辩证关系的原理，是我们坚持马克思主义的普遍真理同中国具体实际相结合，建设中国特色社会主义的理论基础。一方面，我们要坚持科学社会主义的一般原则；另一方面，又要从我国的国情出发，建设有中国特色的社会主义。

3. 主要矛盾和次要矛盾、矛盾的主要方面和次要方面关系的原理，要求我们在实际工作中坚持两点论和重点论的统一。试述两点论和重点论统一的原理及其现实意义。

答：坚持两点论，就是在认识复杂事物的发展过程中，既要看到主要矛盾，又不忽视次要矛盾；在认识某一矛盾时，既要看到矛盾的主要方面，又不忽略矛盾的次要方面。

坚持重点论，就是在认识复杂事物的发展过程时，要着重地抓住主要矛盾；在研究某一矛盾时，要着重地把握矛盾的主要方面。

两点论和重点论是互相包含、内在统一的。两点论中内在地包含着重点论；重点论中内在地包含着两点论。

坚持两点论和重点论的统一，就是看问题、办事情，既要全面，又要善于抓住重点。我国坚持以经济建设为中心和一系列"两手抓"的方针，认识我国社会主义现代化建设的形势要分清主流和支流，既要抓住主流、坚定信心，又不忽视支流，这都是坚持两点论和重点论统一的具体表现。

4. 试述量变和质变的辩证关系原理及其对社会主义建设的指导意义。

答：量变和质变是辩证统一的。

第一，量变是质变的必要准备。质变以量变为前提和基础，没有一定的量变，就不会发生质变。第二，质变是量变的必然结果。量变达到一定程度必然引起质变。第三，量变和质变相互渗透。一方面，质变体现和巩固量变的成果，结束在旧质基础上的量变，为在新质的基础上的量变开辟道路。另一方面，在总的量变过程中有阶段性和局部性的部分质变。

质量互变规律要求我们在社会主义建设和改革过程中，要把远大的理想与目标同有步骤、分阶段地踏实苦干、稳步前进的精神结合起来，反对急躁冒进、急于求成；否则就会欲速不达，得到事与愿违的结果。

5. 试述辩证否定观的内容，并用以说明应怎样对待我国传统文化和外国文化。

答：第一，辩证的否定是事物的自我否定，即通过事物内部矛盾而进行的对自身的否定。第二，辩证的否定是事物联系和发展的环节。没有新事物对旧事物的否定，就没有事物的发展；新旧事物通过否定环节联系起来。第三，辩证的否定是"扬弃"，即既克服又保留。

坚持辩证的否定观，就要对一切事物采取分析的态度，反对不加分析地肯定一切或否定一切。对中国的传统文化要采取批判地继承的态度；对于外国文化，要采取有分析、有选择、有批判地借鉴和吸收的态度。

6. 试述意识的能动性及其主要表现。在实际工作中如何正确发挥人的主观能动性？

答：意识的能动性（即主观能动性）是指意识能动地反映世界和通过实践改造世界的能力与作用。

意识能动性的主要表现：第一，意识活动具有目的性和计划性；第二，意识活动具有主动性、创造性；第三，意识对人的生理活动具有一定影响作用；第四，意识能通过指导实践改造客观物质世界。这是意识的能动性最突出的表现。

在实际工作中，正确发挥主观能动性的前提是尊重客观规律。只有尊重客观规律、按规律办事，才能正确地发挥人的主观能动性。如果违背客观规律，盲目蛮干，就必然会受到客观规律的惩罚。

7. 试述发挥主观能动性和尊重客观规律关系的原理及其现实意义。

答：发挥主观能动性和尊重客观规律是辩证统一的。

第一，尊重客观规律是正确发挥主观能动性的前提。只有尊重客观规律、按规律办事，才能正确地发挥人的主观能动性，卓有成效地改造世界，实现人们预期的目的。如果违背客观规律，盲目蛮干，就必然会受到客观规律的惩罚。违背了规律，越是发挥主观能动性，遭受的挫折和失败就越严重。

第二，认识和利用规律又必须充分发挥人的主观能动性。规律不会自动地反映到人的头脑中来，只有充分发挥人的主观能动性，才能认识或发现规律并利用规律。

尊重客观规律和发挥主观能动性辩证统一的原理，具有重要现实意义。在社会主义现代化建设和各项工作中，我们既要从实际出发，实事求是，按规律办事；又要解放思想，锐意进取，勇于开拓创新。只有这样，才能把中国特色的社会主义伟大事业不断推向前进。

第二章 认识的本质及其规律

一、单项选择题

1—5　CCDBB　6—10　BDDAD　11—15　BAABC　16—20　ACDCC　21—25　DADAC
26—30　CDACB　31—35　DABDC　36—40　DDADB　41—45　BDBAD　46—50　BDBCD
51—55　ADADC　56—61　CDABDB

二、简答题

1. 简述实践的含义及实践对认识的决定作用。

答：实践是主体能动地改造和探索客体的客观物质活动。（第一章的内容）

实践对认识的决定作用：实践是认识的来源；实践是认识发展的动力；实践是检验认识真理性的唯一标准；实践是认识的目的。

2. 简述实践是认识发展的动力。

答：社会实践不断提出新的需要、新的研究课题，推动认识的发展；社会实践为认识不断提供新的经验和新的观察、研究的物质手段；社会实践推动人的思维能力的发展。

3. 简述认识的主体和客体的含义及两者之间的关系。

答：认识主体是指认识和实践活动的承担者，是处于一定社会关系中从事实践和认识活动的现实的、具体的人。认识客体是指人的实践和认识活动所指向的对象。它们之间存在既对立又统一的辩证关系。对立是指两者各有自己的特点和特殊的规定性，彼此是相互区别的；统一是指它们之间相互依存、相互作用，并在一定条件下相互转化：认识主体和客体是改造与被改造的实践关系；认识主体和客体是反映与被反映的认识关系；认识主体和客体的相互作用。

4. 简要说明正确实现由感性认识到理性认识的飞跃需要具备的条件。

答：第一，感性材料必须十分丰富而不是零碎不全，必须合于实际而不是错觉。第二，必须有正确的思维方法。这两个条件缺一不可。这就要求我们必须把调查和研究结合起来。调查就是收集大量的、合于实际的感性材料，研究就是对从实践中得来的感性材料进行加工制作。

5. 简要说明整个人类的认识是有限和无限的统一。

答：整个人类认识的无限性，存在于每个时代个人的认识的有限性中，并通过无数有限性的认识而得以实现。

所以，认识的有限性和无限性是辩证统一的。

6. 简述真理及其客观性的含义。

答：正确地反映客体的认识就是真理。真理的客观性有两层含义：其一，是指任何真理都包含不依赖主体、不依赖人类的客观内容；其二，真理的客观性还在于检验真理的标准是客观的。

7. 简述真理的绝对性和相对性的含义及两者的辩证关系。

答：真理的绝对性有两方面含义。第一，真理包含不依赖主体和人类的客观内容，这是无条件的、绝对的；第二，人的每一个真理性认识，都是向着这个无限发展着的物质世界的接近，这也是无条件的、绝对的。

真理的相对性也有两个含义。第一，从广度上看，任何真理性的认识在广度上是有限的，是受条件制约的，它需要进一步扩展；第二，从深度上看，真理性的认识在深度上是有限的，是受一定条件制约的。

真理的绝对性和相对性的辩证关系：相互依存；相互包含、相互渗透；相对真理向绝对真理转化。

8. 简要说明逻辑证明与实践检验的关系。

答：坚持实践是检验真理的唯一标准，并不否认逻辑证明在认识和探索真理中的作用。逻辑证明为人们认识和证明真理提供了巨大的帮助。即使在实践检验真理的过程中，逻辑证明也是不可少的。

但是，逻辑证明的作用并不表明它是检验真理的标准，更不能用逻辑证明取代实践标准。首先，它所依赖的前提是否正确，逻辑证明自己不能保证，而要经过实践检验；其次，被逻辑证明证实或证伪了的东西，最终还要靠实践检验。

9. 简述真理与价值的对立统一关系。

答：真理与价值的对立是指真理与价值的不同。真理体现的是认识与认识对象的关系，是认识与对象相一致、相符合；而价值是指外物对人需要的满足，表示客体具有对人有用或对主体有意义的属性。

真理与价值的统一表现在：第一，真理能够指导社会实践，人们以实践的成果来满足人的需要，这就是真理表现出来的价值属性；第二，真理与正确的价值观相一致。

三、论述题

1. 试述感性认识和理性认识的含义及两者的辩证关系，并说明割裂两者的统一在理论和实际工作中会导致的错误。

答：（1）含义：感性认识是对事物的各个片面、现象和外部联系的反映。理性认识是对事物全体、本质和内部联系的反映。（2）辩证关系：感性认识和理性认识是认识的两个阶段，它们既相互区别，又相互联系，是对立统一的关系。相互区别：感性认识是认识的初级阶段，是对事物现象的反映；理性认识是认识的高级阶段，是对事物本质的反映。相互联系：理性认识依赖于感性认识；感性认识有待于发展到理性认识；感性认识和理性认识相互渗透。（3）割裂两者的统一会导致的错误：理论上会犯经验论或唯理论的错误；在实际工作中会犯教条主义和经验主义的错误。

2. 试述感性认识和理性认识辩证关系的原理，并分别说明这一原理的理论和实践意义。

答：辩证关系原理同上题答案（2）（略）。坚持感性认识和理性认识的辩证统一，在理论上有利于避免犯经验论或唯理论的错误；在实践中可以避免犯教条主义和经验主义的错误。

3. 试述感性认识与理性认识的区别和联系，并说明为什么在实际工作中要反对经验主义和教条主义。

答：感性认识与理性认识的区别和联系见第一题答案（2）。

在实际工作中之所以要反对经验主义和教条主义，是因为经验主义夸大个别的、局部的经验的作用，把它当作普遍真理到处搬用，否认科学理论的指导意义；教条主义则夸大理论和书本知识的作用，轻视实际经验，不是从实际出发，而是从书本出发，把理论当作万古不变的公式去生搬硬套。

这两种错误都曾经给我们的革命和建设事业带来重大损失，所以必须反对。

4. 试述实践是检验真理的唯一标准的原理，并说明中国真理标准问题大讨论的意义。

答：实践之所以是检验真理的唯一标准，是因为，第一，是不是真理就是要判明认识与认识对象是否相一致、相符合。实践能把主观认识与客观实际联系起来加以对照，来确定认识与认识对象是否相一致、相符合，从而使认识得到检验。第二，实践具有直接现实性的品格。通过实践，把思想、理论在现实中实现出来，人们通过把变成现实的东西同原来的观念、思想加以对照，从而判明这个思想、观念是否正确，使认识得到检验。

1978年我国在全国范围内开展了真理标准问题的大讨论，通过讨论，破除了对个人的崇拜和对个人的迷信，解放了人们的思想，批判了"两个凡是"的错误，明确了只有实践才是检验认识是否正确的唯一标准，为我国实行工作重点的转移、进行改革开放奠定了思想基础。

5. 试述党的思想路线并说明马克思主义认识论是党的思想路线的理论基础。

答：党的思想路线是一切从实际出发，理论联系实际，实事求是，在实践中检验真理和发展真理。

马克思主义哲学认识论是党的思想路线的理论基础：

第一，党的思想路线坚持了一切从实际出发的原则。第二，党的思想路线坚持了理论联系实际的原则。第三，"实事求是"这四个大字是党的思想路线的核心，也是马克思主义哲学的精髓和活的灵魂，它充分体现了马克思主义认识论的根本原则。第四，党的思想路线坚持了实践是检验真理的唯一标准。

6. 试述马克思主义认识论与党的群众路线的一致性及坚持群众路线的重要意义。

答：党的群众路线：一切为了群众，一切依靠群众，从群众中来，到群众中去。

群众路线同马克思主义哲学认识论是完全一致的。从群众中来，就是从实践到认识的过程；到群众中去，就是从认识到实践的过程。"从群众中来，到群众中去"不断循环往复的过程，也就是"实践—认识—实践"不断循环往复的过程。

在改革开放和现代化建设的新形势下，坚持党的群众路线，具有十分重要的意义。

推进党的作风建设，核心是保持党同人民群众的血肉联系。我们党的最大政治优势是密切联系群众，党执政后的最大危险是脱离群众。

在任何时候任何情况下，都必须坚持党的群众路线，坚持反对和防止腐败，否则党群关系受损，党就可能失去执政地位。

最大多数人的利益和全社会各民族的积极性与创造性，对党和国家事业的发展始终是最具有决定性的因素。妥善处理好各方面的利益关系，至关重要。

第三章 人类社会及其发展规律

一、单项选择题

1—5　ADBDC　6—10　DDDCA　11—15　BCAAB　16—20　CCBBB　21—25　DDAAC
26—30　ACACA　31—35　ABBDC　36—40　CDDAA　41—45　ACABD　46—50　DACBA
51—55　ADCAA　56—60　BAACB

二、简答题

1. 什么是生产方式？为什么说生产方式在社会发展中起决定作用？

答：生产方式是人类借以向自然界谋取必需的生活资料的方式，包括生产力和生产关系两个方面。

生产方式在社会发展中起决定作用，因为：第一，生产方式或生产活动，是人类从动物界分离出来的根本动力和人类区别于动物的根本标志；第二，生产方式或生产活动是人类社会得以存在和发展的基础；第三，生产活动是形成人类一切社会关系的基础；第四，生产方式决定社会制度的性质和社会制度的更替。

2. 简述社会意识相对独立性的含义及主要表现。

答：社会意识相对独立性是指社会意识在反映社会存在、被社会存在所决定的同时，还具有自身的能动性和独特的发展规律。其相对独立性主要表现为：

第一，社会意识和社会存在变化发展的非完全同步性。第二，社会意识与社会经济发展水平具有不平衡性。第三，社会意识的发展具有历史继承性。第四，社会意识各种形式之间相互作用、相互影响。第五，社会意识对社会存在的反作用或称能动性，是社会意识相对独立性的重要表现。

3. 怎样理解"科学技术是第一生产力"？

答："科学技术是第一生产力"主要有三层含义。

第一层含义，科学渗透于现代生产力系统的各类要素中，转化为直接的、现实的生产力。第二层含义，在现代化生产中，出现了"科学—技术—生产"的过程，使科学对物质生产具有了主导作用和超前作用。第三层含义，科学技术已经成为推动生产力发展的重大杠杆。

4. 什么是生产关系？为什么说生产资料所有制形式是整个生产关系的基础？

答：生产关系是指人们在物质生产过程中结成的经济关系。

生产资料所有制形式是整个生产关系的基础，因为：第一，生产资料所有制关系是生产劳动得以进行的前提；第二，生产资料所有制形式决定整个生产关系的性质；第三，生产资料所有制形式决定人们在生产中的地位及其相互关系；第四，生产资料所有制形式决定产品的分配方式。

5. 简述社会基本矛盾的内容及它们之间的关系。

答：生产力和生产关系、经济基础和上层建筑的矛盾是社会的基本矛盾。

它们不是相互孤立、相互平行的，而是相互制约、有主次之分的。首先，生产力和生产关系之间的矛盾对于经济基础和上层建筑之间的矛盾起着主导作用。其次，生产力与生产关系之间的矛盾的解决，有赖于经济基础与上层建筑之间的矛盾的解决。

6. 与其他阶级社会的改革相比，社会主义社会的改革有哪些特点？

答：第一，社会主义社会的改革是主动的、自觉的，剥削阶级占统治地位的社会的改革是被动的、自发的。第二，社会主义社会的改革，是从广大人民群众的利益出发，有广阔而深厚的群众基础；剥削阶级占统治地位的社会的改革，是从统治阶级的利益出发，缺乏深厚的群众基础。第三，社会主义社会的改革，可以在社会主义制度本身的范围内，解决各种矛盾；剥削阶级占统治地位的社会改革，只能暂时缓和社会矛盾，但不能在旧社会制度本身的范围内最后解决它固有的矛盾。

7. 为什么说我国的改革是社会主义制度的自我完善？

答：我国的改革之所以是社会主义制度的自我完善，是由社会主义社会基本矛盾的性质和特点决定的。它是非对抗性的矛盾，可以通过社会主义制度本身不断地得到解决。也就是说，改革不是改变社会主义制度，而是革除生产关系中不适合生产力发展、上层建筑中不适合经济基础发展要求的部分和环节。改革的目的是兴利除弊，使社会主义制度的优越性更加充分地发挥出来。

8. 简述两种历史观在历史创造者问题上的根本分歧。

答：是广大人民群众还是个别英雄人物是历史的创造者，是两种根本对立的历史观。

历史唯心主义的英雄史观片面夸大极少数英雄人物的作用，否认广大人民群众是推动历史发展的决定力量。这是根本错误的。

历史唯物主义认为人类历史首先是生产发展的历史，是物质生产的承担者——劳动群众的历史，于是得出了人民群众是历史的创造者的结论。

9. 如何理解人民群众范畴？简述人民群众推动历史发展的作用。

答：人民群众是指推动历史发展的绝大多数社会成员的总和。这个范畴既有量的规定性，又有质的规定性。

人民群众推动历史发展的作用主要表现为：人民群众是物质财富的创造者；人民群众是精神财富

的创造者；人民群众是实现社会变革的决定力量。

10. 简述无产阶级政党的群众观点和群众路线的内容。

答：群众观点是马克思主义政党的根本观点，主要内容有人民群众自己解放自己的观点；全心全意为人民服务的观点；向人民群众负责的观点；向人民群众学习的观点。

群众路线是党的根本工作路线，群众路线的内容是：一切为了群众，一切依靠群众，从群众中来，到群众中去。

三、论述题

1. 试述社会意识与社会存在辩证关系的原理及其对社会主义文化建设的指导意义。

答：社会存在决定社会意识，社会意识反作用于社会存在，就是社会存在和社会意识的辩证关系。

社会存在决定社会意识：社会意识的内容来源于社会存在；社会意识随着社会存在的发展变化而发展变化；社会意识受反映者（意识主体）的立场、观点、方法的影响和制约，而反映者的立场、观点和方法是由其在社会存在中的地位决定的。

社会意识反作用于社会存在：先进的或正确的社会意识对社会存在的发展起积极的推动作用，促进社会向前发展；落后的或错误的社会意识对社会存在的发展起消极的阻碍作用，延缓社会的发展进程。

社会存在决定社会意识，要求社会主义文化建设必须符合我国的基本国情，扎根社会主义的实际，深入人民群众的伟大实践；社会意识反作用于社会存在，要求我们坚定文化自信，建设社会主义文化强国，以推动我国社会主义现代化建设。

2. 试述上层建筑必须适合经济基础发展要求的规律及其现实指导意义。

答：经济基础决定上层建筑，上层建筑反作用于经济基础，经济基础和上层建筑之间的矛盾运动，这三项内容构成上层建筑必须适合经济基础发展要求的规律。

上层建筑必须适合经济基础发展要求的规律，是无产阶级政党制定正确的路线、方针、政策的理论依据。在中国特色社会主义新时代，深入理解上层建筑必须适合经济基础发展要求的规律，必须进行上层建筑领域的改革，构建系统完备、科学规范、运行高效的党和国家机构职能体系。这种改革必将对完善社会主义经济基础、推动生产力发展起极大的促进作用。

3. 试述社会历史发展的决定性与选择性的关系。

答：社会历史发展的决定性是指历史决定论；社会历史发展的选择性是指主体选择的作用。

承认历史决定论和承认主体选择的作用是一致的、不矛盾的。

首先，在历史决定论看来，纯粹的必然性只存在于逻辑中。在现实生活中，规律只是作为一种趋势而存在。其次，社会规律给人的活动提供的是一个由多种现实可能组成的可能性空间。在这一可能性空间中，何种可能性会成为现实，就取决于人的自觉活动和主体选择。最后，每一种可能性的实现，又会有多种多样的形式，即各种具体的模式和途径。人们对具体模式和途径的选择，可以表现出巨大的能动性。

4. 试述社会形态发展的统一性和多样性的含义及表现。

答：社会形态发展的统一性是指，处于同一社会形态的不同国家和民族的历史具有共同性、普遍性。

社会形态发展的多样性是指，不同国家、不同民族的历史发展过程大都具有不同的特点。

社会形态发展的多样性主要表现为：

第一，处于同一社会形态的不同国家和民族的历史具有各自的特点。第二，各个国家在不同的社会形态中所具有的典型意义不同。第三，人类社会在由较低的社会形态向较高的社会形态转变时，不同的国家和民族采取的过渡形式各有特点。第四,有些国家和民族在社会形态转变过程中,可能超越某一个或某几个社会形态。

5. 结合当前我国改革的实际,说明改革、发展、稳定的关系。

答:改革是社会主义社会向前发展的根本动力。我国的改革是在中国共产党的领导下社会主义制度的自我完善过程。中国共产党是我国社会主义建设和改革开放的领导核心。改革必须在党的领导下,按照党的路线、方针、政策有计划、有步骤地进行。

当前中国的改革是和发展、稳定相统一的过程。改革、发展、稳定是我国社会主义现代化建设的三个重要支点。稳定是前提,只有社会稳定,改革和发展才能不断推进;改革是动力,只有通过改革,才能解决发展中出现的问题,社会稳定才能获得可靠的保障;发展是关键,只有通过发展才能从根本上解决所有经济社会问题,才能使改革得以持续进行下去,才能使稳定获得坚实的物质基础。

要在保持社会稳定中深化改革、推进发展,通过改革、发展维护社会稳定。

6. 根据人民群众是历史创造者的原理,谈谈你对以人为本的理解。

答:人民群众是指推动历史发展的绝大多数社会成员的总和。人民群众是物质财富的创造者,人民群众是精神财富的创造者,人民群众是实现社会变革的决定力量。

既然人民群众是历史的创造者,我们就必须坚持以人为本。全心全意为人民服务是党的根本宗旨,党的一切奋斗和工作都是为了造福人民。要始终把实现好、维护好、发展好最广大人民的根本利益作为党和国家一切工作的出发点和落脚点,要以人民为中心,做到发展为了人民、发展依靠人民、发展成果由人民共享。

7. 根据人民群众是历史创造者的原理,谈谈坚持党的群众路线的现实意义。

答:人民群众是物质财富的创造者,人民群众是精神财富的创造者,人民群众是实现社会变革的决定力量。党的群众路线是:一切为了群众,一切依靠群众,从群众中来,到群众中去。

在改革开放和现代化建设的新形势下,坚持党的群众路线,具有十分重要的意义。

推进党的作风建设,核心是保持党同人民群众的血肉联系。在任何时候任何情况下,都必须坚持党的群众路线,把实现人民群众的利益作为一切工作的出发点和归宿。

最大多数人的利益,对党和国家事业的发展始终是最具有决定性的因素。在我国社会深刻变革、党和国家事业快速发展的进程中,妥善处理好各方面的利益关系,至关重要。

8. 如何正确分析和评价杰出人物在历史中的作用?

答:正确分析和评价杰出人物的历史作用,应该第一,坚持历史主义原则。任何一个杰出人物的出现,都是时代的需要,既然杰出人物都是一定历史条件的产物,他们的作用也就必然受到历史条件的制约。第二,要对他们做阶级分析。在阶级社会里,杰出人物总是一定阶级的代表,其历史作用同他们所代表的那个阶级在历史上的作用是分不开的。第三,要用必然性和偶然性辩证统一的观点来分析他们的作用。杰出人物的出现及其历史作用,都是必然性与偶然性的辩证统一。第四,既不能肯定其一切,也不能否定其一切。任何杰出人物都有巨大的历史功绩,也必然会有这样那样的缺点和错误。

第四章 资本主义制度的形成及其本质

一、单项选择题

1—5 DCDDD 6—10 BBACC 11—15 ACBBA 16—20 CCDDB 21—25 BABBC
26—30 BCBBB 31—35 AADBB 36—40 BBCBB 41—45 ACABB 46—50 CCADA

51—55 CAACC 56—60 CADAC 61—65 AABCA 66—70 BCCCB 71—76 DCDBDA

二、简答题

1. 简述商品经济产生和存在的条件。

答：商品经济的产生和存在需要两个基本经济条件。

第一个条件是社会分工的产生和存在。这是商品经济产生和存在的一般条件和基础。第二个条件也是决定性的条件，是生产资料和劳动产品属于不同的所有者。

2. 如何理解生产商品的劳动二重性？

答：生产商品的劳动二重性是具体劳动和抽象劳动。生产一定使用价值，具有特定性质、目的、形式的劳动，就是具体劳动。具体劳动创造出商品的使用价值。撇开一切具体形式的、无差别的一般人类劳动，就是抽象劳动。抽象劳动创造了商品的价值。具体劳动和抽象劳动是商品生产者的同一劳动过程的不可以分割的两个方面。

3. 简述货币的本质及职能。

答：货币的本质是固定充当一般等价物的商品，体现着商品经济条件下商品生产者之间的社会经济关系。

在发达商品经济中，货币有价值尺度、流通手段、贮藏手段、支付手段和世界货币五种职能。其中，价值尺度和流通手段是货币最基本的职能。

4. 简述以私有制为基础的商品经济的基本矛盾。

答：社会劳动与私人劳动的矛盾是以私有制为基础的商品经济的基本矛盾。这主要是因为，它决定着以私有制为基础的商品生产者的命运。

商品生产者的私人劳动能否转化为社会劳动，或者私人劳动在多大程度上转化为社会劳动，决定着商品生产者在竞争中的地位，以及盈利或亏损的程度，从而决定着他们在两极分化中的命运。

5. 劳动力商品与一般商品在使用价值方面有什么不同？

答：劳动力商品的使用价值具有重要的特点。

普通商品在消费或使用时，随着使用价值的消失，价值也消失或转移到新产品中去。

劳动力的使用价值是进行生产劳动的能力，它的消费或使用，就是劳动，而劳动凝结在商品中就形成价值。因此，劳动力这种商品的使用价值的特殊性在于：它不仅能创造出价值，而且能够创造出比劳动力自身的价值更大的价值，从而能为它的购买者带来剩余价值。

6. 为什么说资本主义生产过程是劳动过程与价值增殖过程的统一？

答：资本主义生产过程是劳动过程和价值增殖过程的统一。在资本主义生产方式下，劳动过程是价值增殖过程的手段，而价值增殖才是目的。

资本主义的劳动过程具有两个重要特点：一是工人在资本家的监督下劳动；二是劳动产品归资本家所有。这两个特点决定了资本家能够把工人的劳动时间延长到补偿劳动力价值所需要的劳动时间以上，从而劳动力所创造的全部价值，超过了劳动力的价值，价值增殖过程就实现了。

7. 简述划分不变资本和可变资本的意义。

答：根据资本不同部分在剩余价值生产中所起的作用不同，把资本区分为不变资本和可变资本。不变资本和可变资本的区分，是马克思的重要理论贡献，具有重要意义。

（1）进一步揭露了剩余价值的源泉和资本主义的剥削实质。通过区分不变资本和可变资本，说明剩余价值不是由全部资本产生的，也不是由不变资本产生的，而是由可变资本产生的，工人的剩余劳动是剩余价值的唯一源泉。(2) 为揭示资本家对工人的剥削程度提供了科学依据。

8. 超额剩余价值是怎样产生的？单个企业能够稳定长期获得吗？

答：个别企业率先采用先进的生产设备和技术，提高了劳动生产率，使生产商品的个别劳动时间低于社会必要劳动时间，商品价值低于社会价值，这个企业的资本家就会由于按社会价值销售商品而获得超额剩余价值。

为了追求超额剩余价值，各个资本家之间进行激烈竞争。个别企业不可能长期垄断先进生产条件，当先进技术得到普及以后，这个部门的平均劳动生产率将会提高，从而导致商品的社会价值下降，个别价值低于社会价值的差额便会消失，原来的超额剩余价值就不存在了。

9. 简述影响资本周转速度的因素。

答：影响资本周转速度的因素有两个：

一是资本周转时间的长短，包括生产时间和流通时间的长短；二是生产资本的构成，即生产资本中固定资本和流动资本的比例，以及固定资本和流动资本自己的周转速度。

10. 资本主义经济危机的实质和根源是什么？

答：资本主义经济危机的根本特点是商品生产过剩，但并不是与劳动者的实际需要相比的生产绝对过剩，而是与劳动者有支付能力的需求，即与劳动者的货币购买力相比的相对过剩。因此，资本主义经济危机的实质是生产相对过剩的危机。

经济危机产生的根源在于资本主义生产方式的基本矛盾——生产的社会化与生产资料私人占有形式之间的矛盾。当这个矛盾达到十分尖锐化的程度时，就会爆发经济危机。

11. 简述资本主义意识形态的核心及其主要特征。

答：利己主义是资本主义意识形态的核心。

资本主义利己主义的主要特征就是为一己私利而获取金钱。以获取金钱为特征的利己主义，是资产阶级一切思想和行动的出发点和最终归宿。

三、论述题

1. 试述商品价值量的决定及其同劳动生产率的关系。

答：商品的价值量是由生产这种商品的社会必要劳动时间来决定。

社会必要劳动时间是在现有的社会正常的生产条件下，在社会平均的劳动熟练程度和劳动强度下制造某种使用价值所需要的劳动时间。

由社会必要劳动时间所决定的商品的价值量，叫作商品的社会价值。商品交换是按照其社会价值进行的。

单位商品的价值量，与包含在商品中的社会必要劳动量成正比，与生产该商品的劳动生产率成反比。这是商品价值量与劳动生产率之间的基本关系。

2. 试述价值规律的内容及其对社会经济发展的作用。

答：价值规律是商品经济的基本经济规律。

价值规律的基本内容和要求是：商品的价值由生产商品的社会必要劳动时间所决定；商品交换以价值为基础，实行等价交换。

价值规律对社会经济的发展所起的作用有：(1) 自发地调节生产资料和劳动力在社会生产各部门之间的分配比例，即调节社会资源的配置；(2) 自发地促进社会生产力的发展；(3) 引起和促进商品生产者的分化。

3. 试述劳动力商品的价值和使用价值。

答：劳动力作为商品同样具有价值和使用价值。

劳动力这种商品的价值包括三部分生活资料的价值：维持劳动者自身生存所必需的生活资料的价值；劳动者繁育后代所必需的生活资料的价值；劳动者接受的教育和训练所支出的费用。劳动力的价值决定还有一个重要特点，就是它包括历史和道德的因素。

劳动力的使用价值是进行生产劳动的能力，劳动力这种商品的使用价值的特殊性在于——它不仅能创造出价值，而且能够创造出比劳动力自身的价值更大的价值，从而能为它的购买者带来剩余价值。

4. 试述相对剩余价值的生产过程。

答：在工作日长度不变的条件下，由于缩短必要劳动时间，相应地延长剩余劳动时间而生产的剩余价值，叫作相对剩余价值。

相对剩余价值生产是以社会劳动生产率提高为条件的。整个社会劳动生产率提高后，劳动者所需要的生活资料的价值便会降低，劳动力的价值随之下降，再生产劳动力价值的必要劳动时间便会缩短，剩余劳动时间则相应延长，从而生产出相对剩余价值。

5. 试述资本积累的客观必然性、实质及其后果。

答：剩余价值的资本化就叫作资本积累。在资本主义制度下，资本积累具有客观必然性，这是由两方面原因决定的。一方面，对剩余价值的无限追求是资本家不断进行资本积累的内在动力。另一方面，竞争是资本家不断进行资本积累的外在压力。

资本积累的实质就是，资本家用无偿占有工人创造的剩余价值，进行资本积累来增大资本的规模，以便继续占有更多的剩余价值，从而占有不断增大的资本来扩大对工人的剥削和统治。

资本积累的后果有资本有机构成的提高；相对过剩人口的形成；严重的贫富两极分化。

6. 试述平均利润的形成及本质。

答：不同生产部门之间平均利润的形成，是部门之间竞争的结果。竞争的手段是资本在不同生产部门之间的转移，即资本家把资本由利润率较低部门抽出，转投到利润率较高的部门。通过部门之间的竞争，资本向利润率高的部门转移，必然导致各部门利润率的变化。资本在不同生产部门之间的转移，一直要继续到各个生产部门的利润率大体趋于平衡，即形成平均利润时，才会趋于停止。

平均利润本质上是全社会的剩余价值在各个生产部门资本家之间的重新分配，体现着整个资产阶级剥削整个工人阶级的经济关系。

7. 试述资本主义意识形态的历史进步性和阶级局限性。

答：资本主义意识形态在反对封建专制的斗争中，以及在资本主义生产方式产生与发展的上升时期，反映了社会进步的要求，具有历史进步意义。

但资本主义意识形态毕竟是建立在资本主义经济基础之上的，它本质上是维护资本主义剥削制度的思想体系。当资产阶级掌握了政权，资本主义制度确立后，资本主义意识形态在整体上就逐渐丧失了其历史进步性，日益演变成公开为资本主义剥削制度辩护，竭力反对马克思主义、反对社会主义的思想理论体系，从而充分显露出其阶级本质和阶级局限性。

第五章　资本主义的发展及其趋势

一、单项选择题

1—5　BADAB　6—10　CBDDA　11—15　BABBA　16—20　CBADD　21—25　BBBAC

26—30　DAACC　31—35　CBDCD　36—40　CDDDA　41—45　CCDAC

二、简答题

1. 简述私人垄断资本主义的基本经济特征。

答：列宁把垄断资本主义的基本经济特征概括为 5 点：垄断在经济生活中占统治地位；金融资本和金融寡头的统治；资本输出在经济生活中占重要地位；国际垄断同盟在经济上瓜分世界；垄断资本主义列强瓜分和重新瓜分世界。

2. 简述垄断的形成与垄断组织的主要形式。

答：垄断是从自由竞争中产生的。自由竞争必然引起生产集中和资本集中，生产和资本集中发展到一定程度，就会自然而然地走向垄断。

20 世纪上半期，垄断组织的主要形式有卡特尔、辛迪加、托拉斯、康采恩。

20 世纪后半叶，垄断组织的形式主要是混合联合公司（混合联合企业）。

3. 简述垄断阶段竞争依然存在的原因。

答：垄断产生后，竞争依然存在，因为：

首先，竞争是商品经济存在和发展的基本条件和核心机制，有商品经济就必然存在竞争。资本主义经济是发达的商品经济和市场经济，竞争当然不会消失。其次，从现实经济主体看，除了垄断组织外，还有大量的非垄断企业，它们之间必然存在竞争；就是垄断企业之间也存在竞争。

4. 简述垄断利润的主要来源。

答：垄断利润的来源主要有：对本国无产阶级和其他劳动人民的剥削；以垄断高价或垄断低价获得一些其他企业特别是非垄断企业的利润；对其他国家劳动人民的剥削和掠夺而获取的海外利润；通过资本主义国家政权进行有利于垄断资本的再分配，从而将劳动人民创造的国民收入的一部分变成垄断资本的收入。

5. 简述第二次世界大战后国家垄断资本主义大发展的原因。

答：战后国家垄断资本主义大发展的原因，具体说来有六个方面：

第一，仅靠私人垄断资本的力量，无法满足大规模经济建设所需要的巨额资金。第二，在一些大规模公共设施的建设上，私人垄断资本无能为力或不愿进行投资建设。第三，一些大型、基础性、前导性的科研项目，也是私人垄断资本不愿涉足的领域。第四，日益严重的生产过剩问题仅靠私人垄断资本难以解决。第五，社会化大生产的发展要求国家出面进行某些宏观经济调控。第六，在经济利益关系的调整方面，国家的再分配功能也越来越重要。

6. 简述国家垄断资本主义的基本形式。

答：国家垄断资本主义的基本形式有：国家直接掌握的垄断资本，也就是资本主义国家中的国有经济、国有企业；国家与私人资本在企业内部的结合。国家和私人资本在企业外部的结合。

7. 国家垄断资本主义调控经济的主要手段有哪些？主要机制是什么？

答：调控手段主要是经济手段和法律手段，尤其是经济手段，有时会使用行政手段。

调控的主要机制是国家调节市场、市场引导企业。

8. 资本主义国家如何通过利率进行经济调控？

答：主要是通过利率高低和差别利率进行经济调控。

在经济过热时，适当提高利率，给经济降温；相反，在需要刺激经济发展、走出萧条与不景气时，则适当降低利率来刺激投资与消费。

对国家支持的产业或企业给予优惠的信贷条件，鼓励其发展；相反，对国家要控制的经济活动则用较苛刻的信贷条件来制约。

9. 简述市场经济下调控货币流通量的必要性及主要手段。

答：必要性——流通中所需要的货币量是由客观规律决定的。在纸币流通的情况下，如果不顾客观规律的要求，过多增发货币，必然会引起通货膨胀和物价上涨。过高的通货膨胀率不仅会造成经济的不稳定，还会从根本上破坏市场经济的运行机制，甚至导致整个国民经济的崩溃。

主要手段：公开市场业务；最低准备金率政策；再贴现利率政策。

10. 经济全球化是如何发展起来的？

答：经济全球化是国际分工不断深化，生产国际化与资本国际化不断发展的必然产物。生产和资本国际化导致经济全球化的到来。

经济全球化的萌芽可以追溯到19世纪中叶。到了19世纪末20世纪初，经济全球化上了一个新台阶。20世纪80年代以来，经济全球化的进程明显加快。

11. 简述经济全球化的消极影响。

答：经济全球化的消极影响表现在发达国家与发展中国家的差距在扩大；在经济增长中忽视社会进步，环境恶化与经济全球化有可能同时发生；国家内部和国际社会都出现不同程度的治理危机；爆发全球性经济危机的风险不断增大。

12. 简述当代资本主义的新变化及其实质。

答：当代资本主义的新变化主要表现在生产力、生产关系、上层建筑三个方面。

从生产力方面看，战后发达资本主义国家，生产力得到了长足的发展，劳动生产率大幅提高，社会财富迅猛增长。

从生产关系方面看，当代资本主义国家在所有制关系、劳资关系和分配关系三个方面都做了一系列调整，从而出现了一些新变化。

从上层建筑方面看，资本主义发展到国家垄断资本主义阶段，已经建立起比较成熟的政治和法律制度。

新变化的实质：总的量变过程中，已经发生了某些阶段性部分质变。

三、论述题

1. 垄断资本主义的基本经济特征有哪些？其当代发展的新特点、新形式是什么？

答：垄断资本主义的基本经济特征有——垄断在经济生活中占统治地位；金融资本和金融寡头的统治；资本输出在经济生活中占重要地位；国际垄断同盟在经济上瓜分世界；垄断资本主义列强瓜分和重新瓜分世界。

第二次世界大战前的垄断主要是私人垄断，或称一般垄断，第二次世界大战后出现了国家垄断资本主义。国家垄断取代私人垄断成为主要资本主义国家的新形式、新特点。

2. 试述当代资本主义国家的财政政策和货币政策的主要内容与作用。

答：财政政策主要包括财政收入政策和财政支出政策。财政是国家进行国民收入再分配的工具，通过财政把一部分国民收入集中起来进行分配，从而对生产资源的使用、个人收入的分配及整个宏观经济运行都有巨大的影响。

货币政策：一是对利率的调节，利率调节主要是通过利率高低和差别利率来实现某些宏观经济目标；二是对货币流通量的调节，包括公开市场业务，最低准备金率政策，再贴现利率政策。币值的稳定是市场经济正常运行的必要条件。金融信贷业务的发达，更能促进市场经济的加速发展。因此，货币金融政策一直是国家垄断资本主义宏观调控的一项重要政策。与财政政策相比，货币政策更具有经济手段、利益诱导的特征。

3. 如何认识国家垄断资本主义的实质？

答：无论国家垄断资本主义采取哪些具体形式、进行什么样的宏观调控和微观管制，国家垄断资本主义的实质都是为了资本主义社会经济制度的存在和发展。

国家垄断资本主义的三种具体形式——国有资本、国有资本与私人资本相结合的各种资本、国家与私人资本在企业外部的结合，都是为了促进私人垄断资本的发展、协调社会总资本的正常运行，是为垄断资产阶级利益服务的工具，是代表垄断资产阶级总体利益并凌驾于个别垄断资本之上，对社会经济进行调节的一种形式。

4. 试述资本主义国家对外输出资本的必要性、可能性及其对经济落后的资本输入国的影响。

答：必要性——为"过剩资本"寻找出路。大量所谓"过剩资本"的出现，这是资本输出的财力基础。

可能性：输入国有资本需求；输入国有充足而低廉的劳动力供给；输入国基础设施的发展；输出国信用制度的发展和交通通信设备的现代化。

对经济落后的资本输入国的影响：一方面，资本输入在一定程度上促进了它们民族经济的发展和整个国民经济水平的提高；另一方面，国外资本主义势力的侵入，也给这些国家带来了一系列经济和社会问题。

5. 经济全球化的本质和主要内容是什么？试述经济全球化在20世纪80年代明显加快的原因。

答：经济全球化本质上是资源配置的国际化，其主要内容有：生产的全球化、贸易的全球化、资本的全球化。

20世纪80年代以来，经济全球化的进程明显加快，其原因主要有：

（1）新科技，特别是计算机、通信技术日新月异的进步和在社会经济生活中的广泛应用，加强了国际经济联系。（2）国际贸易的自由程度大大提高。当今世界，无论是发达国家还是发展中国家都有发展国际经济关系的迫切要求，因而加快了经济全球化的步伐。（3）国际资本流动的大幅增加。

6. 当代资本主义经济关系有哪些新变化？如何认识其实质？

答：生产关系是人们在生产过程中结成的经济关系。

在生产关系方面，当代资本主义国家在所有制关系、劳资关系和分配关系三方面都做了一系列调整，从而出现了一些新变化。

在所有制关系上，出现了所谓资本社会化的趋势，建立和发展了一定比重的国有经济。私人企业的股权分散化，法人资本所有制崛起，成为一种新的资本所有制形式。

在劳资关系上，采取包括建立所谓劳资共决、职工参与决策、终身雇佣、职工持股等制度，改善了劳资关系，缓和了阶级矛盾。

在分配关系上，对收入分配政策进行了某些调整，如实行社会福利政策，通过再分配手段在一定程度上缓和了社会矛盾。

当代资本主义虽然发生了许多新变化，但它的经济基础仍然是资本主义的私人占有制。资本主义新变化的实质，是总的量变过程中，发生了某些阶段性部分质变。

7. 试述当代资本主义新变化的原因及实质。

答：当代资本主义的新变化主要表现在生产力、生产关系、上层建筑三个方面。新变化的原因有：

生产力方面。当代资本主义经济之所以能在一定程度上快速发展,有生产力自身发展规律、特别是科技自身发展规律作用的原因。

生产关系方面。在所有制关系上,资本主义国家在其自身范围内进行不断调整,以适应生产力发展的要求。资本主义内部的自我调节,表现在对生产关系调整和经济运行调控上,主要表现在三个方面:进行了社会改良;对经济实行政府干预和宏观调控;加强了对科技创新和新兴产业的扶持。

上层建筑方面。当代资本主义国家上层建筑的新变化,归根到底是经济基础发展变化所要求的。

资本主义新变化的实质,是总的量变过程中,发生了某些阶段性部分质变。

第六章 社会主义的发展及其规律

一、单项选择题

1—5　BCAAA　6—10　ABBCA　11—15　AADBB　16—20　DDDCA　21—26　BCBCCD

二、简答题

1. 为什么说无产阶级革命是人类历史上最广泛、最彻底、最深刻的革命?

答:这是因为:

第一,无产阶级革命是要消灭私有制、建立公有制的社会革命。第二,无产阶级革命是最终要彻底消灭一切阶级剥削和阶级统治的革命。第三,无产阶级革命是为绝大多数人谋利益的运动。第四,无产阶级革命是不断前进的历史进程。

2. 如何正确把握科学社会主义的一般原则?

答:正确把握科学社会主义的一般原则,必须始终坚持科学社会主义一般原则,反对任何背离这些原则的错误倾向;要善于把科学社会主义一般原则与本国实际相结合,创造性回答和解决革命、建设、改革中的重大问题;要紧跟时代和实践的发展,在不断总结新鲜经验中进一步丰富和发展科学社会主义一般原则。

3. 简述社会主义首先在经济文化相对落后的国家取得胜利的原因。

答:社会主义首先在经济文化相对落后的国家取得胜利的原因是:

第一,这些国家已具备了一定程度的社会化生产力,这是发生社会主义革命、建立社会主义社会的物质基础。第二,这些国家发生社会主义革命时的客观形势和主观条件,使它们在特定的历史条件下能够获得革命的成功。

经济文化相对落后的国家率先进入社会主义,是特定历史条件下的客观现实,有其深刻的内外原因,并没有违反历史发展的规律,不是什么"反常现象"和不该出生的"早产儿"。

4. 简述经济文化相对落后的国家建设社会主义的艰巨性和长期性。

答:必须充分认识经济文化相对落后的国家社会主义建设的艰巨性和长期性。

第一,大力发展生产力,赶上和超过发达国家是一个长期而艰巨的历史任务。第二,建设社会主义精神文明、发展社会主义民主与完善社会主义法制,充分显示社会主义制度的优越性,将是一个长期而艰巨的历史任务。第三,建设和发展面临着国际环境的严峻挑战。第四,对社会主义发展道路的探索和完善,对社会主义建设客观规律的认识和利用,需要一个长期的艰苦的过程。

5. 简述社会主义发展道路多样性的原因。

答:第一,在社会主义革命时,各国生产力状况和社会发展阶段不同,发展道路就具有不同的特点。第二,各国的历史传统、文化习俗和具体国情各不相同。第三,在社会主义的实践中,各国都在探索适合本国国情的发展道路,社会主义的发展道路因此而更具有多样性。

6. 为什么说社会主义是在曲折中前进的?

答:社会主义是在曲折中前进的原因是:

第一,社会主义作为一种崭新的社会经济政治制度,其成长过程必然不会一帆风顺。第二,认识社会主义基本矛盾和主要矛盾,认识社会主义建设规律,认识共产党执政规律,不可能一蹴而就。第三,世界形势错综复杂的发展变化,国际秩序和格局的变动演化,也是决定社会主义曲折发展的一个影响因素。

7. 马克思主义政党在社会主义建设中的领导核心作用主要体现在哪些方面?

答:马克思主义政党在社会主义建设中的领导核心作用主要体现在:

第一,思想领导方面。为社会主义事业指明方向,发挥社会主义文化的引领作用,牢牢掌握意识形态的领导权、话语权,抵制各种非马克思主义思潮,以及腐朽没落阶级思想意识的侵袭,需要马克思主义政党在思想方面、意识形态领域的坚强领导。第二,政治领导方面。党要起到总揽全局、协调各方的政治领导核心作用,保证社会主义建设沿着正确的方向前进。第三,组织领导方面。党领导人民,通过各种组织形式,把党的路线、方针、政策贯彻到社会实践的各个方面,上升到法律地位,以实现党对社会主义建设的组织领导。

三、论述题

1. 试述习近平新时代中国特色社会主义思想及中国特色社会主义进入新时代的意义。

答:习近平新时代中国特色社会主义思想,是马克思主义中国化的最新成果,是党和人民实践经验和集体智慧的结晶,是党的十八大以来党和国家事业取得历史性成就、发生历史性变革的根本的理论指引。

习近平新时代中国特色社会主义思想的内容丰富。党的十九大报告阐述了新时代中国特色社会主义思想的"八个明确"和"十四个基本方略"。"八个明确"是在指导思想层面的表述;"十四个基本方略"是在实践层面、行动纲领层面的展开,其主要内容是"十四个坚持"。

中国特色社会主义进入新时代的意义:

中国特色社会主义进入新时代,意味着近代以来久经磨难的中华民族迎来了从站起来、富起来到强起来的伟大飞跃,迎来了实现中华民族伟大复兴的光明前景;意味着科学社会主义在 21 世纪的中国焕发出强大生机活力,在世界上高高举起了中国特色社会主义伟大旗帜;意味着中国特色社会主义道路、理论、制度、文化不断发展,拓展了发展中国家走向现代化的途径,给世界上那些既希望加快发展又希望保持自身独立性的国家和民族提供了全新选择,为解决人类问题贡献了中国智慧和中国方案。

2. 为什么说马克思主义政党是新型的革命政党?

答:因为:第一,马克思主义政党是科学社会主义与工人运动相结合的产物。第二,马克思主义政党是工人阶级先锋队。第三,马克思主义政党是为实现共产主义而奋斗的党。第四,马克思主义政党是为人民群众谋利益的党。第五,马克思主义政党是按照民主集中制原则组织起来的团结统一的党。

第七章 共产主义社会是人类最崇高的社会理想

一、单项选择题

1—5　ABADB　6—10　DBCAA　11—13　BA

二、简答题

1. 什么是共产主义的精神境界？

答：共产主义社会全体社会成员都具有高度的思想觉悟和道德品质，人们的精神境界极大提高。表现在：人们树立了高度自觉的劳动态度，遵守社会纪律，团结互助，诚实友爱，完全从社会公共利益出发进行劳作和参加社会活动，人人都习惯于遵守社会公共生活的基本准则，树立了以集体主义为核心的共产主义人生观、价值观和道德观等。

2. 简述"人的自由而全面的发展"的含义。

答：人的自由全面的发展一般是指，每个社会成员的体力智力获得全面发展和自由运用，个人的全部智慧、力量和潜能素质都能全面自由地尽量发挥，每个社会成员可以按照自己的兴趣、爱好、意愿，以及社会的需要自由地选择职业和变换工作，把从事不同社会职业作为相互交替的活动方式。

3. 简述"全人类彻底解放"的内容。

答：一是人类从自然界的奴役下解放出来，摆脱盲目自然力的支配，人与自然和谐共生，成为自然界的主人；

二是人类从旧的社会关系束缚下解放出来，摆脱一切剥削压迫和旧式分工的束缚，成为社会关系的主人；

三是人类从剥削阶级的思想观念下解放出来，摆脱传统观念和传统思维方式的束缚，成为社会意识的主人。

4. 为什么说实现共产主义是人类最伟大的事业？

答：共产主义之所以是人类最伟大的事业，就在于它是崇高理想与科学理想的统一，体现了人类对理想社会目标的追求与符合规律的科学社会实践的有机结合。

5. 如何理解社会主义是走向共产主义的必由之路？

答：社会主义社会是共产主义社会的低级阶段，实现共产主义的物质的和社会的条件，只能在社会主义阶段的长期发展过程中逐渐形成。社会主义社会为实现共产主义铺平道路。所以，社会主义是走向共产主义的必经阶段和必由之路。

6. 简述共产主义远大理想和中国特色社会主义共同理想的关系。

答：共产主义远大理想和中国特色社会主义共同理想，是我们的精神支柱和政治灵魂，两者相辅相成，相互结合与促进，有机联系和统一。

一方面，远大理想是现阶段共同理想的奋斗目标；另一方面，现阶段的共同理想是远大理想的坚实基础。

模拟试题（一）

一、单项选择题

1—5 BDCAD　6—10 DADAB　11—15 CCCDC　16—20 AACCD　21—25 CACAA

二、简答题

26. 如何理解马克思主义是不断发展的理论？

答：马克思主义之所以是发展的理论，是由它的理论本性决定的。

首先，马克思主义不是脱离实际的抽象的思辨体系。其次，马克思主义不是宗派主义体系。最后，马克思主义不是故步自封的体系。

27. 什么是哲学基本问题？它包括哪两方面内容？

答：思维和存在或意识和物质的关系问题，是哲学的基本问题。

哲学基本问题包括两个方面的内容：第一个方面是物质和意识哪个是本原、哪个是第一性的问题；第二个方面是思维和存在的同一性问题，主要是指思维能否认识存在的问题，即世界可不可以认识的问题。

28. 什么是生产关系？为什么说生产资料所有制形式是整个生产关系的基础？

答：生产关系是指人们在物质生产过程中结成的经济关系。

生产资料所有制形式是整个生产关系的基础，因为：第一，生产资料所有制关系是生产劳动得以进行的前提；第二，生产资料所有制形式决定整个生产关系的性质；第三，生产资料所有制形式决定人们在生产中的地位及其相互关系；第四，生产资料所有制形式决定产品的分配方式。

29. 超额剩余价值是怎样生产出来的？

答：超额剩余价值是商品的个别价值低于社会价值的差额。

个别企业率先采用先进的生产设备和技术，提高了劳动生产率，使生产商品的个别劳动时间低于社会必要劳动时间，商品价值低于社会价值，这个企业的资本家就会由于按社会价值销售商品而获得超额剩余价值。

30. 国家垄断资本主义有哪些基本形式？

答：国家垄断资本主义有三种基本形式——

第一，国家直接掌握的垄断资本，也就是资本主义国家中的国有经济、国有企业。第二，国家与私人资本在企业内部的结合，也就是资本主义国家中的国有资本与私人资本结合在一个企业中的经济形式。第三，国家和私人资本在企业外部的结合，也就是国家垄断资本主义在资本主义私人企业的外部起作用，通过种种方式来促进、诱导私人企业向既定的方向发展，从而实现国家对经济的管理和调节。

三、论述题

31. 试述量变和质变的辩证关系原理及其对新时代中国特色社会主义建设的指导意义。

答：量变和质变是辩证统一的。第一，量变是质变的必要准备。质变以量变为前提和基础，没有一定的量变，就不会发生质变。第二，质变是量变的必然结果。量变达到一定程度必然引起质变。第三，量变和质变相互渗透。一方面，质变体现和巩固量变的成果，结束在旧质基础上的量变，为在新质的基础上的量变开辟道路；另一方面，在总的量变过程中有阶段性和局部性的部分质变。

质量互变规律要求我们在新时代中国特色社会主义建设过程中，要把远大的理想与目标同有步骤、分阶段地踏实苦干、稳步前进的精神结合起来。党的十九大提出新时代中国特色社会主义"两阶段"的战略安排就是量变和质变辩证关系原理的具体运用。

32. 试述感性认识和理性认识的辩证关系，并说明割裂两者的统一在实际工作中会导致的错误。

答：感性认识和理性认识的辩证关系——感性认识和理性认识是认识的两个阶段，它们既相互区别，又相互联系，是对立统一的关系。

相互区别：感性认识是认识的初级阶段，是对事物现象的反映；理性认识是认识的高级阶段，是对事物本质的反映。

相互联系：理性认识依赖于感性认识；感性认识有待于发展到理性认识；感性认识和理性认识相互渗透。

割裂两者的统一在实际工作中会犯教条主义和经验主义的错误。

33. 试述商品价值量的决定及其同劳动生产率的关系。

答：商品的价值量是由生产这种商品的社会必要劳动时间来决定。

社会必要劳动时间是在现有的社会正常的生产条件下，在社会平均的劳动熟练程度和劳动强度下制造某种使用价值所需要的劳动时间。

由社会必要劳动时间所决定的商品的价值量，叫作商品的社会价值。商品交换是按照其社会价值进行的。

单位商品的价值量，与包含在商品中的社会必要劳动量成正比，而与生产该商品的劳动生产率成反比。这是商品价值量与劳动生产率之间的基本关系。

模拟试题（二）

一、单项选择题

1—5 BCCDC 6—10 BACBD 11—15 BAABC 16—20 BCBCC 21—25 BBCBA

二、简答题

26. 简述实践的含义及特点。

答：实践是主体能动地改造和探索客体的社会性的客观物质活动。

实践的基本特点：第一，客观性，实践是客观的感性物质活动；第二，自觉能动性，实践主体是有意识、有目的的活动；第三，社会历史性，实践是社会性的、历史性的活动。

27. 简述内容和形式的含义及两者的关系。

答：内容是指构成事物一切要素的总和。形式是指把内容诸要素统一起来的结构或表现内容的方式。它们是对立统一、相互作用的关系。

内容和形式是对立的统一：相互区别、相互对立；相互依存、密不可分；在一定条件下可以相互转化。

内容和形式相互作用：内容决定形式，形式依赖于内容；形式对内容具有巨大的反作用；内容和形式的相互作用构成它们的矛盾运动。

28. 简述商品经济产生和存在的条件。

答：商品经济的产生和存在需要两个基本经济条件——

第一个条件是社会分工的产生和存在。有分工就有必要相互交换自己所生产的产品。所以，社会分工是商品经济产生和存在的一般条件和基础。第二个也是决定性的条件，是生产资料和劳动产品属于不同的所有者。由于存在各自的经济利益，他们的生产和交换便会采取商品生产和商品交换的形式，从而产生商品经济。

29. 简述当代资本主义在生产关系方面的新变化。

答：在所有制关系上，出现了所谓资本社会化的趋势，建立和发展了一定比重的国有经济；私人企业的股权分散化，法人资本所有制崛起，成为一种新的资本所有制形式。

在劳资关系上，采取包括建立所谓劳资共决、职工参与决策、终身雇佣、职工持股等制度，改善了劳资关系，缓和了阶级矛盾。

在分配关系上，对收入分配政策进行了某些调整，如实行社会福利政策，通过再分配手段在一定程度上缓和了社会矛盾。

30. 为什么说社会主义发展道路是多样的？

答：第一，各国在社会主义革命时，其生产力状况和社会发展阶段是不同的，由此决定，不同社会主义国家的发展道路具有不同的特点。第二，各国的历史传统、文化习俗和具体国情各不相同，这是各国的发展道路不同的另一个原因。第三，在社会主义的实践中，各国都在探索适合本国国情的发展道路，社会主义的发展道路因此而更具有多样性。

三、论述题

31. 什么是真理的绝对性和相对性？试从这一角度谈谈如何正确对待马克思主义。

答：真理具有绝对性，通常把真理的绝对性称为"绝对真理"，它有两方面含义：第一，真理包含着客观内容，这是无条件的、绝对的；第二，人的每一个真理性认识，都是向着无限发展着的物质世界的接近，这也是无条件的、绝对的。

真理具有相对性，通常把真理的相对性称作"相对真理"。它也有两方面含义：第一，真理性的认识在广度上是有限的，是受条件制约的，它需要进一步扩展；第二，真理性的认识在深度上是有限的，是受一定条件制约的。

马克思主义是真理，它也是绝对性和相对性的统一。它正确地反映了自然、社会和思维发展的普遍规律，因而具有绝对性的一面。但是，它又没有穷尽一切事物及其规律，需要随着社会实践的发展而发展，因而又具有相对性的一面。

正因为马克思主义真理具有绝对性，所以我们必须坚持它，并以它作为我们的指导思想；又因为它具有相对性，所以我们又必须在实践中丰富它、发展它。既坚持又发展，才是对待马克思主义的正确态度。

32. 根据人民群众是历史创造者的原理，谈谈坚持党的群众路线的现实意义。

答：人民群众是指推动历史发展的绝大多数社会成员的总和。马克思主义坚持群众史观，认为人民群众是历史创造者。人民群众推动历史发展的作用主要表现为：人民群众是物质财富的创造者；人民群众是精神财富的创造者；人民群众是实现社会变革的决定力量。

党的群众路线是：一切为了群众，一切依靠群众，从群众中来，到群众中去。在改革开放和现代化建设的新形势下，坚持党的群众路线，具有十分重要的意义。推进党的作风建设，核心是保持党同人民群众的血肉联系。我们党的最大政治优势是密切联系群众，党执政后的最大危险是脱离群众。在任何时候任何情况下，都必须坚持党的群众路线。最大多数人的利益和全社会各民族的积极性与创造性，对党和国家事业的发展始终是最具有决定性的因素。妥善处理好各方面的利益关系，至关重要。

33. 试述影响资本周转速度的因素。

答：（1）资本周转时间的长短。包括生产时间和流通时间的长短。生产时间和流通时间越短，资本周转速度就越快；反之相反。（2）生产资本的构成。即生产资本中固定资本和流动资本的比例，以及固定资本和流动资本自己的周转速度。固定资本所占比重越大，预付总资本的总周转速度就越慢；流动资本所占比重越大，预付资本的总周转速度就越快。在固定资本和流动资本比例一定的情况下，预付资本的总周转速度与固定资本和流动资本本身的周转速度成正比变化。

模拟试题（三）

一、单项选择题

1—5　CABAA　6—10　BBBCB　11—15　ABBCB　16—20　CAADD　21—25　AAACB

二、简答题

26. 简述发挥主观能动性与尊重客观规律的关系。

答：发挥主观能动性和尊重客观规律是辩证统一的。第一，尊重客观规律是正确发挥主观能动性的前提。第二，认识和利用规律又必须充分发挥人的主观能动性。

27. 简述实践在认识中的决定作用。

答：（1）实践是认识的来源。（2）实践是认识发展的动力：第一，社会实践不断提出新的需要、新的研究课题，推动认识的发展；第二，社会实践为认识不断提供新的经验和新的观察、研究的物质手段；第三，社会实践推动人的思维能力的发展。（3）实践是检验认识真理性的唯一标准。（4）实践是认识的目的。

28. 简述资本家生产剩余价值的两种基本方法。

答：资本家生产剩余价值的两种基本方法——绝对剩余价值生产和相对剩余价值生产。在雇佣工人的必要劳动时间不变的情况下，由于工作日的绝对延长而生产剩余价值的方法，叫作绝对剩余价值生产。在工作日长度不变的条件下，由于缩短必要劳动时间，相应地延长剩余劳动时间而生产剩余价值的方法，叫作相对剩余价值生产。

29. 简述经济全球化的消极影响。

答：经济全球化的消极影响——发达国家与发展中国家的差距在扩大；在经济增长中忽视社会进步，环境恶化与经济全球化有可能同时发生；国家内部和国际社会都出现不同程度的治理危机；爆发全球性经济危机的风险不断增大。

30. 简述实现共产主义需要具备的基本条件。

答：（1）社会生产力的高度发展，为实现共产主义创造物质技术基础；（2）全体社会成员的文化教育的普及和科学技术水平的极大提高；（3）全体社会成员的思想觉悟和道德品质的极大提高；（4）建立起同高度社会化生产相适应的生产资料社会公有制；（5）消灭旧的社会分工特别是三大差别，造就出体力和智力全面发展的新人；（6）在全世界消灭一切剥削制度和剥削阶级，作为阶级统治工具的国家自行消亡。

三、论述题

31. 结合当前我国改革的实际，说明改革、发展、稳定的关系。

答：改革是社会主义社会向前发展的根本动力。我国的改革是在中国共产党的领导下社会主义制度的自我完善过程。中国共产党是我国社会主义建设和改革开放的领导核心。改革必须在党的领导下，按照党的路线、方针、政策有计划、有步骤地进行。

当前中国的改革是和发展、稳定相统一的过程。改革、发展、稳定是我国社会主义现代化建设的三个重要支点。稳定是前提，只有社会稳定，改革和发展才能不断推进；改革是动力，只有通过改革，才能解决发展中出现的问题，社会稳定才能获得可靠的保障；发展是关键，只有通过发展才能从根本上解决所有经济社会问题，才能使改革得以持续进行下去，才能使稳定获得坚实的物质基础。

要在保持社会稳定中深化改革、推进发展，通过改革、发展维护社会稳定。

32. 试述当代资本主义国家的财政政策和货币政策的主要内容与作用。

答：财政政策主要包括财政收入政策和财政支出政策。财政是国家进行国民收入再分配的工具，通过财政把一部分国民收入集中起来进行分配，从而对生产资源的使用、个人收入的分配及整个宏观经济运行都有巨大的影响。

货币政策包括两方面。一是对利率的调节。利率调节主要是通过利率高低和差别利率来实现某些宏观经济目标。二是对货币流通量的调节。包括公开市场业务、最低准备金率政策、再贴现利率政策。币值的稳定是市场经济正常运行的必要条件。金融信贷业务的发达，更能促进市场经济的加速发展。因此，货币金融政策一直是国家垄断资本主义宏观调控的一项重要政策。

33．试述平均利润的形成及本质。

答：不同生产部门之间平均利润的形成，是部门之间竞争的结果。竞争的手段是资本在不同生产部门之间的转移，即资本家把资本由利润率较低部门抽出，转投到利润率较高的部门。通过部门之间的竞争，资本向利润率高的部门转移，必然导致各部门利润率的变化。资本在不同生产部门之间的转移，一直要继续到各个生产部门的利润率大体趋于平衡，即形成平均利润时，才会趋于停止。

平均利润本质上是全社会的剩余价值在各个生产部门资本家之间的重新分配，体现着整个资产阶级剥削整个工人阶级的经济关系。

模拟试题（四）

一、单项选择题

1—5 BADCD 6—10 ADDDC 11—15 DDCAC 16—20 CBADA 21—25 DDCAB

二、简答题

26．简述马克思主义科学体系的主要组成部分及其内在联系。

答：马克思主义科学体系的主要组成部分是马克思主义哲学、政治经济学和科学社会主义。在马克思主义科学体系中，哲学是世界观和方法论的指导原则，政治经济学是通向实际生活（如对资本主义生产方式的剖析）的中介，科学社会主义则是运用哲学分析经济事实引出的结论。

这三者之间互相渗透、互相补充，构成统一的马克思主义学说。

27．简述意识的起源和本质。

答：意识的起源——意识是自然界长期发展的产物；意识是社会性劳动的产物。

意识的本质：意识是人脑的机能，人脑是意识的物质器官；意识是客观世界的主观映像，是人脑对客观世界的反映；意识是社会的产物。

28．简要说明认识运动的第一次飞跃及其实现的条件。

答：认识运动的第一次飞跃是指从感性认识到理性认识的飞跃。实现这一飞跃需要具备的条件——第一，感性材料必须十分丰富而不是零碎不全，必须合于实际而不是错觉；第二，必须有正确的思维方法。

29．简述以私有制为基础的商品经济的基本矛盾。

答：社会劳动与私人劳动的矛盾是以私有制为基础的商品经济的基本矛盾。这主要是因为，它决定以私有制为基础的商品生产者的命运。商品生产者的私人劳动能否转化为社会劳动，或者私人劳动在多大程度上转化为社会劳动，决定商品生产者在竞争中的地位，以及盈利或亏损的程度，从而决定他们在两极分化中的命运。

30．简述资本主义经济危机的根源和典型特征。

答：经济危机产生的根源在于资本主义生产方式的基本矛盾——生产的社会化与生产资料私人占有形式之间的矛盾。资本主义基本矛盾有两种主要表现形式：个别企业内部生产的有组织性和整个社会生产无政府状态之间的矛盾；生产无限扩大的趋势和劳动人民有支付能力的需求相对缩小之间的

281

矛盾。

经济危机期间最根本的现象和典型特征是商品生产过剩。

三、论述题

31. 试述内因和外因辩证关系的原理及其对社会主义现代化建设的重要意义。

答：内因是事物的内部矛盾，外因是事物的外部矛盾。内因和外因的关系是：第一，内因是事物发展变化的根据，是第一位的原因；第二，外因是事物发展变化的条件，是第二位的原因；第三，外因通过内因而起作用。

我国的社会主义现代化建设，必须首先依靠本国人民，独立自主、自力更生、艰苦奋斗。同时，中国的发展离不开世界，闭关自守只能导致愚昧、落后，不可能实现现代化。我们的对外开放是以独立自主、自力更生为基础的。我们必须从我国的实际出发，积极地借鉴和吸收世界各国的一切文明成果，为我所用，增强我国自力更生的能力，加快我国社会主义现代化建设步伐。

32. 试述上层建筑必须适合经济基础发展要求的规律及其现实指导意义。

答：经济基础决定上层建筑，上层建筑反作用于经济基础，经济基础和上层建筑之间的矛盾运动，这三项内容构成上层建筑必须适合经济基础发展要求的规律。

上层建筑必须适合经济基础发展要求的规律，是无产阶级政党制定正确的路线、方针、政策的理论依据。在中国特色社会主义新时代，深入理解上层建筑必须适合经济基础发展要求的规律，必须进行上层建筑领域的改革，构建系统完备、科学规范、运行高效的党和国家机构职能体系。这种改革必将对完善社会主义经济基础、推动生产力发展起极大的促进作用。

33. 试述资本主义国家对外输出资本的必要性、可能性及其对经济落后的资本输入国的影响。

答：资本输出的必要性——为"过剩资本"寻找出路。

资本输出的可能性：输入国有资本需求；输入国有充足而低廉的劳动力供给；输入国基础设施的发展；输出国信用制度的发展和交通通信设备的现代化。

资本输出对经济比较落后的资本输入国的影响体现在：一方面，资本输入在一定程度上促进了它们民族经济的发展和整个国民经济水平的提高；另一方面，国外资本主义势力的侵入，也给这些国家带来了一系列经济和社会问题。

模拟试题（五）

一、单项选择题

1—5　DDDDC　6—10　BAACD　11—15　DABCB　16—20　ADDBC　21—25　ACDDD

二、简答题

26. 简述认识的主体和客体的含义及两者之间的关系。

答：认识主体是指认识和实践活动的承担者，是处于一定社会关系中从事实践和认识活动的现实的、具体的人。认识客体是指人的实践和认识活动所指向的对象。它们之间存在既对立又统一的辩证关系。对立是指两者各有自己的特点和特殊的规定性，彼此是相互区别的；统一是指它们之间相互依存、相互作用，并在一定条件下相互转化：第一，认识主体和客体改造与被改造的实践关系；第二，认识主体和客体反映与被反映的认识关系；第三，认识主体和客体的相互作用。

27. 社会主义社会的改革与其他阶级社会的改革相比有哪些特点？

答：第一，社会主义社会的改革是主动的、自觉的，剥削阶级占统治地位的社会的改革是被动的、自发的。第二，社会主义社会的改革，是从广大人民群众的利益出发，有广阔而深厚的群众基础；剥削阶级占统治地位的社会的改革，是从统治阶级的利益出发，缺乏深厚的群众基础。第三，社会主义社会的改革，可以在社会主义制度本身的范围内，解决各种矛盾；剥削阶级占统治地位的社会改革，只能暂时缓和社会矛盾，但不能在旧社会制度本身的范围内最后解决它固有的矛盾。

28. 简述不变资本和可变资本的划分及其意义。

答：根据资本不同部分在剩余价值生产中所起的作用不同，把资本区分为不变资本和可变资本。以生产资料形式存在的资本叫不变资本，以劳动力形式存在的资本叫可变资本。

不变资本和可变资本的区分，是马克思的重要理论贡献，具有重要意义：(1) 进一步揭露了剩余价值的源泉和资本主义的剥削实质；(2) 为揭示资本家对工人的剥削程度提供了科学依据。

29. 简述发达市场经济国家调控货币量的主要方法。

答：发达市场经济国家在调控货币量方面，主要是运用所谓的三大手段或三个法宝。一是公开市场业务。若是中央银行大量收购有价证券，则意味着一般商业银行手中的货币就有所增加，因而流通中的货币量就多了；反之相反。二是最低准备金率政策。法定准备金率若是提高了，商业银行必须向中央银行缴上更多的货币资金，则流通中的货币就会减少；反之相反。三是再贴现利率政策。如果再贴现利率低，商业银行就会拿出更多的有价证券去贴现，这样流通中的货币就会增加；反之相反。

30. 简述共产主义远大理想和中国特色社会主义共同理想的关系。

答：共产主义远大理想和中国特色社会主义共同理想，是我们的精神支柱和政治灵魂，两者相辅相成，相互结合与促进，有机联系和统一。一方面，远大理想是现阶段共同理想的奋斗目标；另一方面，现阶段的共同理想是远大理想的坚实基础。

三、论述题

31. 主要矛盾和次要矛盾、矛盾的主要方面和次要方面关系的原理，要求我们在实际工作中坚持两点论和重点论的统一。试述两点论和重点论统一的原理及其现实意义。

答：坚持两点论，就是在认识复杂事物的发展过程中，既要看到主要矛盾，又不忽视次要矛盾；在认识某一矛盾时，既要看到矛盾的主要方面，又不忽略矛盾的次要方面。

坚持重点论，就是在认识复杂事物的发展过程时，要着重地抓住主要矛盾；在研究某一矛盾时，要着重地把握矛盾的主要方面。

两点论和重点论是互相包含、内在统一的。两点论中内在地包含着重点论；重点论中内在地包含着两点论。

坚持两点论和重点论的统一，就是看问题、办事情，既要全面，又要善于抓住重点。我国坚持以经济建设为中心和一系列"两手抓"的方针，在全面深化改革中注意处理好整体推进和重点突破的关系，认识我国社会主义现代化建设的形势要分清主流和支流，既要抓住主流、坚定信心，又不忽视支流，这都是坚持两点论和重点论统一的具体表现。

32. 试述价值规律的内容及其对社会经济发展的作用。

答：价值规律是商品经济的基本经济规律。价值规律的基本内容和要求是：商品的价值由生产商品的社会必要劳动时间所决定；商品交换以价值为基础，实行等价交换。

价值规律对社会经济的发展所起的作用：自发地调节生产资料和劳动力在社会生产各部门之间的分配比例，即调节社会资源的配置；自发地促进社会生产力的发展；引起和促进商品生产者的分化。

33. 试述社会主义首先在经济文化相对落后的国家取得胜利的原因，并说明社会主义为什么是在曲折中前进的。

答：社会主义首先在经济文化相对落后的国家取得胜利的原因是：第一，这些国家已具备了一定程度的社会化生产力，这是发生社会主义革命、建立社会主义社会的物质基础；第二，这些国家发生社会主义革命时的客观形势和主观条件，使它们在特定的历史条件下能够获得革命的成功。

社会主义是在曲折中前进的原因是：第一，社会主义作为一种崭新的社会经济政治制度，其成长过程必然不会一帆风顺；第二，认识社会主义基本矛盾和主要矛盾，认识社会主义建设规律，认识共产党执政规律，不可能一蹴而就；第三，世界形势错综复杂的发展变化，国际秩序和格局的变动演化，也是决定社会主义曲折发展的一个影响因素。